CONTENIDO

LAS AVENTURAS DE LA
EXISTENCIA RELATIVA
Y OTROS CUENTOS

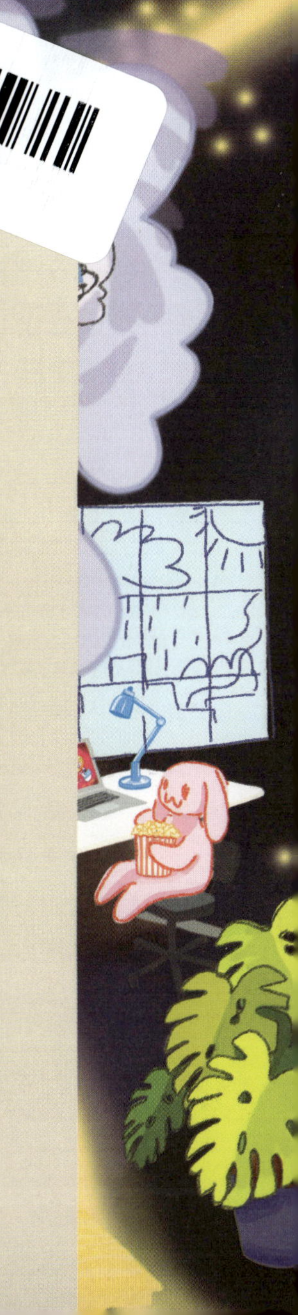

THE ADVENTURES OF RELATIVE EXISTENCE AND OTHER TALES

CONTENIDOS

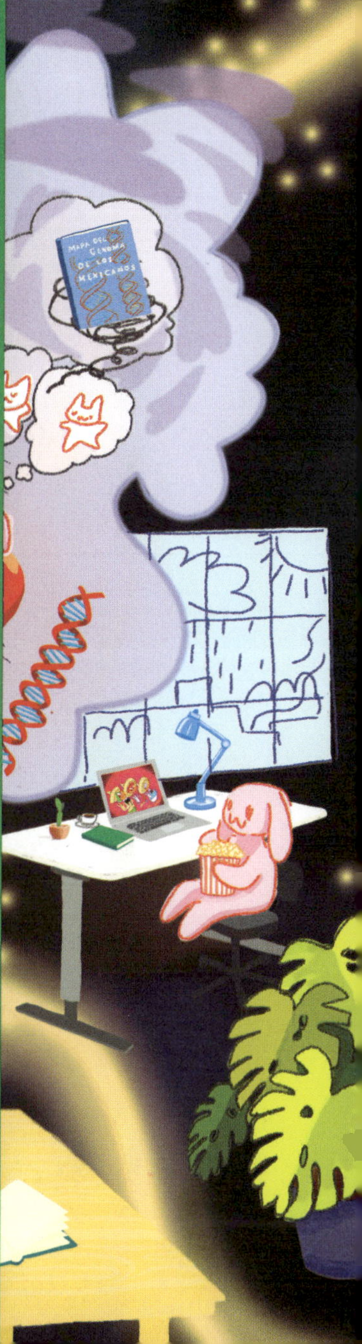

CONTENTS

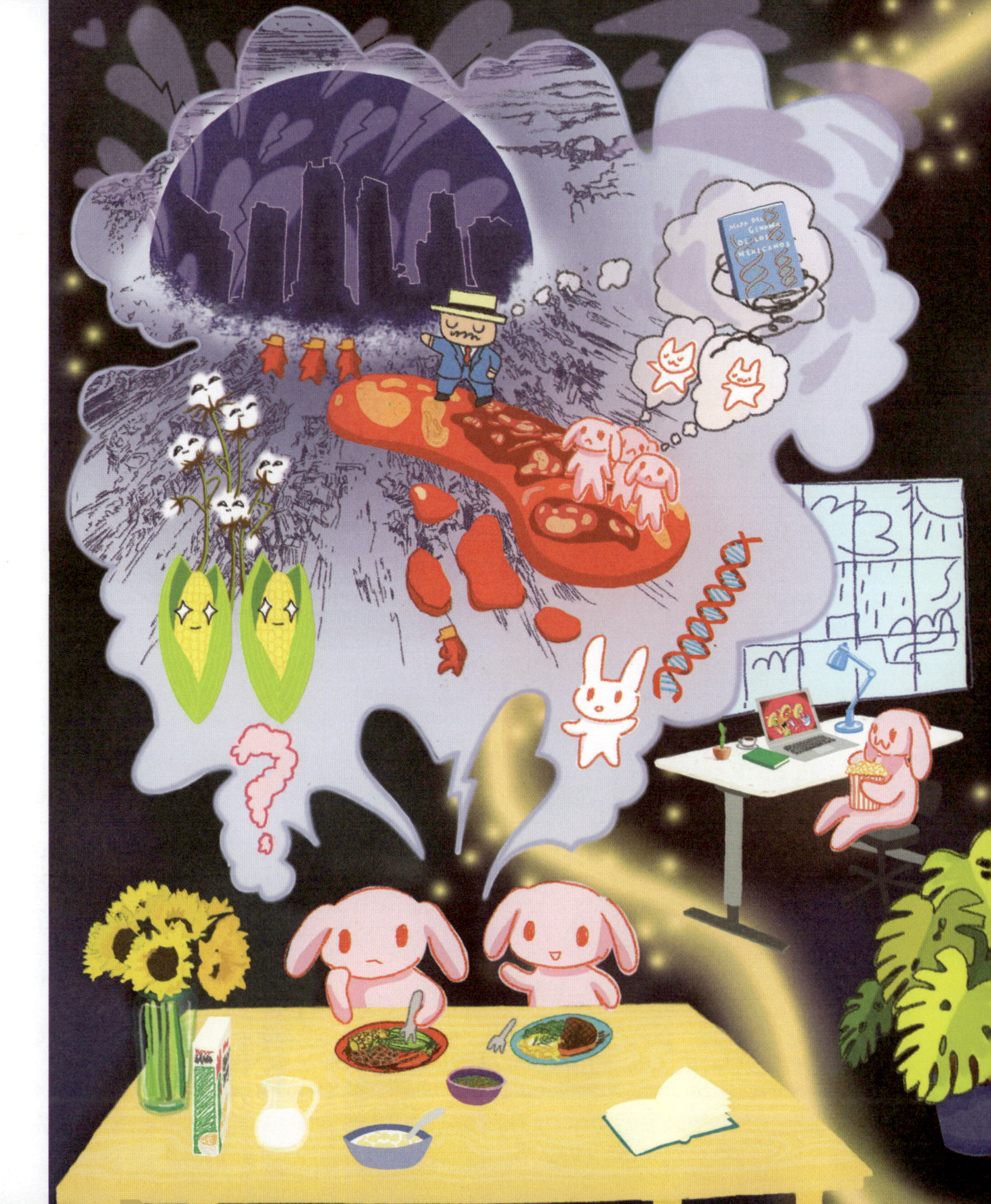

Leslie Cortés, *Están hasta en el cereal*
[They Are Even in the Cereal], 2023.
Ilustración digital Digital illustration.
1080 x 1920 px. Cortesía de la artista
Courtesy of the artist

NATALIA DE LA ROSA

TRÁNSITOS DESDE EL ARTE. UNA PANORÁMICA DE LA OBRA DE WENDY CABRERA RUBIO

Wendy Cabrera Rubio describe su práctica artística como una evidencia del tránsito entre imágenes y construcciones visuales de la modernidad al contexto mexicano contemporáneo. Cabrera Rubio explica que le interesa el ámbito del arte, y es a partir de este enfoque que analiza los usos y reformulaciones en diversas esferas, desde la ciencia y la tecnología, hasta la cultura de masas. La artista argumenta: "Estudio cómo algunos imaginarios o maneras de representar que surgieron en el arte eventualmente se reproducen en otros fenómenos visuales de la cultura popular."[1]

En una primera etapa de producción, su interés se centró en reconocer diversos discursos de la ultraderecha, al utilizar foros virtuales para poner en juego un debate sobre el arte moderno. La referencia para este trabajo fue el best-seller norteamericano *The Naked Communist* (1958), de Cleon Skousen. En sus piezas *Why Is Modern Art So Uninspiring?* (2017) y *What is Cultural Marxism?* (2018), Cabrera Rubio puso el texto anti-comunista y conspiracionista de Skousen en confrontación con la obra constructivista de Kazimir Malevich —específicamente *Cuadrado rojo, cuadrado negro* y *Architekton Gota*—, así como con el propio proyecto revolucionario. En estos acercamientos se destaca el entrecruce de una referencia concreta (un estudio publicado y una obra de arte existente), con su reformulación en fieltro, técnica característica en la artista que remite a un lazo familiar. La pieza concluye con un acto dramático por medio de un guión activado a través de títeres —modelo constante para propuestas futuras.[2]

En proyectos como *Salón de Arte Panamericano* (2020), *Economies of the Pacific* (2020), *Institute of Pacific Relations* (2021), *Escenario para una genómica nacional* (2021) y *The Body of the Conquistador* (2022)[3] existe una relación directa con producciones artísticas del muralismo mexicano o la denominada Ruptura, específicamente con Diego Rivera, Miguel Covarrubias y José Luis Cuevas, además de amplias citas a investigaciones que analizan los casos de estudio: *Hemispheric Integration: Materiality, Mobility, and the Making of Latin American Art* (2020), de Niko Vicario; *Genómica mestiza: Raza, nación y ciencia en Latinoamérica* (2014), de Carlos López Beltrán, Peter Wade, Eduardo Restrepo y Ricardo Ventura Santos; y *The Body of the Conquistador: Food, Race and the Colonial Experience in Spanish America, 1492–1700* (2012), de Rebecca Earle.

Salón de Arte Panamericano se centra en las relaciones de la política panamericana y las formas en que la caricatura de prensa señaló al campo artístico. Situando la obra en el contexto de la Guerra Fría, la artista utiliza referencias al Salón Esso y a la OEA a partir de la mirada del caricaturista Leonardo Vadillo, al tiempo que cita directamente *La cortina de nopal*, un documento firmado por Cuevas a partir del diálogo —una suerte de escritura fantasma— con José Gómez Sicre. Así, expone un debate entre arte abstracto y figurativo a la mirada de la historiografía mexicana. En este caso, existe un traslado del texto a manera de guión, y de las caricaturas de prensa al formato de caballete producidos en fieltro: esferas entrelazadas por medio del acto escénico.

En *Economies of the Pacific* (en co-autoría con Neil Mauricio Andrade) e *Institute of Pacific Relations*, Cabrera Rubio remite a otro proceso artístico centrado en el trabajo pictórico de Miguel Covarrubias. Esta referencia le permitió trasponer resoluciones pictóricas relacionadas a la geografía cultural a través de los murales-mapas de Covarrubias, con el proyecto intervencionista de Walt Disney y Nelson Rockefeller, en el primer ejemplo; y centrarse en el pabellón de la Pacific House y la Golden Gate International Exposition, en el segundo trabajo. Para *Institute of Pacific Relations*, la artista incorporó el espectro del arte popular al retomar elementos de películas como *The Three Caballeros* (1944) y producir, en colaboración con artesanos de Puebla, Tultepec y Oaxaca, una figura en madera, un textil y una máscara.

Por su parte, *Escenario para una genómica nacional* centra su atención en la historia del mestizaje en México, a partir de la referencia al Instituto

NATALIA DE LA ROSA

TRANSITS THROUGH ART: AN OVERVIEW OF THE WORK OF WENDY CABRERA RUBIO

Wendy Cabrera Rubio describes her artistic practice as exemplifying the transfer between images and visual constructions of modernity within the contemporary Mexican context. Cabrera Rubio explains how she channels her interest in art to focus on analyzing its uses and reformulations within different spheres, ranging from science and technology to mass culture. The artist asserts, "I study how certain imaginaries or ways of representing emerge out of art, and how they are eventually reproduced in other visual phenomena in popular culture."[1]

In her early work, Cabrera Rubio's interests centered around recognizing various discourses of the ultra-right and using online forums to engage in debates on modern art. The reference for this early work was the American best-seller *The Naked Communist* (1958) by Cleon Skousen. In *Why Is Modern Art So Uninspiring?* (2017) and *What is Cultural Marxism?* (2018), Cabrera Rubio juxtaposed Skousen's anti-communist and conspiratorial text with Kazimir Malevich's constructivist work—specifically *Black Square and Red Square* (1915) and *Arkhitekton Gota* (1923)—as well as with the revolutionary project itself. What is striking about this approach is the way in which Cabrera Rubio created an intertextual relationship between a concrete reference (i.e. a published study and an existing work of art), and its reformulation in felt, a distinctive medium that refers to the artist's familial bonds. The piece concludes with a dramatic act, by means of a script that is brought to life by puppets. Needless to say, this approach to artistic practice becomes a consistent model for Cabrera Rubio's future works.[2]

In projects such as *Salón de Arte Panamericano* (2020), *Economies of the Pacific* (2020), *Institute of Pacific Relations* (2021), *Escenario para una genómica nacional* (2021) and *The Body of the Conquistador* (2022),[3] Cabrera Rubio directly engages with artworks produced by the Mexican muralists and the so-called Generación de la Ruptura [Breakaway Generation], specifically by artists such as Diego Rivera, Miguel Covarrubias, and José Luis Cuevas. Cabrera Rubio also relies on an extensive array of citations providing analyses of case studies, including:

Hemispheric Integration: Materiality, Mobility, and the Making of Latin American Art (2020) by Niko Vicario, *Genómica mestiza: Raza, nación y ciencia en Latinoamérica* (2014) by Carlos López Beltrán, Peter Wade, Eduardo Restrepo, and Ricardo Ventura Santos, and *The Body of the Conquistador: Food, Race and the Colonial Experience in Spanish America, 1492-1700* (2012) by Rebecca Earle.

Salón de Arte Panamericano focuses on the relationship between Pan-American politics and the ways in which popular press cartoons depicted the artistic milieu of the time. Situating the work within the context of the Cold War, the artist references cartoons produced by the artist Leonardo Vadillo, who parodied the Salón Esso and the OEA. She also directly quotes *La cortina de nopal* [The Cactus Curtain], a document signed by Cuevas and ghostwritten by José Gómez Sicre based on their dialogues. Thus, she recounts a pre-existing debate between abstract and figurative art under the guise of Mexican historiography. In this case, there is a transfer from text to script, and from popular cartoons to an easel format produced in felt. These transfers bridge different spheres that become intertwined through the act of staging.

In *Economies of the Pacific* (co-created with Neil Mauricio Andrade) and *Institute of Pacific Relations*, Cabrera Rubio refers to another artistic process based on the paintings of Miguel Covarrubias. In the first work, this reference allowed her to transplant the interventionist project of Walt Disney and Nelson Rockefeller with the pictorial resolutions related to the cultural geography of Covarrubias's map-murals. In the second work, she focused on the Pacific House pavilion and the Golden Gate International Exposition. For *Institute of Pacific Relations*, the artist incorporated a full spectrum of folk art by reclaiming elements from films, such as *The Three Caballeros* (1944), and producing a wooden figure, a textile, and a mask in collaboration with artisans from Puebla, Tultepec, and Oaxaca.

Nacional de Medicina Genómica (2004), fundado por el presidente Vicente Fox (2000–2006). Cabrera Rubio mezcló un estudio del término "genómica mestiza", expuesto por López Beltrán, desde la filosofía de la ciencia y la antropología social frente a la iconografía médico-biológica formulada por Diego Rivera en espacios como la Capilla de Chapingo (1926) o la Secretaría de Salud (1929). Asimismo, recupera la fórmula del teatro petul, formato que funcionó como estrategia pedagógica para transmitir el programa de salud pública de la posrevolución.

En *The Body of the Conquistador,* la artista apunta a la historia de la conquista, el proceso de colonización mediante la historia de la alimentación, el mestizaje y la política agraria. Los elementos iconográficos cruzan el diccionario alegórico de la capilla "riveriana", dedicada a la revolución agraria, y otros referentes populares del universo de la animación y la caricatura. La técnica reafirma el uso del fieltro y suma como superficie el ayate, elemento que refiere a un transporte de cosecha tradicional y al campo simbólico de la aparición de la Virgen de Guadalupe a Juan Diego.

***

En 2022 se conmemoró el centenario de las vanguardias en Latinoamérica. Algunos movimientos artísticos son la aparición del muralismo y el estridentismo en México, así como la organización de la Semana de Arte Moderno en Brasil. También pueden subrayarse, como ha estudiado Yanna Hadatty Mora, los aportes en la ruptura poética y narrativa a través de *Trilce,* del peruano César Vallejo; los *Veinte poemas para ser leídos en un tranvía,* del argentino Oliverio Girondo; la novela *La Señorita Etcétera,* del guatemalteco Arqueles Vela; o el poemario *Soldado desconocido,* del nicaragüense Salomón de la Selva. Diversos países llevaron a cabo revisiones sobre este proceso con el objetivo de establecer una mirada crítica sobre dicho momento y sus implicaciones de manera retrospectiva,[4] en consonancia con las movilizaciones anti-raciales, anti-coloniales y anti-patriarcales generalizadas en el continente.

Dicho contexto puso a debate producciones artísticas contemporáneas que repiensan esta etapa. Fue un momento de reformulación frente a un pasado artístico. Obras como *Re-Antropofagia* (2019), de Denilson Baniwa, permitieron reflexionar sobre las formas de confrontación con la vanguardia. Baniwa utiliza "el lenguaje occidental para descolonizarlo".[5] El artista parte de la referencia a *Macunaíma* (1928), de Mario de Andrade, obra paradigmática del movimiento modernista y antropofágico brasileño. A través de un acto "reparativo", Baniwa retorna aquellos elementos apropiados por el artista modernista a las exigencias y reclamos históricos de las poblaciones indígenas. También puede observarse la obra del artista peruano Iosu Aramburu, quien dedica la obra *Cortejo fúnebre (Funerales de un nuevo hombre)* (2019) a la figura de José Carlos Mariátegui. Aramburu incide en la historia de la vanguardia a partir de una alternativa narrativa al reformular un acontecimiento fundamental para la izquierda latinoamericana. Como explica Mijail Mitrovic, la pintura se suma a la larga tradición pictórica fúnebre y de homenaje relativa a la revista cultural peruana *Amauta.*[6] Aramburu juega con la temporalidad, al extraer las referencias directas a la figura de Mariátegui o al contexto histórico. A partir de una construcción pictórica donde resaltan la bandera roja que cubre el féretro del intelectual y la banderola de la Federación de Chauffeurs, junto con la masa que construye la escena, el artista obliga a pensar, más allá de la melancolía de izquierda,[7] sobre la situación política en Perú y Latinoamérica desde el presente.

En el contexto mexicano y desde la obra de Wendy Cabrera Rubio, podemos reflexionar: ¿cómo se observa, al abrir el panorama al ámbito hemisférico, la propuesta descrita y la misma generación que la artista representa, frente a una condición revisitada de la vanguardia? ¿Puede existir un proceso distinto, retomando la exigencia señalada por Néstor García Canclini, Ida Rodríguez Prampolini o Juan Acha, para que más allá de romper la dicotomía arte culto-arte popular, exista una real socialización del arte que suspenda la neutralización hecha por la esfera del arte de dichas producciones?[8]

La apuesta de una revisión histórica, sin duda, mantiene una potencia crítica. Ante las distintas y generalizadas políticas del archivo de la actualidad, Cabrera Rubio opta por otra metodología, en donde la investigación insiste en la apropiación y yuxtaposición de textos, referencias a la cultura de masas y la misma tradición artística de la modernidad. Llamaré la atención sobre un último punto: además de marcar una urgencia para que las artes visuales mexicanas observen alternativas como la que representa la desapropiación expuesta desde la literatura por Cristina Rivera Garza o Sara Uribe,[9] invitamos a pensar en una posibilidad que rebase el ámbito descriptivo y la lógica exclusiva del campo artístico. De continuar este proceso —bajo una incontrolable fascinación—, se corre el peligro de que los códigos que buscan ser criticados o expuestos (tragedia de muchos artistas de vanguardia)[10] no sólo se reivindiquen, sino se porten. Al mismo tiempo, obliga a que nuestra tradición crítica esté atenta y no deje de apuntar a este complejo proceso.

Escenario para una genómica nacional explores the history of *mestizaje*, the mixing of European and Indigenous ethnicity and culture, in Mexico, starting with a reference to the National Institute of Genomic Medicine (2004), which was founded by President Vicente Fox (2000-2006). Cabrera Rubio brought together research on the "mestizo genome" by López Beltrán, a specialist in the philosophy of science and social anthropology, with Diego Rivera's medical-biological iconography in spaces such as *the Chapel of Chapingo* (1926) or the *Secretariat of Health* (1929). *Escenario para una genómica nacional* also reclaims the pedagogical strategies of the Teatro Petul, which served as an arm of the post-revolutionary public health program.

In *The Body of the Conquistador*, the artist points to the history of the conquest, the process of colonization through the history of food, mestizaje, and agrarian policy. The iconographic elements encompass references from the allegorical dictionary of the "Rivera-style" chapel, which was dedicated to the agrarian revolution and included other popular references from the universe of animation and cartoon. The artist solidifies her technique through the use of felt and also incorporates the use of *ayate* as a surface, a material that references the transport of a traditional harvest and that also symbolizes the moment the Virgin of Guadalupe appeared to Juan Diego.

***

2022 marked the centennial of the avant-garde in Latin America. Some notable moments included the emergence of Muralism and Stridentism in Mexico, as well as the founding of Modern Art Week in Brazil. As Yanna Hadatty Mora has previously studied, it is also worth noting the contributions that have been made in breaking away from the conventional structure of poetry and narrative forms, including *Trilce* by the Peruvian poet César Vallejo, *Veinte poemas para ser leídos en un tranvía* by Argentine writer Oliverio Girondo, *La Señorita Etcétera*, a novel by the Guatemalan writer Arqueles Vela, or *Soldado desconocido*, a collection of poems by the Nicaraguan writer Salomón de la Selva. In line with the widespread mobilization of anti-racist, anti-colonial, and anti-patriarchal movements across the continent, several countries embarked on recasting revisions of the avant-garde to retrospectively develop a critical assessment of this historical moment and its implications.[4]

This context facilitated conversations around contemporary artistic production that reevaluated this stage of history. It was a moment of reformulating the artistic past. Works such as Denilson Baniwa's *Re-Anthropophagy* (2019) made it possible to reflect on the forms of confronting the avant-garde. For instance, Baniwa uses "the language of the West to decolonize it."[5] The artist starts with a reference to *Macunaíma* (1928) by Mario de Andrade, a paradigmatic work of the Brazilian modernist and anthropophagic movement. Through a "reparative" act, Baniwa addresses the historical demands and claims of Indigenous people by returning the elements that were appropriated from them by the modernist artist. Similarly, Peruvian artist Iosu Aramburu dedicates *Cortejo fúnebre (Funerales de un nuevo hombre)* (2019) to the figure of José Carlos Mariátegui. Aramburu addresses the history of the avant-garde by contributing an alternative narrative that reformulates a fundamental event for the Latin American left. As Mijail Mitrovic explains, Aramburu's painting builds on a long tradition of funeral paintings and homages to the Peruvian cultural magazine *Amauta*.[6] Aramburu plays with temporality by extracting direct references to either the figure of Mariátegui or to the historical context. In his pictorial construction, the red flag that covers the coffin of the intellectual and the red banner of the Federation of Chauffeurs stand out against a multitude shaping the composition of the scene. Through these maneuvers, the artist forces us to think beyond this melancholic memory of the left wing[7] to instead consider the present political situation in Peru and Latin America.

In the Mexican context, particularly in the work of Wendy Cabrera Rubio, what can we observe when we open up the panorama and widen the scope to encompass the entire hemisphere? How does the generation of artists she belongs to position themselves towards a critical revision of the avant-garde? As Nestor Garcia Canclini, Ida Rodríguez Prampolini, or Juan Acha have proposed, is there an alternative artistic process that can do more than just break up the dichotomy between high and low art? Is there a real, socially engaged art that can avoid being neutralized when it enters the artistic sphere of its production?[8]

Undoubtedly, what's at stake in a historical review is its critical power. Confronted by the varying generalized politics of the archive today, Cabrera Rubio opts for another methodology, one where her research calls for the appropriation and juxtaposition of texts, pop cultural references, and the very artistic traditions of modernity. Thus, in closing, I will call attention to one final point: In addition to flagging the urgency to find alternative solutions in the Mexican visual arts, as Cristina Rivera Garza and Sara Uribe[9] have done in literature through the notion of

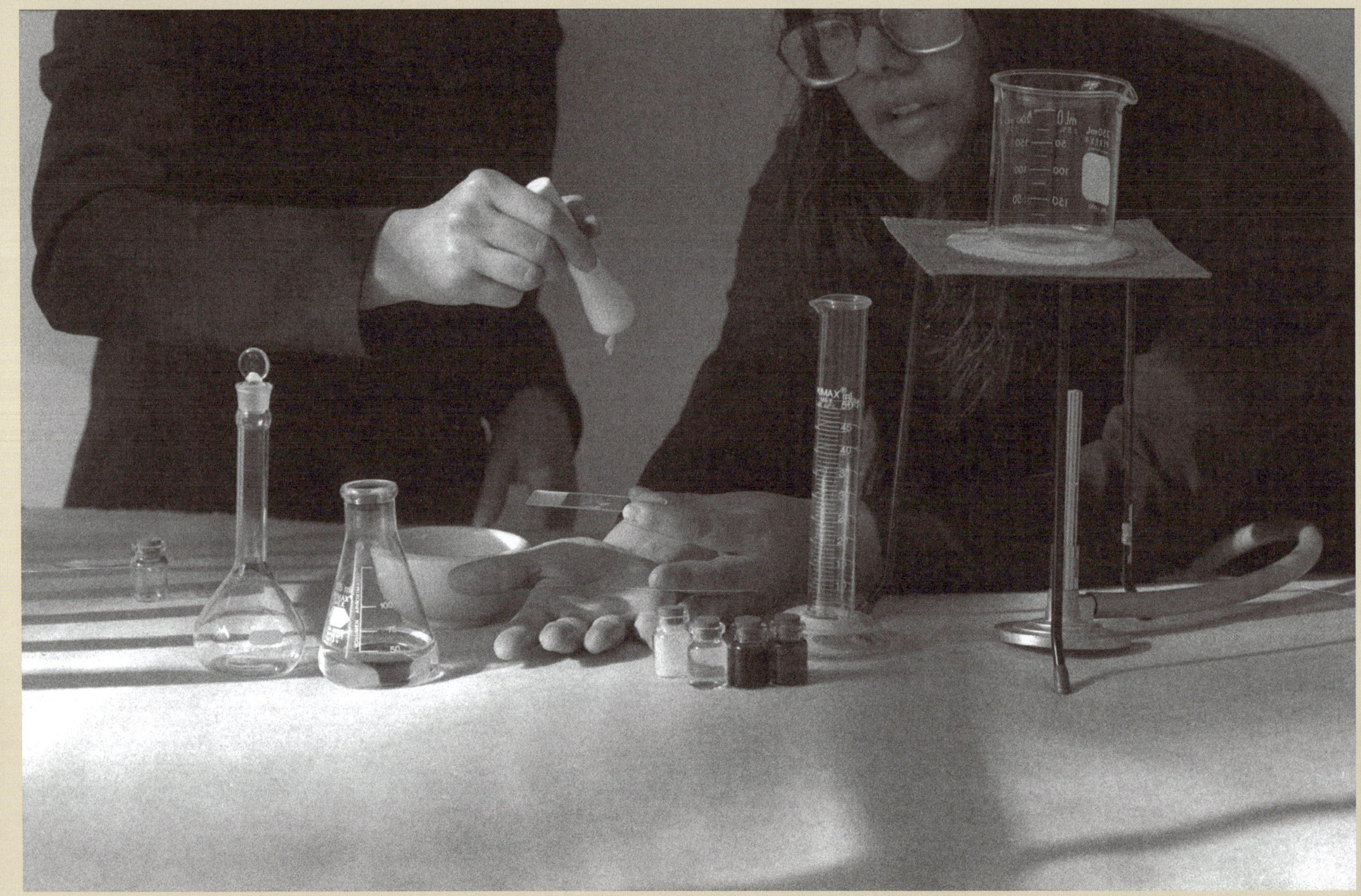

[1] Comunicación con la autora, enero de 2023.

[2] El uso de títeres o marionetas tiene como antecedente la obra *La historia la escriben los vencedores* (2017), presentada en Biquini Wax EPS.

[3] Estas muestras fueron expuestas en las siguientes galerías: *Salón de Arte Panamericano* en kurimanzutto; *Economies of the Pacific* en anonymous gallery, *Institute of Pacific Relations* en PEANA, *Escenario para una genómica nacional* en Luis Galería y *The Body of the Conquistador* en anonymous gallery.

[4] Una serie fundamental fue la serie *1922: modernismos em debate* organizada por la Pinacoteca de São Paulo y el Instituto Moreira Salles. Los puntos de reflexión fueron el interés de los modernistas por la cultura popular y los discursos nacionalistas que surgieron en el periodo y tuvieron desarrollos políticos e ideológicos de variado espectro.

[5] Denilson Baniwa, "ReAnthropophagy", *The Brooklyn Rail* (febrero 2021): https://brooklynrail.org/2021/02/criticspage/ReAnthropophagyhttps://brooklynrail.org/2021/02/criticspage/ReAnthropophagy. Consultado en agosto de 2022.

[6] Mijail Mitrovic, "Duelo y revolución. Sobre una pintura de Iosu Aramburu", Archivo José Carlos Mariátegui (2021): https://www.mariategui.org/duelo-y-revolucion-sobre-una-pintura-de-iosu-aramburu/. Consultado en noviembre de 2022.

[7] Aquí, Mitrovic refiere al estudio de Enzo Traverso, *Melancolía de izquierda* (2017).

[8] Véase: Néstor García Canclini, *Arte popular y sociedad en America Latina: Teorias esteticas y ensayos de transformación* (Ciudad de México: Grijalbo, 1977); Jorge Alberto Manrique, ed., *La dicotomia entre arte culto y arte popular: Coloquio Internacional de Zacatecas* (Ciudad de México: Universidad Nacional Autónoma de México, Instituto de Investigaciones Estéticas, 1979); *Simpósio da 1ª Bienal Latino-Americana de São Paulo* (1978). Vol. II. Ministério da Relações Exteriores, Ministério da Educação e Cultura-Funarte, Secretaria de Cultura, Ciência e Tecnologia, SP, Secretaria Municipal de Cultura, PMSP.

[9] Cristina Rivera Garza, *Los muertos indóciles. Necro-escrituras y desapropiación* (Ciudad de México: Tusquets Editores, 2013); Sara Uribe, *Antígona González* (Ciudad de México: Surplus Ediciones, 2012).

[10] Renato González Mello y Anthony Staton, *Vanguardia en México* (1915–1940) (Ciudad de México: Museo Nacional de Arte, 2013).

disappropriation, we propose to imagine whether it is possible to go beyond the descriptive and surpass the exclusive logic of the artistic field. If this process expands—under the guise of an unrestricted fascination—there is a real risk of reproducing the same tragedy that has plagued many avant-garde artists:[10] that the codes that we seek to criticize or expose will not only be vindicated, but gain traction. For this reason, our critical tradition must remain attentive to this complex process.

[1] Communication with the artist, January 2023.

[2] Her use of puppets was prefigured in an earlier work: *La historia la escriben los vencedores* (2017), presented at Biquini Wax EPS.

[3] These exhibitions were on view at the following galleries: *Salón de Arte Panamericano* at kurimanzutto; *Economies of the Pacific* at anonymous gallery, *Institute of Pacific Relations* at PEANA, *Escenario para una genómica nacional* at Luis Galería, and *The Body of the Conquistador* at anonymous gallery.

[4] An important series was *1922: modernismos em debate*, organized by the Pinacoteca in São Paulo and the Instituto Moreira Salles. This series reflected on the modernists' interests in popular culture. It also explored the emergence of national discourses during this period, as well as their varied political and ideological developments.

[5] Denilson Baniwa, "ReAnthropophagy", *The Brooklyn Rail* (February 2021), https://brooklynrail.org/2021/02/criticspage/ReAnthropophagy.

[6] Mijail Mitrovic, "Duelo y revolución. Sobre una pintura de Iosu Aramburu", *Archivo José Carlos Mariátegui* (2021), https://www.mariategui.org/duelo-y-revolucion-sobre-una-pintura-de-iosu-aramburu/.

[7] Here Mitrovic refers to Enzo Traverso's study: *Melancolía de izquierda* (2017).

[8] Néstor García Canclini, *Arte popular y sociedad en America Latina: Teorias esteticas y ensayos de transformación* (Mexico City: Grijalbo, 1977); Jorge Alberto Manrique, ed., *La dicotomia entre arte culto y arte popular: Coloquio Internacional de Zacatecas* (Mexico City: Universidad Nacional Autónoma de México, Instituto de Investigaciones Estéticas, 1979); *Simpósio da 1ª Bienal Latino-Americana de São Paulo* (1978), Vol. II, Ministério da Relações Exteriores, Ministério da Educação e Cultura-Funarte, Secretaria de Cultura, Ciência e Tecnologia, SP, Secretaria Municipal de Cultura, PMSP.

[9] Cristina Rivera Garza, *Los muertos indóciles. Necro-escrituras y desapropiación* (Mexico City: Tusquets Editores, 2013); Sara Uribe, *Antígona González* (Mexico City: Surplus Ediciones, 2012).

[10] Renato González Mello y Anthony Staton, *Vanguardia en México (1915–1940)* (Mexico City: Museo Nacional de Arte, 2013).

Mauricio Guillén, *Wendy Cabrera Rubio y Diane Medina en su estudio, desarrollando la plasmogenia* [Wendy Cabrera Rubio and Diane Medina in Their Studio, Developing Plasmogenics], 2023. Plata sobre gelatina Silver on gelatin. Cortesía del artista Courtesy of the artist

DANIEL AGUILAR RUVALCABA

QUIÚBOLE CON… EL MESTIZAJE, LA CIENCIA Y LAS ARTESANÍAS

CONVERSACIÓN CON WENDY CABRERA RUBIO

NADIEL: Una constante en tu práctica artística es la crítica a la noción de Historia Nacional y a la instrumentalización que la política oficialista ha hecho y hace de las artes visuales para forjar la identidad mestiza. Me gustaría empezar hablando sobre el mestizaje… ¡Un día después del 12 de octubre!

WENDY: ¡El "día de la raza", weeey! Descubrí que México ya está más descolonizado. Ayer fui al centro a buscar carabelas de *foamy* y ya no las hacen, weeey.

N: Achís, ¿ya no hay carabelas de *foamy*?

W: ¡Está mal visto, wey! En serio, fui a comprar cosas y lo único que encontré fueron unos cromos. ¡Fue toda una experiencia! Ja, ja, ja. En fin, algo que quiero resaltar es que la categoría "mestizo" en México opera de manera distinta a como se entiende en el norte global. El mestizaje en México no es el mismo de las comunidades chicanas o migrantes que viven en Estados Unidos. Revisé algunos censos de Nueva York y para la categoría "mestizo" te piden especificar tu mezcla racial, que si papá afro-filipino y mamá franco-irlandesa…

Muchas de las ideas que tenemos del mundo precolombino en realidad fueron fabricadas durante el cardenismo. *En busca del alma nacional* (2018), de Haydée López Hernández, es un libro importante y esclarecedor para mí en ese sentido.

N: Tu investigación artística intenta entender la construcción histórica de la noción de raza y de los procesos de desindigenización propios del mestizaje mexicano. ¿Qué papel juega aquí el Museo Nacional de Antropología (MNA)?

W: Mi primer acercamiento al arte fue en el Museo Nacional del Virreinato. Cursé una clase de arquitectura de clausura. La función de esta arquitectura es que las personas que la habitan se concentren únicamente en Dios. Me pareció increíble, estas cosas que parecían bonitas e inocentes, eran políticas e ideológicas. Las celosías y los muros afectan a quien habita el inmueble

Para entender el MNA hay que leer a Pedro Ramírez Vázquez y estudiar su obra. Él tenía claras las implicaciones ideológicas de sus procesos estéticos, hablaba de espiritualidad en espacios seculares. Tanto en el MNA como en el Estadio Azteca, retomó muchísimo de la arquitectura eclesiástica.

¿Recuerdas las celosías en forma de "x" que están en la primera sala del museo? Éstas provienen de la arquitectura colonial eclesiástica, de la "arquitectura de clausura": poder mirar sin que te vean. Ramírez Vázquez siempre tuvo una obsesión con la "x" porque decía que México era el único país que tenía una en su nombre.

Sandra Rozental menciona que cuando hicieron las casas de la parte etnográfica llamaron a una persona por población indígena, "A ver, tú, rarámuri, ponte a hacer tu casa rarámuri".[1] Les pusieron a vivir en el museo para que recrearan sus propias casas. Lo cual es una reproducción de las estrategias extractivistas de las ferias internacionales que las potencias imperialistas hicieron durante el siglo XX. El colonialismo interno no podría ser de otra manera.

N: Con relación a la identidad, partes del análisis de los aparatos ideológicos que producen y reproducen subjetividades. En tu obra hay un humor alrededor de las políticas y estéticas identitarias. Me refiero a las adaptaciones neoliberales y latinoamericanistas de lo que se entiende por multiculturalismo en el norte global. Tu trabajo ayuda a pensar la construcción histórica del sentido común neoliberal mexicano. Me gustaría discutir

DANIEL AGUILAR RUVALCABA

WHAT'S UP WITH... MESTIZAJE, SCIENCE, AND HANDCRAFTS?

A CONVERSATION WITH WENDY CABRERA RUBIO

NADIEL: A constant thread in your artistic practice is the critique of the notion of national history and the instrumentalization that the official politics have done and continue to do with visual arts to forge a mestizo identity. I'd like to start by talking about mestizaje... a day after October 12, no less!

WENDY: Dude, Race Day! I discovered that Mexico is more decolonized now. Yesterday I went downtown to look for foam ships and, dude, they don't make them anymore!

N: For real? There weren't any foam ships?

W: It's a bad look, dude!... Seriously though, I went to buy some things and the only thing I found were these cards. But yeah, it was definitely an experience! Ha ha ha. But anyway, something I'd like to highlight is the fact that the "mestizo" category in Mexico operates in a distinct way compared to how it's understood in the Global North. Mestizaje in Mexico isn't the same thing as it is for the Chicanx or migrant communities in the US. I looked through some New York censuses and for the "mixed race" category they specifically ask for your racial background: whether your father is Afro-Filipino or your mother is French-Irish... A lot of the ideas we have about the Pre-Columbian world were actually fabricated during the cardenist era. Haydée López Hernández's *En busca del alma nacional* [In Search of the National Soul] (2018) is an important and insightful book for me on this topic.

N: Your artistic research seeks to understand the historical construction of race and the processes of de-Indigenization inherent to Mexican mestizaje. What role does the Museo Nacional de Antropología (MNA) play in this regard?

W: My first encounter with art was at the Museo Nacional del Virreinato. I took a class on cloister architecture. The purpose of this form of architecture is to allow its inhabitants to concentrate solely on God. It was incredible to me that something so seemingly beautiful and innocent was in reality political and ideological. The lattices and walls affect the people who live within these structures.

To understand the MNA, you have to read Pedro Ramírez Vázquez and study his work. He had a clear sense of the ideological implications of its aesthetic project, and he talked about the spirituality of secular spaces. The MNA, as well as the Estadio Azteca, reclaimed a lot of ecclesiastical architecture.

Do you remember the x-shaped lattices that are in the first room of the museum? This motif comes from colonial ecclesiastical architecture—from "cloister architecture." It allows one to look without being seen. Ramírez Vázquez was always obsessed with the "x" because he used to say that Mexico was the only country that had an "x" in its name.

Sandra Rozental mentions that when they made the houses for the ethnographic section of the museum, they called someone from each Indigenous community and they were basically like, "Let's see... You, Rarámuri person. Go and make a Rarámuri house."[1] They made them live in the museum to recreate their own homes. This is a reproduction of the extractivist strategies employed by the international fairs that the imperialist powers created during the 20th century. It couldn't be any more explicit as a form of internal colonialism.

N: On the topic of identity, you start from the analysis of ideological apparatuses that produce and reproduce subjectivities. In your work, you take a humorous approach to identity politics and aesthetics. I'm referring to the neoliberal and Latin Americanist adaptations of what is understood as multiculturalism in the Global North. Your work helps us understand the historical construction of Mexican neoliberal common sense. I'd like to think with you through this continuity between cloister architecture in the psyche, in the political unconscious, this space where

contigo en esta continuidad de la arquitectura de clausura en la psique, en el inconsciente político, donde la vigilancia ya no la hace el virreinato católico, sino el Estado laico y mestizo...

W: Claro, creemos que el pasado ya está superado pero sigue aquí. Por eso me interesa tanto la historia de la ciencia mexicana de principios del siglo xx. Una persona era artista, educadora, científica y política. Por ejemplo, el wey que escribió *Eugenia* (1919), Eduardo Urzaiz Rodríguez, estaba obsesionado con la eugenesia. Utilizó su conocimiento ideológico y estético para imponerlo en sus revisiones higiénicas de la Secretaría de Educación Pública (sep). Desde la historia de la ciencia mexicana se ven claramente los procesos ideológicos que hubo alrededor de ella. Cosas que parecen apolíticas, como la ciencia, son afectadas por estos procesos. La obra de Romeo Gómez López cuestiona cómo los dinosaurios con plumas no entraron al imaginario colectivo por una cuestión sexo-genérica.

En el siglo xx desapareció la idea de la representación científica y se tuvo que inventar el modelo. Y no por eso dejamos de deambular entre lo pragmático, lo científico y lo ideológico, como puede ser el caso de la eugenesia y su implementación en las políticas mexicanas; es uno de los temas que más me interesan porque sigue siendo súper real, está aún en operación. Aunque ya había sido desvalorada dentro de la comunidad científica, en la política mexicana de inicios del siglo xx, seguía vigente. Cuando lees *Mi sueño* (1916), de Salvador Alvarado, o algunas de las políticas de Felipe Carrillo Puerto, puedes ver la influencia de la eugenesia a pesar de haber sido súper descartada por la ciencia.

N: El genoma es uno de los archivos de la época contemporánea que más información ha arrojado sobre la historia y la vida. Pero es también un archivo lleno de fantasías capitalista-colonial-patriarcal-racializantes. ¿Qué es lo que has encontrado en el *Mapa del Genoma de Poblaciones Mexicanas*?

W: He tomado clases de biología para *dummies* y una de las cosas que más recuerdo fue cuando nos empezaron

a explicar cómo funcionaba el cuerpo humano y la información que contiene. Me mamó que el 70% de las cosas que están dentro de nosotras no sirven, o no se sabe para qué sirven. Y, en realidad, gran parte de la información genética al momento en que se reproduce no tiene una expresión; muchísima se queda ahí por años. Es mucho más arbitrario de lo que se cree en realidad. De hecho, estas madres que te dicen si eres filipino o ruso —las pruebas de ancestría—, son recreativas para la ciencia genómica. En la genética de poblaciones no se utilizan esos métodos.

Aunque no sepamos nada de ciencia, cuando aparece esta idea de la genética en el imaginario popular, transforma la percepción de lo humano. Lo podemos ver en las películas de Hollywood. Wey, ¡¿qué pedo con toda esta banda que está apelando de nuevo a narrativas raciales?! Otra anécdota de esas clases de biología para *dummies* es sobre la evolución. Nos decían, "Dense cuenta de lo pendejo que es su cuerpo, ¡su tráquea es el mismo lugar por donde respiran y tragan!". Eso es súper inútil, hay muchas cosas chistosas de cómo funciona nuestro cuerpo y uno de los grandes errores de la ciencia moderna es la idea de que el cuerpo es perfecto. Pero, ¿de qué cuerpo hablan?

Este archivo genético tiene un putero de información y cada país lo ha adaptado como quiere. Es el caso del resurgimiento de los nacionalismos y estas discusiones de la raza dentro de la ciencia contemporánea. ¡Se supone que ya estaban superados!

N: Estas narrativas raciales de los procesos de desindigenización se sustentan en el umbral humano, no-humano. Teniendo como humano al blanco y como no-humano al resto de las personas —que en el nacionalismo mexicano el humano perfecto es el mestizo mexicano—, ¿cómo se articulan estas narrativas?

W: El caso más claro que encuentro entre el vínculo de la genómica y el nacionalismo, es que al Estado mexicano se le ocurrió hacer al genoma patrimonio, ¡¿qué pedo?! ¡Pasó en el 2008! ¡Nacionalizaste la genómica de la gente y no nacionalizaste la genómica del

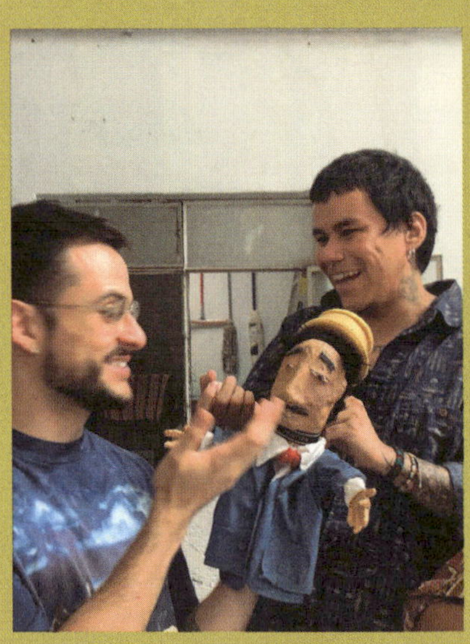

Diego del Valle Ríos (izquierda left), José Vasconcelos (centro center) & danie valencia sepúlveda (derecha right). Obrera Centro, *Círculo de estudios sobre salud mental: subjetividad, neoliberalismo y sufrimiento psíquico* [Circle of Studies on Mental Health: Subjectivity, Neoliberalism, and Psychic Suffering], 23 de julio de July 23rd of 2023. Archivo personal de Personal archive of Wendy Cabrera Rubio

vigilance is no longer enforced by the Catholic viceroyalty but instead by the secular and mestizo state.

W: Of course, we tend to think the past is behind us, but it continues into the present. That's why I'm really interested in the history of science in Mexico at the beginning of the 20th century. A person could be an artist, educator, scientist, and politician. For example, the guy who wrote *Eugenia* (1919), Eduardo Urzaiz Rodríguez, was obsessed with eugenics. He used his ideological and aesthetic knowledge to impose it in his hygienic revisions of the Secretariat of Public Education. Through the history of science in Mexico, you can clearly see the ideological process that surrounded it. Things that appear apolitical, like science, are affected by these processes. The work of Romeo Gómez López questions how dinosaurs with feathers didn't enter our collective imaginary because of a sex-gender issue.

In the 20th century, the idea of scientific representation disappeared, so they had to invent a model. Regardless of that, we didn't make clear outlines between the pragmatic, the scientific and the ideological, which is possible as is the case of eugenics and its implementation within Mexican policies. This is one of the topics that interests me the most because it is still very real. It's still in operation. Even though it had already been denounced in the scientific community, it was very much in effect within Mexican policies at the start of the 20th century. When you read *Mi sueño* [My Dream] (1916) by Salvador Alvarado, or any of the policies of Felipe Carrillo Puerto, you can see the influence of eugenics in spite of the fact that it had been super discredited by science.

N: The genome is a type of archive in our current age that has yielded the most information about history and life. But it's also an archive full of capitalist-colonial-patriarchal-racializing fantasies. What have you found so far in the "Genomic Map of the Mexican Population?"

W: I've taken biology classes for dummies, and one of the things that I remember most strongly is when they started explaining to us how the human body works and all the information it contains. I was shocked to learn that 70% of the things that are inside of us don't serve a function, or that we still don't know what they're supposed to do. And in fact, much of the genetic information that is reproduced today isn't expressed; a lot of it stays there for years. It's much more arbitrary than what people actually believe it to be. In fact, these things that tell you if you're Filipino or Russian—these ancestry tests—they're practicing recreational genomic science. In population genetics, those methods are not used.

Even though we don't know anything about science, when this notion of genetics enters our popular imaginary it transforms our perception of what it means to be human. We can even see it in Hollywood movies. Dude, like what's with all these people appealing to racial narratives again?! Another anecdote from these biology classes for dummies is about evolution. They used to say to us, "Do you realize how fucked up our bodies are? We breathe and swallow out of our tracheas!" That's super inefficient. There are a lot of funny things about how our bodies function and one of the biggest mistakes of modern science is the idea that our bodies are perfect. Whose bodies are they talking about?

This genetic archive has a shit ton of information, and every country has adapted it the way they like. This is the case with the resurgence of nationalism and these discussions about race within contemporary science. I thought we'd moved past this already!

N: These racial narratives about de-Indigenization processes are based on the threshold of human and non-human. Taking the white person as human, and everyone else as non-human—in Mexican nationalism, the perfect human is the Mexican mestizo. How exactly are these narratives articulated?

W: The clearest example I can find is in the link between genomics and nationalism: the fact that the Mexican state came up with the idea of making the genome a form of cultural patrimony. Like, what the fuck? This was in 2008! You nationalized the genomics of people but didn't nationalize the genomics of corn! Good job, Mexico!

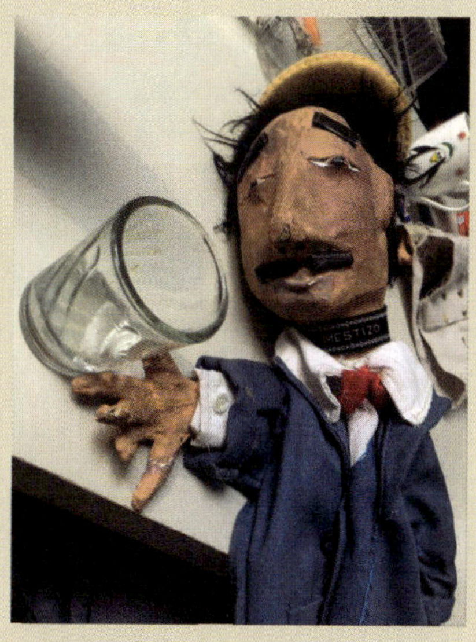

José Vasconcelos con vaso with cup. *Obrera Centro, Círculo de estudios sobre salud mental: subjetividad, neoliberalismo y sufrimiento psíquico* [Circle of Studies on Mental Health: Subjectivity, Neoliberalism, and Psychic Suffering], 23 de julio de July 23rd of 2023. Archivo personal de Personal archive of **Wendy Cabrera Rubio**

maíz! ¡Bien, México! Cada país hace su mapa genómico con sus propias cartografías raciales. ¡En México, a todas las categorías indígenas les llaman "amerindios"! Y, curiosamente, el Estado mexicano sigue utilizando las mismas categorías desde hace décadas: lengua, usos y costumbres y auto-determinación. Muchas poblaciones indígenas que ya no hablan su lengua y quieren hacer valer sus derechos, no los pueden hacer valer. Son identi-dades súper reguladas por el Estado. ¡Por eso me cagan los teóricos decoloniales que hablan de la performatividad de lo indígena!

N: Recientemente las narrativas raciales usan la comida para hablar bien del mestizaje. Existen en el mundo del arte micro-empresas disfrazadas de colectivos, se trata de patronas "whitexicans" que ponen a cocinar a sus empleadas domésticas siguiendo las tendencias del norte global de las polí-ticas alimentarias... ¿Cuál es la historicidad de esta narrativa racial de la comida mexicana?

W: Desde que me acerqué al mundo del arte me percaté de la dieta de las personas con las que me involucro. Las nociones, por ejemplo, de lo sano o del desayuno, son absolutamente distintas y muchas de las cosas que yo comía diariamente se consideran inconcebibles para estas personas.

Me acuerdo que estaba en una galería y se me ocurrió hablar con un niño. Le pregunté cuál era su cereal favorito y me dijo que la avena. Yo le dije que si no comía cereales normales, como Choco Krispis o Zucaritas, y me dijo que no porque hacían daño.

Cuando empecé a relacionarme con circuitos raciales más whitexicans me di cuenta que mi cuerpo era muy diferente al de otras mujeres, por mi estatura o mis rasgos faciales... Todo esto justamente me hizo pensar en qué es un cuerpo sano y atractivo. ¡Wey, recordemos que el hombre perfecto de Le Corbusier era más alto que el mismo Le Corbusier!

Me empezó a interesar la fetichización de la comida popular por las clases altas. Los restaurantes whitexicans y los proyectos artísticos criollos me pa-recen apropiaciones culturales grotescas que dejan de lado toda la cuestión política importante, el porqué se cambió la alimentación. Y acaban en la gentrificación: la alimentación se termina volviendo de élite y se elevan los precios de una comida popular.

N: Voy a hablar con generalizaciones porque no tengo datos concretos, pero me parece que hay una postura más radical y transformativa de las nuevas generaciones de artistas. No se tragan las fantasías ideológicas que prometía el arte global. Saben que se trata de un remedo pretencioso, una copia del mundo del arte blanco gringo-eurocéntrico. Y como tal, esencial-mente necesita reproducir violencias de clase, raza, género y sexualidad. ¿Cómo te defines tú frente a este sistema? ¿Te asumes como mestiza?

W: No. No soy mestiza, lo tengo clarísimo. No solamente a nivel intelectual, sino de vivencia. Carezco de los usos y costumbres del buen mestizo.

Me asumo como una persona desindigenizada. Mi abuelo es otomí y mi papá es de Michoacán. Nunca les enseñaron su lengua porque se los putea-rían en la escuela. No tengo ningún residuo de conocimiento indígena ancestral. Mi mamá creció en la Ciudad de México y fue trabajadora domés-tica casi toda su vida. Y, hablando específicamente de feminidad, existe un imaginario heteronormativo al respecto. Y mi performatividad no tiene nada que ver con la performatividad de una buena mujer mestiza.

Mi formación estuvo vinculada con labores manuales y en mi obra se ex-presa. Hay una relación muy estrecha entre la producción manual que ejerzo y la estética. Son manualidades, no son artesanías, ni pretenden serlo. El Estado mexicano administra lo que es la artesanía. Otorga permisos y es arbi-trario con los materiales y las formas. Si quieres hacer un alebrije de Hello Kitty, te dicen que no. Por eso he hecho un esfuerzo en resaltar que no me interesa este vínculo con la artesanía, ha sido absorbida por el Estado.

Y hay de manualidades a manualidades. La gente piensa que bordar es una cosa muy meditativa, pero cuando llevas cinco horas haciéndolo, te duelen los dedos y la espalda. Sí hay una diferencia entre el bordado de arriba —el burgués, el francés, el eclesiástico— y el de abajo. Las labores manuales son prácticas que muchas mujeres realizan para la manutención económica y la liberación. Con el dinero de la venta de esos monitos, que aparentemente no le hacen daño a nadie, las mujeres pueden salir de relaciones violentas. Son armas. Y me interesan mucho más desde el sentido marxista, por eso lo hago casi todo con mi mamá, para hacer én-fasis en la economía.

[1] Sandra Rozental, "La pátina de 'lo mexicano': Albañiles y artesanos en el Museo Nacional de Antropología", en Santiago da Silva y Malte Roloff (eds.), *Object Notes: Extraño y cercano Strange and Close* (Ciudad de México: Museo de Arte Carrillo Gil/Object Notes, 2020), 103-108.

Every country constructs their genomic map with their own racial cartographies. In Mexico, all Indigenous categories are called "Amerindian!" And interestingly enough, the Mexican state continues to use the same categories as it has for decades: language, customs, traditions, and self-determination. Many Indigenous populations that no longer speak their language and want to assert their rights are unable to do so. These identities are super regulated by the State. That's why I can't stand the decolonial theorists who talk about Indigenous performativity!

N: Recently, racial narratives use food to talk positively about mestizaje. There are these micro-companies that are masked as collectives in the art world, "Whitexican" employers that make their domestic employees cook in accordance with trends from the food politics of the Global North... What is the historicity of this racial narrative of Mexican food?

W: Ever since I've become acquainted with the art world, I've paid attention to the diets of the people I'm engaging with. Their notions, for example, of what's healthy or what they should have for breakfast, is completely different from a lot of the things I eat. What I eat on a daily basis is inconceivable for them.

I remember I was in a gallery once, and I started talking to this kid. I asked him what his favorite cereal was, and he told me it was oatmeal. I asked him if he ate normal cereal, like Cocoa Krispies or Frosted Flakes, and he told me no because they were bad for his health.

When I started to interact more with social circles that were more Whitexican, I began to realize that my body was very different from that of other women, given my height and my facial features... All of this made me reflect on what is considered a healthy and attractive body. Dude, let's not forget that the perfect man for Le Corbusier was even taller than Le Corbusier himself!

I started to become interested in the fetishization of working-class food for the upper class. Whitexican restaurants and their criollo art projects strike me as being grotesque cultural appropriations that leave out the fundamental political question of why the food has changed in the first place. And they end up in gentrification; food becomes elitist and they raise the prices of working-class food.

N: I'm going to generalize here because I don't have concrete facts, but it seems to me that this new generation of artists has taken on a more radical and transformative posture. They don't buy into the ideological fantasies promised by the global art world. They recognize that it's a wannabe imitation, a copy of the white gringo-Eurocentric art world. And for this reason, it essentially needs to reproduce classed, racialized, gendered, and sexualized violence. What position do you assume in relation to this system? Do you identify as mestiza?

W: No. I'm not mestiza. I am very clear on that. Not just on an intellectual level, but also in terms of how I live. I lack the customs and traditions of a good mestiza.

I consider myself a de-Indigenized person. My grandfather is Otomí and my father is from Michoacán. They never learned their native tongue because they would've gotten beat up at school. I don't have any trace of ancestral Indigenous knowledge. My mom grew up in Mexico City and was a domestic worker for almost her entire life. And speaking of femininity, there is a heteronormative imaginary of it. And my performativity has nothing to do with the performativity of being a good mestiza woman.

My upbringing was connected to manual labor, and I express this in my work. There is a very close relationship between the manual production I engage in and aesthetics. They are handicrafts, not artisanal crafts, and they don't presume to be artisanal crafts. The Mexican State administers the denomination of artisanal crafts. They grant permission and it's an arbitrary denomination based on the materials and forms. If you want to make a Hello Kitty alebrije, they'll tell you no. For this reason, I've made an effort to distance myself from this connection to artisanal craft. It's been absorbed by the State.

And there's manual labor in making handicrafts. People think that embroidery is a very meditative thing, but when you spend five hours doing it, it hurts your fingers and your back. There's a difference between high embroidery—the kind associated with the bourgeoisie, the French, the ecclesiastical—and low embroidery. Many women engage in manual labor for economic subsistence and empowerment. With the money they make from selling these cute little things, which are seemingly harmless, women can get out of violent relationships. They're weapons. And I'm much more interested in this from a marxist sense. So that's why I make almost everything with my mom, to emphasize its relation to the economy.

[1] Sandra Rozental, "La pátina de 'lo mexicano': Albañiles y artesanos en el Museo Nacional de Antropología", in Santiago da Silva y Malte Roloff (eds.), *Object Notes: Extraño y cercano Strange and Close* (Mexico City: Museo de Arte Carrillo Gil/Object Notes, 2020), 103-108.

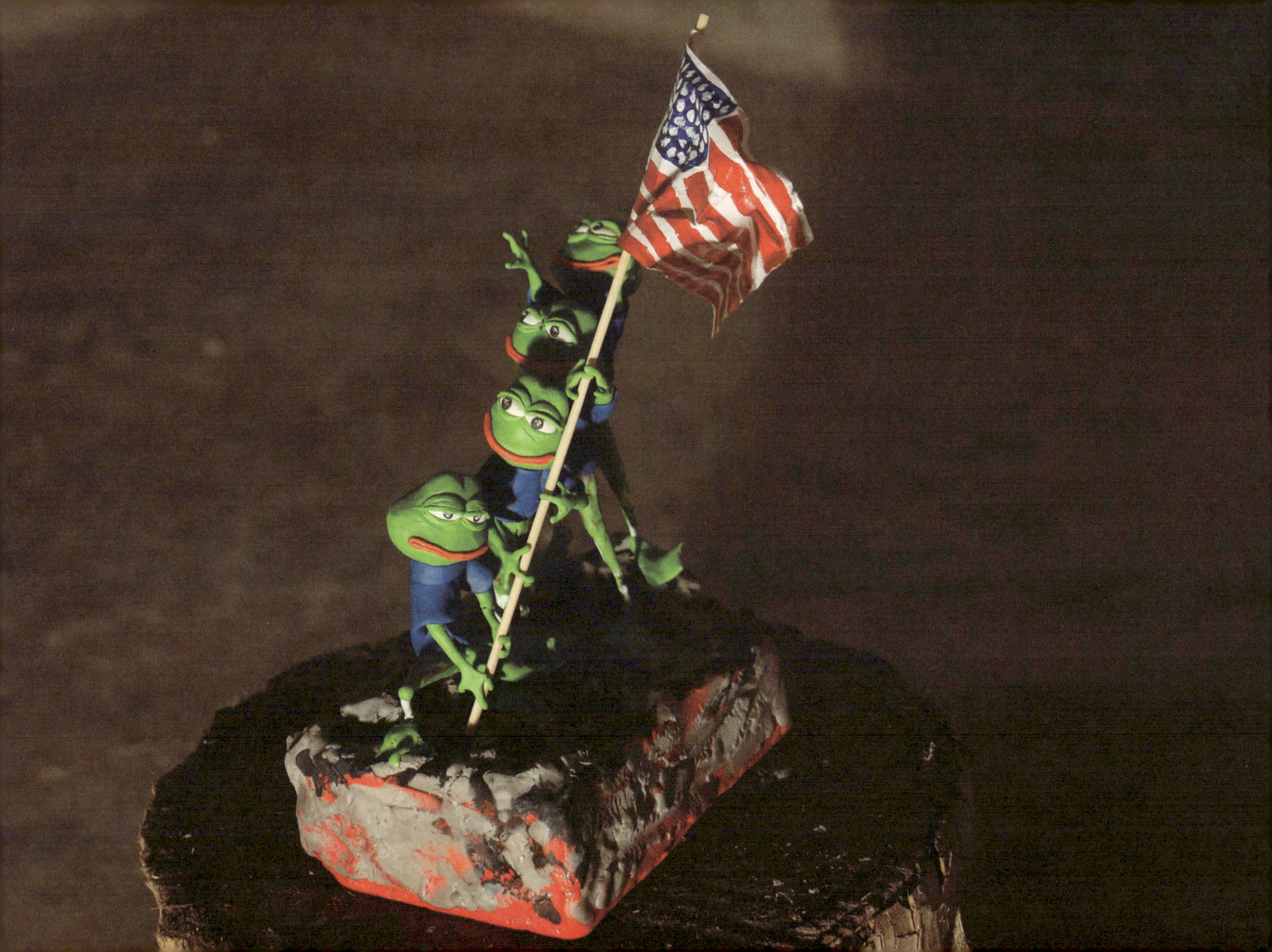

LA HISTORIA LA ESCRIBEN LOS VENCEDORES (PRIMERO COMO TRAGEDIA, DESPUÉS COMO COMEDIA)

NEIL MAURICIO ANDRADE

Los monitos de *La historia la escriben los vencedores*[1] son títeres de varilla. Los títeres participan de un drama o ficción desde un enfoque determinado; son objetos inanimados, pero sus acciones determinan su estructura interna y apariencia. No demandan realismo, aunque están hechos a escala humana y privilegian la expresividad.

Notamos un proceso del uso del objeto dramático a la exhibición de lo usado. Los *props*, el vestuario y la escenografía son parte de la instalación, que es también documento *in situ* de las acciones y el desgaste de los materiales. Un macabro teatro pedagógico donde el objeto demuestra ser él mismo, pero mejorado. El títere resulta más auténtico y original que la persona: sintetiza y perfecciona los rasgos que le otorgan su identidad. Pero, ¿acaso no toda personalidad es una puesta en escena? ¿Qué es nuestro *verdadero yo*, sino un cúmulo de clichés autoinducidos?

La exposición conjunta una obra de teatro, una escultura de la Rana Pepe sosteniendo una bandera estadounidense y un *patchwork* de Donald Trump.[2] La artista problematiza la representación política desde la representación dramática y el enmascaramiento *online*, cuestionando la geometría de la izquierda-derecha occidental y las políticas de identidad nacional.

[1] Wendy Cabrera Rubio toma prestado el título de esta obra del artículo de George Orwell, "History Is Written By the Winners", publicado en febrero de 1944 como parte de su columna "As I Please" en la revista británica *Tribune*.

[2] La artista retoma la imagen de Trump con gorra roja y el eslogan de "Make America Great Again", utlizado por el Partido Republicano en diversas ocasiones, entre las que destacan las campañas presidenciales de Ronald Reagan en 1980 y la de Trump en 2016.

[3] En filosofía, esto recuerda a la concepción hegeliana de la historia respecto a la aparición doble de los sucesos históricos: primero como tragedia, después como comedia. La última fase de cada gran periodo sería cómica porque en la muerte, deseamos un final feliz. Véase: Karl Marx, "Introducción par a la critica de la *Filosofía del Derecho* de Hegel", en Guillermo Federico Hegel, Filosofía del Derecho (Buenos Aires: Editorial Claridad, 1968), 11.

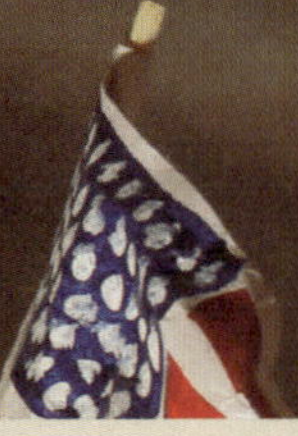

La pieza rechaza la nostalgia por los grandes relatos, cuestiona la existencia de algún titiritero que, desde las sombras corporativas globalistas, "mueve los hilos". Salinas mató a Colosio, ¿y qué? La pieza remite a los límites de las políticas de representación identitaria cuando la estigmatización niega cualquier ciudadanía formal; fiscalizan que *verdaderamente* seas quien dices ser, siempre serás sospechoso de no ser lo suficientemente moreno, pobre o tradicional para ser mexicano, migrante o indígena.

Wendy Cabrera Rubio se inserta en el fin de una modernidad de próceres y prohombres, capitaliza su muerte en el campo cultural sin dejar de amarla. Los títeres, caricaturas, manualidades, textiles y animación contribuyen a la interpretación juguetona de episodios "serios". La artista reelabora y sitúa episodios que definen su propio relato personal y generacional como artista, desde la clase y la raza.[3] Cuando recrea coyunturas entre las políticas culturales durante la Guerra Fría y la historia del arte mexicano, hay un autorreconocimiento cómico que al destacar personajes y obras declara la extinción de su tipo. La vocación paródica en esta obra es un *statement político*. Al final, la historia que nos contamos a nosotras mismas, la pérdida del origen —y de originalidad— puede resultar una ventaja: al no tener un referente de ti misma, no puedes hacer una mala copia de ti.

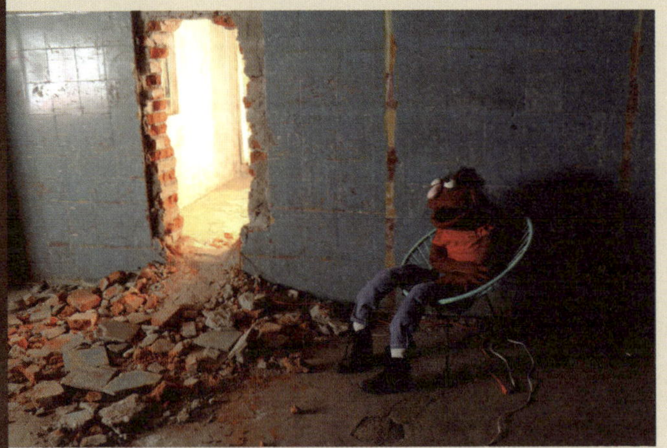

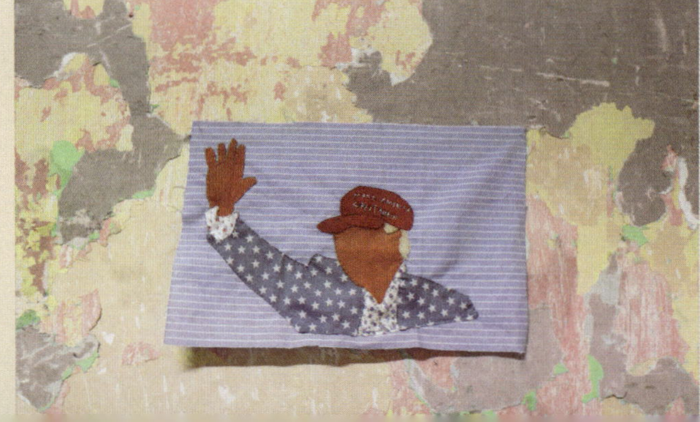

HISTORY IS WRITTEN BY THE WINNERS (FIRST AS A TRAGEDY, THEN AS A COMEDY)

NEIL MAURICIO ANDRADE

The cute dolls in *La historia la escriben los vencedores* [History is Written by the Winners][1] are rod puppets. The puppets participate in a drama or fiction, depending on how you approach them; they are inanimate objects, but their actions predetermine their internal structure and appearance. They don't insist on realism, even though they are made at human scale, and they privilege expressivity.

We can observe a process that considers the use of the dramatic object and its exhibition. The props, costumes, and scenery are part of the installation, which is also an in-situ document of the actions and wear and tear of the materials. A macabre pedagogical theater where the object exemplifies its own state of being, but better. The puppet therefore becomes more authentic and more original than the person; it synthesizes and perfects the traits that grant it its identity. But is not every personality a type of mise-en-scène? What is our *true self*, if not an accumulation of self-induced clichés?

The exhibition brings together a theater piece, a sculpture of Pepe the Frog waving an American flag, and a patchwork of Donald Trump.[2] The artist delves around political representation through a dramatic rendering and online masking, questioning the neat geometry of the West's dual conception of left-right and the politics of national identity.

[1] Wendy Cabrera Rubio has borrowed the title for this work from an article by George Orwell, "History Is Written by the Winners," published in February 1944 as part of his column "As I Please" in *Tribune*, a British magazine.

[2] The artist takes up an image of Trump with a red baseball cap emblazoned with the slogan "Make America Great Again," which was used by the Republican Party on several occasions, most notably Ronald Reagan's presidential campaign in 1980 and Trump's in 2016.

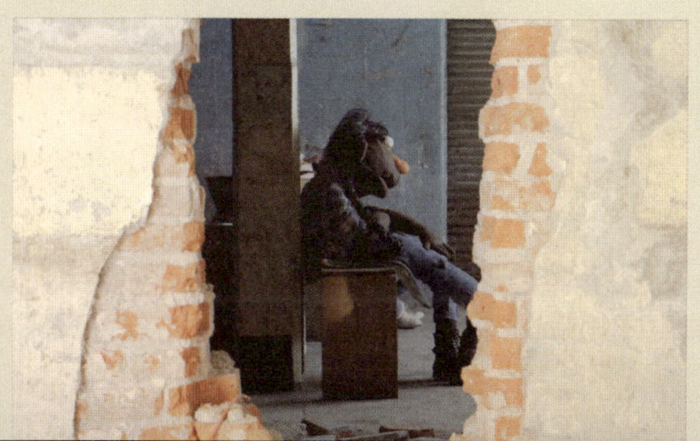

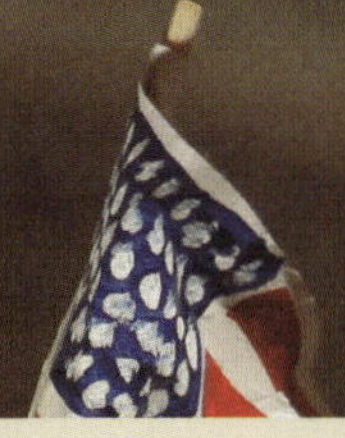

[3] In philosophy, this is reminiscent of the Hegelian concept of history, particularly the double appearance of historic events: first as a tragedy, then as a comedy. The final phase of every great period of history should be a comedy because in death, we desire a happy ending. See: Karl Marx, "Introducción para la crítica de la Filosofía del Derecho de Hegel," in Guillermo Federico Hegel, *Filosofía del Derecho* (Buenos Aires: Editorial Claridad, 1968), 11.

p. 18 *La historia la escriben los vencedores* [History is Written by the Winners] (detalle detail), 2017. Plastilina Modeling clay

p. 20 *Let's Make America Great Again Reagan '80* [Hagamos que América vuelva a ser grande, Reagan '80], 2017. Tela, fieltro cosido a mano Cloth, hand stitched felt

pp. 20, 21, 22 *La historia la escriben los vencedores*, 2017. Vista de instalación Installation view *La historia la escriben los vencedores*, Biquini Wax EPS, Ciudad de México Mexico City

p. 23, 24 La historia la escriben los vencedores [History is Written by the Winners], 2017. Video, 1' 01"

p. 25 *Los Marvins* [The Marvins], 2017. Fieltro bordado a mano, alfileres Hand stitched felt, pins

FOTOGRAFÍAS PHOTOGRAPHS:
Valentina Jiménez Lara. Cortesía de la artista Courtesy of the artist

The piece rejects the nostalgia of grand narratives and contests the existence of a puppeteer, who "pulls the strings" from the dark recesses of global corporations. Salinas assassinated Colosio, so what? The work refers to the limits of representation in identity politics when stigmatization denies any form of formal citizenship; they verify that you *really* are who you say you are. You will always be suspected of not being brown, poor, or traditional enough to be Mexican, immigrant, or Indigenous.

Wendy Cabrera Rubio inserts herself at the end of modernity, a trajectory of heroes and elders. She capitalizes on modernity's irrelevance within the cultural field but continues to love it. The puppets, caricatures, handicrafts, textiles, and animation provide a playful interpretation of "serious" events. The artist reworks and situates episodes that define her personal and generational narrative as an artist, through the social reproduction of class and race.[3] When she recreates junctures between the cultural policies of the Cold War and the history of Mexican art, there is a comic self-recognition that, by highlighting its associated characters and artworks, declares their extinction. The parodistic vocation of this work is a political statement. In the end, the story that we tell ourselves, the lack of an origin myth—and originality—can be an advantage: you can't make a bad copy of yourself if you don't have a reference to begin with.

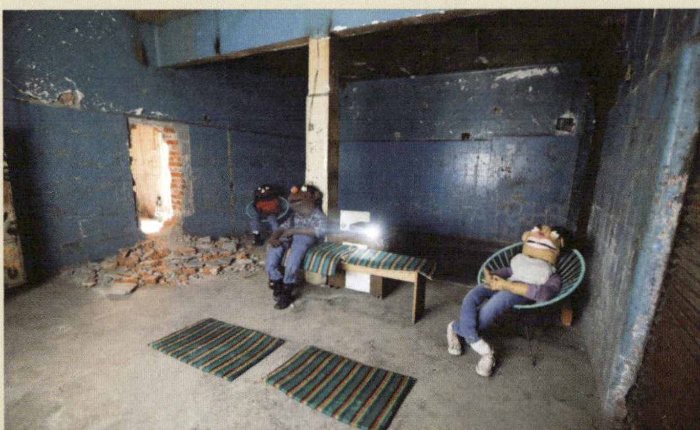

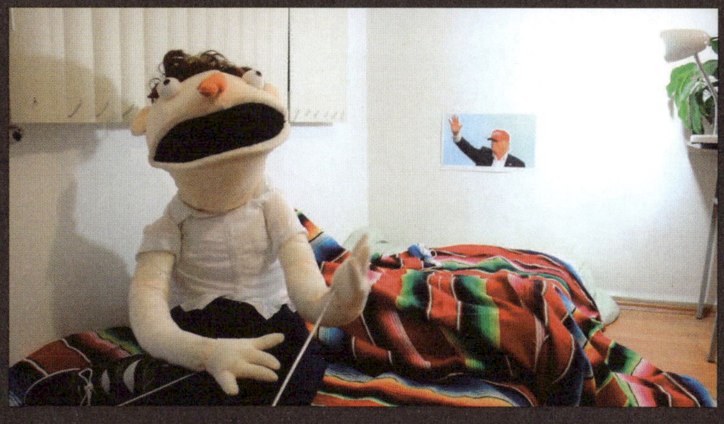
The United States
is not a country of
inmigrants

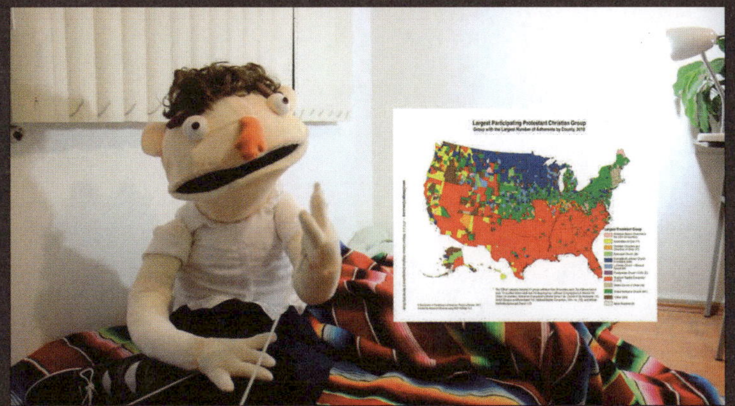
Largest Participating Protestant Christian Group
Group with the Largest Number of Adherents by County, 2010

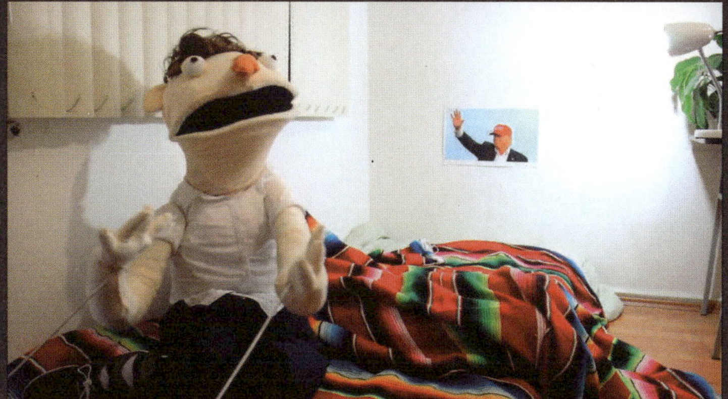

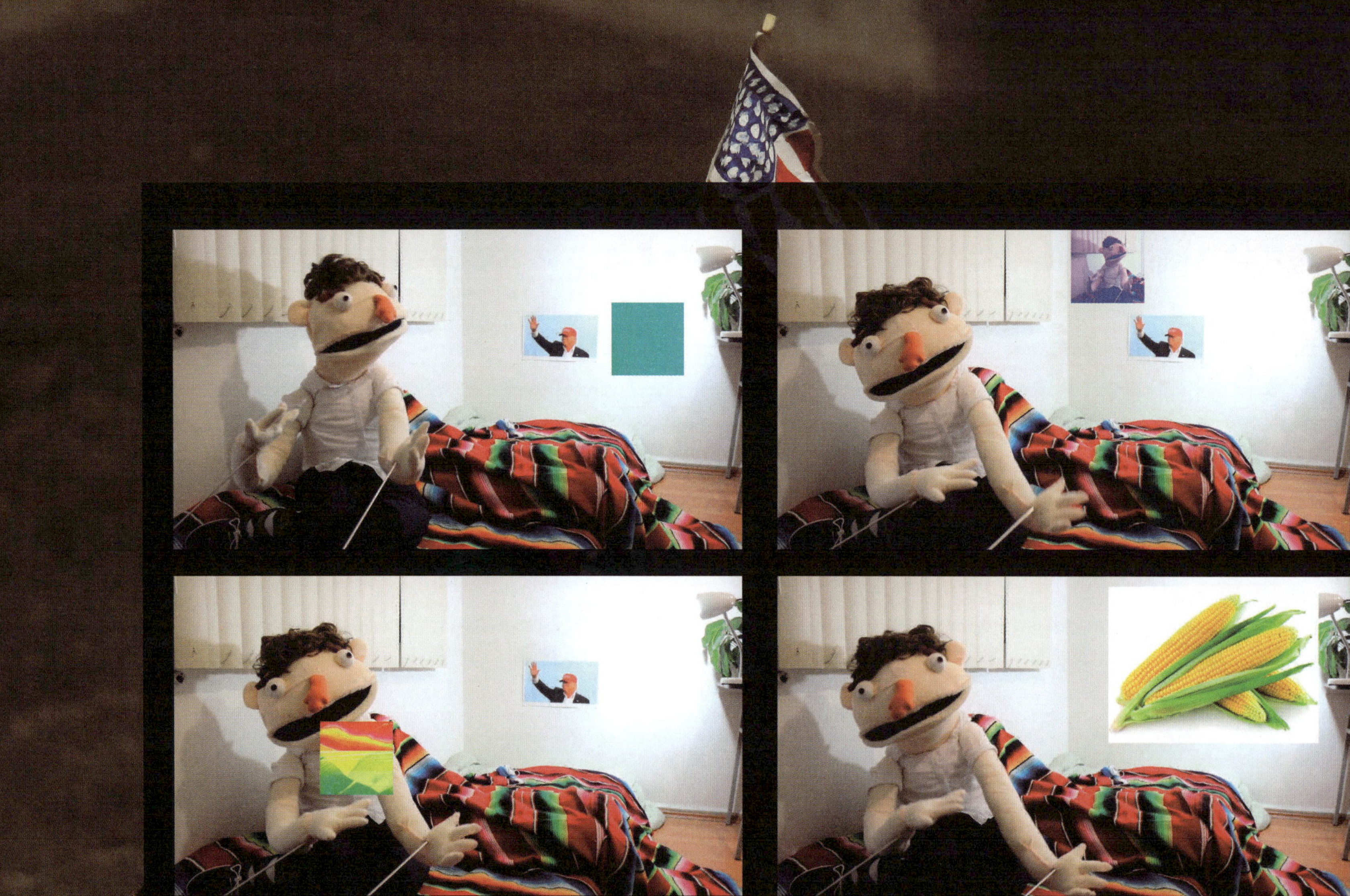

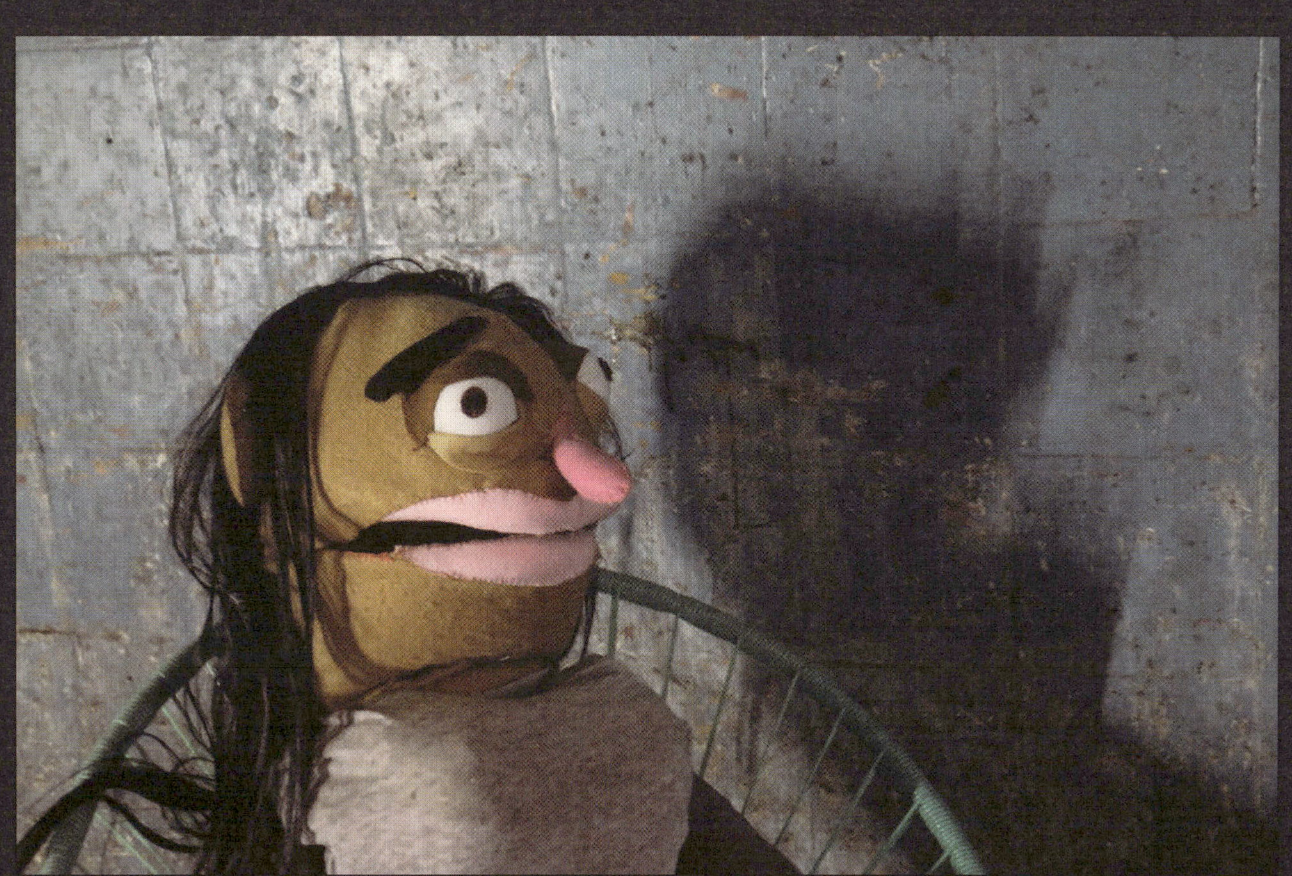

YURIKO CORTÉS

ARTE-DOCUMENTO / ARCHIVO:
UNA REFLEXIÓN EN PRIMER, SEGUNDO Y TERCER ACTX

Había que recurrir a la palabra. No escrita, hablada; no inerte, en movimiento; no abstracta, sino revestida de una encarnación. En suma, la palabra hecha teatro. Lo inanimado se anima, lo mudo se expresa, lo oculto se revela.
– Rosario Castellanos[1]

Esta cita forma parte de un artículo publicado por la Universidad Nacional Autónoma de México (UNAM) sobre el Teatro Petul en donde la autora narra el trabajo que desempeñó como guionista y guía del proyecto. Decidí comenzar con esta reflexión ya que será el hilo conductor en torno al acercamiento a la obra de Wendy Cabrera Rubio.

Partiré de la interpretación del lenguaje y su proceso político. Como bien dice Castellanos: "Era preciso decirles todo, ¿pero en qué idioma?" ¿Bajo qué instrumentación? Respecto a la construcción de las narrativas históricas, el cometido era crear una identidad, explicarles que México era su patria, siguiendo los lineamientos del Estado nación del México posrevolucionario, la instauración del Estado moderno y la instrumentalización del arte para servirle a los Estados y a las empresas. Una patria reconfigurada a través de la independencia que buscaba un nuevo modelo unificador, la universalización del idioma español, a través de las estructuras de *lo bueno* y *del bien*. ¿Cómo explicarles que todo era parte de un programa pedagógico como proceso de dominación? El cual apoyaba una campaña de alfabetización en medio de la época de oro de los títeres en México (1932–1965). La educación del oprimido se instrumentalizó a través del teatro guiñol indígena; a partir de la aparición de los Estados nación se reorganizaron los territorios y dentro de éstos se encontraba lx otrx, ése al que se refiere Castellanos, a quien no se sabe en qué idioma hablarle: la incomunicación encarnada.

La instauración del Estado moderno mexicano trajo consigo la segmentación, la creación de la urbe para conseguir un desarrollo industrial capitalista, un progreso económico y tecnológico. Entonces nace un afuera: la periferia.

Cabrera Rubio trabaja desde la periferia de la narrativa imperante, su geolocalización es México y Latinoamérica; es ahí donde encuentra su potencia para narrar, ficcionar y reconstruir la historia. Aunque vive y trabaja en la Ciudad de México, el centro de nuestro país, su territorio es periférico respecto a lx otrx —o al menos así se dictaba hasta finales del siglo XX.

En los albores del tercer milenio, exactamente en 2005, se definió la diversidad cultural como patrimonio de la humanidad. Una relación con mismo caso, pero no desde lx otrx colonizador, sino a través del pensamiento archipiélago, de la identidad rizoma; una era global que comenzó en 1989 y que trajo consigo otras teorías, como el capitalismo tardío, la modernidad líquida y la transmodernidad.[2]

Hablar de los transmodernismos[3] nos remite a la idea de transformación-trascendencia, es decir, nos hace retomar las deudas históricas, étnicas y políticas. Las teorías transmodernas, procedentes del tercer mundo, reclaman un lugar propio en contraposición a la modernidad occidental, incorporando la mirada de lx otrx postcolonial subalternx. Estas teorías ocupan un lugar físico, discursivo, geolocalizado y geopolitizado. Rechazan la tendencia a exotizar la historia del siglo XX y su relación con el extranjero, incluyendo la manera en que Estados Unidos nos ve. Proponen la hibridación con un tercer espacio para desterritorializarnos, siguiendo la idea de Giorgio Agamben de abogar por la aterritorialidad.

PIENSA GLOBALMENTE – www

México se conectó por primera vez al Internet el 20 de julio de 1989, pero el hecho se consignó hasta el siete de septiembre y su uso fue expresamente

YURIKO CORTÉS

> It was necessary to resort to words. Not written, but spoken; not inert, but moving; not abstract, but clothed as an incarnation. In short, word transformed into theater, where what's inanimate is animated, what's mute is expressed, and what's hidden is revealed.
> – Rosario Castellanos[1]

This quote comes from an article published by the Universidad Nacional Autónoma de México (UNAM) about the Teatro Petul, in which the author narrates her experiences as a scriptwriter and leader of the project. I decided to begin with this reflection since it will be the guiding thread to approach Wendy Cabrera Rubio's work.

We will start with the interpretation of language and its political process. As Castellanos so rightly said: "It was necessary to tell them everything, but in what language?" Through what form of instrumentation? The image... In terms of the construction of historical narratives, the task was to create an identity, to explain that Mexico was their homeland, by following the guidelines of the post-revolutionary Mexican nation-state, the establishment of the modern state, and the instrumentalization of art to serve the interests of the states and of companies. This was a homeland reconfigured through independence, one that sought a new unifying model—the universalization of the Spanish language—to implement structures of *the good and the just*. But how do you explain that it was all part of a pedagogical program designed as a process of domination? And one that supported a literacy campaign during the golden age of puppetry in Mexico (1932-1965)? The education of the oppressed was instrumentalized through Indigenous puppet theater; with the emergence of nation-states, territories were reconfigured, and within them was the other, the one to whom Castellanos refers to, to whom one does not know in what language to speak. It was a lack of communication incarnated.

The establishment of the modern Mexican state brought with it segmentation, the creation of the city to facilitate industrial capitalist development as well as economic and technological progress. Thus the periphery is born, an outside.

Cabrera Rubio works from the periphery of the prevailing narrative. Her geolocation is Mexico and Latin America; it is there where she finds her power to narrate, fictionalize, and reconstruct history. Although she lives and works in Mexico City, the center of our country, its territory is peripheral with respect to the other—or at least that is how it was prescribed until the end of the 20th century.

At the dawn of the third millennium, in 2005 to be exact, cultural diversity was defined as world heritage. It was a relationship with the other, but not from the colonizing other. Rather, it was through archipelagic thinking, a rhizomatic identity; a global era that began in 1989 and brought with it other theories such as late capitalism, liquid modernity, and transmodernity.[2]

The topic of transmodernisms[3] directs us to transformation-transcendence; in other words, it makes us reconsider historical, ethnic, and political debts. Transmodern theories, originating from the third world, assert their own place in contrast to Western modernity, incorporating the gaze of the postcolonial subaltern other. These theories occupy a physical, discursive, geolocated, and geopoliticized space. They reject the tendency to exoticize the history of the 20th century and its relationship with the foreign, including how the other, the United States, perceives us. They propose hybridization with a third space to deterritorialize ourselves, following Giorgio Agamben's idea of advocating for aterritoriality.

THINK GLOBALLY – www

Mexico was connected to the internet for the first time on July 20, 1989, but this fact was not recorded until September 7; its use was expressly limited

universitario (una colaboración entre la UNAM y el Tecnológico de Monterrey). No fue hasta el 1 de junio de 1992 —a través de la red MexNET, que contaba con tan sólo 56 Kbps—, que llegó a México el acceso público a Internet. Lo demás es historia.

Hoy estamos hiperconectadxs. En 2022 se estimó que aproximadamente 98.6 millones de personas en México tenían acceso a internet.[4] Nuestro tiempo en la red se maximiza a través de los teléfonos móviles y sus plataformas como redes sociales, páginas web, apps, foros, entre otros. En 2003, 4chan fue creado por "Moot", el mote del genio informático Christopher Poole. 4chan fue un foro que se convirtió en un hito en la historia de la web, considerada como una de las páginas más significativas en la evolución del contenido colaborativo. Era un espacio sin restricción de temas, información o imágenes, incluso tenía usuarixs anónimxs. Fue precisamente esta falta de restricciones la que generó contenidos aparentemente problemáticos y llevó a la desaparición de la página. Este foro fue el lugar de investigación, recreación y comunicación de lxs jóvenes nacidxs a finales del siglo XX e inicios del nuevo milenio, como lo fue para Cabrera Rubio, a quien le permitió otras posibilidades de acercamiento y conocimiento, incluso de comunicación.

EL DISCURSO Y EL USO DE INTERNET

¿Cómo funciona la información? ¿Cómo se fetichiza el hecho y el momento post Tratado de Libre Comercio (TLC) en relación con EE.UU.? Cabrera Rubio nació en 1993, periodo de grandes cambios para el país, que culminarían en 1994 con la creación del TLC, el "error de diciembre", el levantamiento del EZLN y todo lo que está en el imaginario colectivo cuando hablamos del fin del milenio en México. Parafraseando a Anna María Guasch, el siglo XXI vendría marcado por la irrupción de la cibernética de Internet de poder hacer, pensar y concebir

obras que están realizadas por, desde y para la red.[5] A partir de esto vendrá un momento en que lxs artistas utilizan el archivo para explicar historias sociales que impliquen lo político y lo social, pero no desde el concepto clásico de la historia, sino desde el concepto del archivo; es decir, desde el enunciado que se aprovecha de algunos de los momentos del siglo XX pero con la idea clara de intentar averiguar el presente y hablar del futuro haciendo un vínculo con el pasado.

El discurso de Cabrera Rubio se desterritorializa, se globaliza, el Internet se lo permite. Le permite ficcionar la imagen como objeto y el objeto como imagen. El archivo encriptado en Internet, al decodificarse, lleva a la representación teatral. Las obras de la artista se caracterizan por trabajar una serie de cruces entre la alta y baja cultura, la ficción, la imaginación, la imagen, el objeto, el archivo, el documento, el recuerdo, la memoria, la amnesia y el olvido. A través de sus ficciones nos convertimos en ese público espectador y expectante ante la historia de nuestro país o su propio relato de la historia.

Desclasifica los acontecimientos que tienen una repercusión en el presente y en ese proceso visibiliza a lx otrx imperante, el que crea tensión, explora, exotiza y colabora. A través de su trabajo reclama un espacio en la narrativa de la modernidad occidental, fuera de la mirada poscolonizadora. Ante la amnesia y el olvido representa escenarios sobre objetos culturales que nos dicen —desde los medios de producción— cómo opera el mundo, recreando un archivo vivo.

En su emblemática obra, *La historia la escriben los vencedores*, recapitula la noción del afuera porque, históricamente, quien vencía también era quien narraba y validaba la historia. Ahora no importa si unx narra desde fuera porque el acto de narrar es precisamente donde reside el poder. ¿Quién es lx vencedorx entonces? ¿Quién reescribe? ¿Quién y qué representa este ejercicio de imaginación y ficción? El archivo se vuelve un proceso de

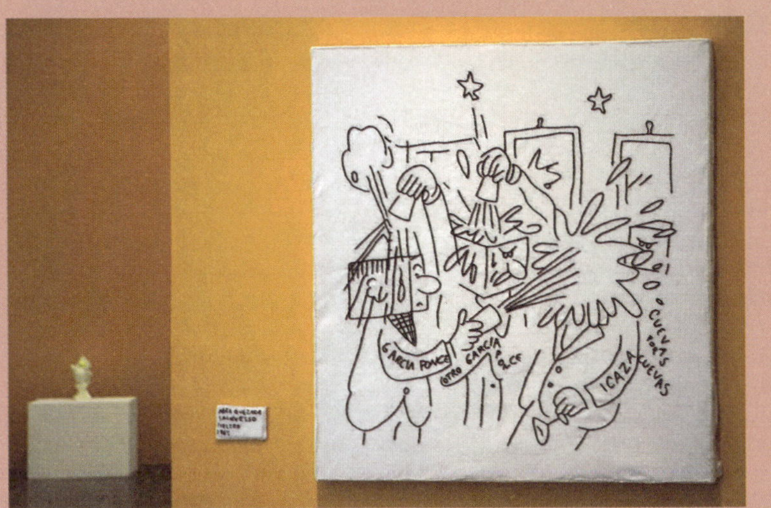

La cortina de nopal [The Cactus Curtain], 2022. Vista de instalación en el Installation view at Museo Cabañas, Guadalajara, México Mexico. Fotografía Photograph: Omar Elizarrarás. Cortesía de la autora Courtesy of the author

to universities (a collaboration between UNAM and Tecnológico de Monterrey). It wasn't until June 1, 1992—through the MexNET network, which had only 56 Kbps—that public internet access arrived in Mexico. The rest is history.

Today we are hyperconnected. In 2022, it was estimated that approximately 98.6 million people in Mexico had access to the internet.[4] The time we spend on the network is maximized through cell phones and platforms such as social networks, websites, apps, and forums, among others. In 2003, 4chan was invented by "Moot," the nickname of computer genius Christopher Poole. 4chan was a forum that became an internet milestone, considered to be one of the most significant pages in the evolution of collaborative content; a space without restrictions on topics, information, and images, even allowing anonymous users. It was precisely this lack of restrictions that generated seemingly problematic content, leading to the page's demise. This forum was the place for research, recreation, and communication between young people born at the end of the 20th century and the beginning of the new millennium, just as it was for Wendy Cabrera Rubio, to whom it granted other possibilities for outreach, knowledge, and communication.

DISCOURSE AND THE USE OF THE INTERNET

How does information work? How is the North American Free Trade Agreement and the moment after its establishment fetishized in relation to the US? Cabrera Rubio was born in 1993, a period of great changes for the country, which would culminate in 1994 with the creation of the NAFTA, the "December mistake,"[5] the rise of the EZLN, and everything in the collective imagination when we refer to the end of the millennium in Mexico. Paraphrasing Anna Maria Guasch, the 21st century would be marked by the irruption of the cybernetics and the internet's ability to create, think, and conceive works that are made by, from, and for the network.[6] Out of this will come a time when artists use the archive to explain social histories that involve the political and the social. However, it will not be based on the classic concept of history, but rather on the concept of the archive. In other words, it will be based on statements that benefit from some of the moments of the 20th century, but with the clear intention of trying to ascertain the present, talk about the future, and forge connections to the past.

Cabrera Rubio is geolocated in Mexico, a part of Latin America, but the internet allows her discourse to be deterritorialized and globalized. It allows her to fictionalize the image as an object and the object as an image. The encrypted file on the internet, when decoded, leads to theatrical representation. On the whole, the artist works with a series of intersections between high and low culture, fiction, imagination, image, object, archive, document, recollection, memory, amnesia, and oblivion. Through her fictions, we become the spectator and the expectant audience to the history of our country, or her own narrative of that history.

Her work declassifies events that have an impact on the present, and through this process, she reveals the prevailing other: the one that creates tension, explores, exoticizes, and collaborates. Through her work, she claims a space within the narrative of Western modernity, outside of the post-colonizing gaze. In the face of amnesia and oblivion, she stages cultural objects that tell us—through their means of production—how the world works, recreating a living archive.

In her emblematic work, *La historia la escriben los vencedores* [History is Written by the Winners], we sum up the notion of the outside—because historically, the winner was also the one who was granted the authority to narrate and validate history. Now it doesn't matter if one narrates from the outside because the act of narrating

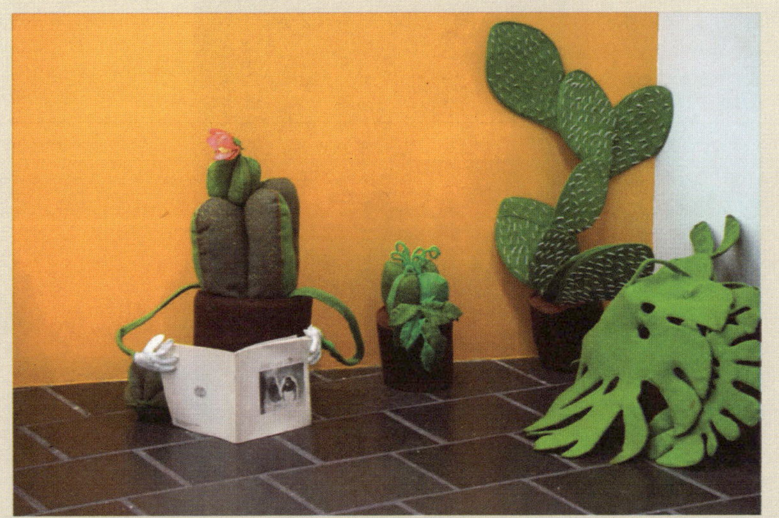

La cortina de nopal [The Cactus Curtain], 2022. Vista de instalación en el Installation view at **Museo Cabañas, Guadalajara, México** Mexico. **Fotografía** Photograph: **Omar Elizarrarás. Cortesía de la autora** Courtesy of the author

acercamiento al pasado, no solamente a través de su materialidad sino del resguardo de una cultura que será reescrita y configurada a través de esta noción. Wendy Cabrera Rubio fabrica imágenes, las enarbola y pone a circular, no por el poder sino por la potencia, y, así, la imagen se vuelve medio de comunicación. Cada títere, marioneta, puesta en escena, guión, performance, objeto, OBRA es un HIPERTEXTO, un enlace (ítems de información) que se hiperconecta con el imaginario de la artista. Un mundo de fantasía como lo es una de sus más grandes referencias: Disney.

La obra convertida en objeto a través de una imagen reconocible, una caricatura, una animación, "Recurrir a la palabra. No escrita, hablada; no inerte, en movimiento; no abstracta, sino revestida de una encarnación. En suma, la palabra hecha teatro... Lo inanimado se anima, lo mudo se expresa, lo oculto se revela".[6]

Existe un encuentro con con la historia a partir del cuerpo, con la construcción de narrativas visuales a través del fieltro, un material didáctico que tiene que ver con las economías domésticas, con lo femenino, con lo frágil, con la manualidad y la baja cultura, pero que es revertido para contranarrar y convertirse en obra de arte y reconstruir a partir de la ficción las narrativas históricas en formas cercanas: la cultura popular, la transmisión de la información y el juego. Habla mediante la imagen como un lenguaje universal: un objeto que muta y conversa.

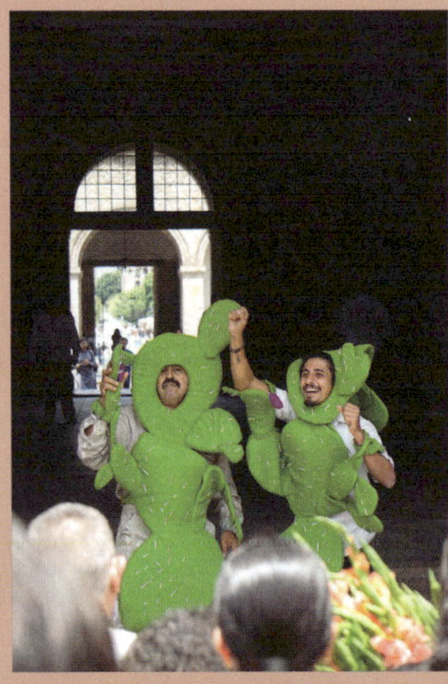

La cortina de nopal [The Cactus Curtain], 2022. Registro de performance en el Performance record at Museo Cabañas, Guadalajara, México Mexico. Fotografía Photograph: Omar Elizarrarás. Cortesía de la autora Courtesy of the author

[1] Rosario Castellanos, "Teatro Petul", en *Revista de la Universidad de México*, Vol. 19, No. 5, (Ciudad de México, enero, 1965), 30–31.

[2] Concepto puesto en circulación por primera vez por la filósofa española Rosa María Rodríguez Magda, en su libro *La sonrisa de Saturno* (1989).

[3] "La transmodernidad asume diversas modernidades, premodernidades y postmodernidades, que coexisten, forzadas a una contemporaneidad no historicista ni lineal, y ello no es la solución de pasadas carencias, sino un dato constatable. [...] hablamos, principalmente, de las transformaciones punteras en el llamado primer mundo, no desde una legitimación moral ni gnoseológica, sino en la lúcida constatación de que éstas condicionan la vida de todos, incluso las de los aparentemente excluidos." Rosa María Rodríguez Magda, "Una reflexión ininterrumpida", en *Anthropos: Cuadernos de la cultura y el conocimiento. La condición transmoderna*, No. 241 (Barcelona, 2013), 10.

[4] "Número de usuarios de Internet en México de 2015 a 2025", *Statista* (23 de febrero de 2023): https://es.statista.com/estadisticas/1171866/usuarios-de-internet-mexico/#:~:text=En%202022%2C%20se%20estim%C3%B3%20que,tengan%20acceso%20a%20la%20red. Consultado en mayo de 2023.

[5] Anna María Guasch, *Arte y archivo, 1920-2010. Genealogías, tipologías y discontinuidades* (Madrid: Akal, 2011).

[6] Rosario Castellanos, *Op. Cit*, 31.

is precisely where the power lies. Then, who is the winner? Who gets to rewrite? Who and what does this exercise of imagination and fiction represent? The archive becomes a process of approaching the past, not only through its materiality, but also through the safeguarding of a culture that will be rewritten and configured through this notion. Wendy Cabrera Rubio manufactures images, hoists them, and sets them into circulation, not through the exertion of power, but through their potency: and, then, the image becomes a means of communication. Each puppet, marionette, staging, script, performance, object, and WORK is a HYPERTEXT, a link (a packet of information) that hyper-connects with the artist's imagination. A fantasy world just like that of one of her greatest references: Disney.

The work becomes an object through a recognizable image, a caricature, an animation. "To resort to words. Not written, but spoken; not inert, but moving; not abstract, but clothed as an incarnation. In short, the word transformed into theater… where what's inanimate is animated, what's mute is expressed, and what's hidden is revealed."[7]

Encountering history through the body, by constructing visual narratives using felt, an educational material connected to domestic economies, the feminine, fragility, craftsmanship, and low culture, which is reversed to counter-narrate and transform into artwork, reconstructing historical narratives through fiction in approachable forms: popular culture, information transmission, and the game. It speaks through the image as a universal language: an object that mutates and converses.

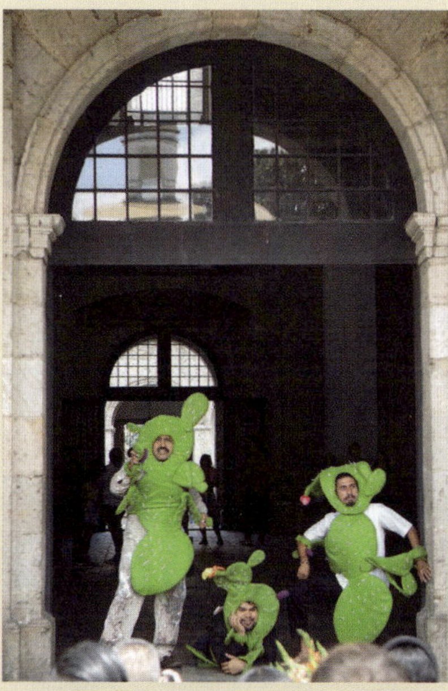

La cortina de nopal [The Cactus Curtain], 2022. Registro de performance en el Performance record at Museo Cabañas, Guadalajara, México Mexico. Fotografía Photograph: Omar Elizarrarás. Cortesía de la autora Courtesy of the author

[1] Rosario Castellanos, "Teatro Petul," in *Revista de la Universidad de México*, 19, no. 5, (Mexico City, January 1965), 30–31.

[2] The concept was first introduced by the Spanish philosopher Rosa María Rodríguez Magda in her book *La sonrisa de Saturno* (1989).

[3] "Transmodernity embraces various modernities, pre-modernities, and post-modernities that coexist, compelled towards a contemporaneity that is neither historical nor linear. This is not a solution to past deficiencies but an observable fact. [...] We are primarily talking about cutting-edge transformations in the so-called first world, not from a moral or epistemological standpoint, but in the clear acknowledgment that these transformations affect everyone's lives, including those who appear to be excluded." Rosa María Rodríguez Magda, "Una reflexión ininterrumpida", in *Anthropos: Cuadernos de la cultura y el conocimiento. La condición transmoderna*, no. 241 (Barcelona, 2013), 10.

[4] "Número de usuarios de Internet en México de 2015 a 2025," Statista, February 23, 2023, https://es.statista.com/estadisticas/1171866/usuarios-de-internet-mexico/#:~:text=En%202022%2C%20se%20estim%C3%B3%20que,tengan%20acceso%20a%20la%20red.

[5] Phrase attributed to the Mexican ex-president Carlos Salinas de Gortari referring to the Mexican peso crisis of 1994.

[6] Anna María Guasch, *Arte y archivo, 1920-2010. Genealogías, tipologías y discontinuidades* (Madrid: Akal, 2011).

[7] Rosario Castellanos, op. cit., p. 31.

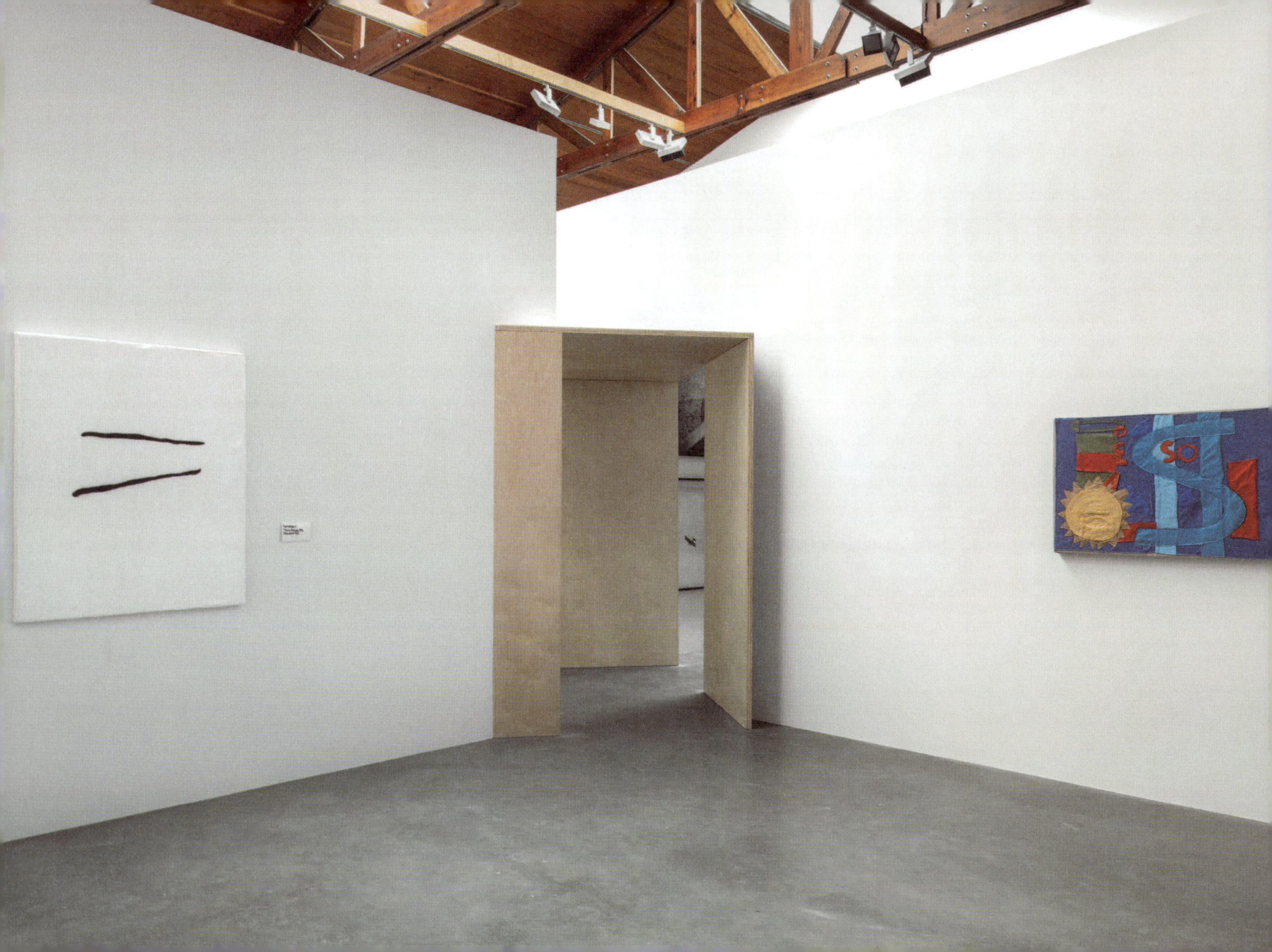

SALÓN DE ARTE PAN-AMERICANO: EL ESPEJO DE LA CARICATURA[1]

CHRISTIAN GÓMEZ

En este proyecto, la artista Wendy Cabrera Rubio reprodujo en fieltro una serie de pinturas que aparecieron en caricaturas políticas mexicanas de mediados de los años 60, referenciando al Salón Esso.[2] Las reproducciones fueron elaboradas con textiles de colores lisos sobre bastidores para hacer énfasis en su cualidad escenográfica y marcar distancia con la historia de la pintura, así como del gesto pictórico. De manera complementaria, realizó un performance donde un títere que representaba al escritor cubano José Gómez Sicre (1916–1991), coordinador del concurso y responsable del programa de Artes Visuales de la Unión Panamericana, describía las obras con un tono similar al de los documentales que el crítico producía para la Organización de los Estados Americanos (OEA).

Cabrera Rubio exploró la construcción de la idea del arte abstracto en México subrayando las implicaciones de la Guerra Fría como trasfondo de la producción artística de la época. En *¿Motivos abstractos?*, por ejemplo, el caricaturista Leonardo Vadillo muestra un grupo de personas ricas frente a una obra aparentemente abstracta donde destacaban dos "motivos" (en el sentido pictórico y económico): la OEA y la Esso, escrito con el signo de dólar. En otra caricatura aparece un millonario, un nacionalista estadounidense y un hombre cargando una caja de Coca-Cola presentando —en un acto de colonialismo— una pintura abstracta a una persona de un pueblo

[1] Una primera versión de este texto se escribió como hoja de sala para la exposición *From Us to You: Contemporary Mexican Painting in Times of Change*, presentada por los artistas Wendy Cabrera Rubio y Josué Mejía en el espacio de autogestión artístico Queens en Los Angeles, California, del 18 de agosto al 15 de septiembre de 2019. Véase: https://www.queensla.com/wendy-rubio-joshue.
De manera posterior, el proyecto de Cabrera Rubio se presentó en la galería kurimanzutto, en la Ciudad de México en febrero de 2020.

[2] Oficialmente llamado *Salón de Artistas Jóvenes*, el Salón Esso fue un concurso pictórico para artistas auspiciado por la Organización para los Estados Americanos y por la compañía petrolera estadounidense Standard Oil, Esso, en 1965.

[3] Algunas personas conocimos este tema en el contexto de la Escuela de crítica de arte del Proyecto Siqueiros: Sala de Arte Público + La Tallera, realizada del 19 de noviembre al 5 de diciembre de 2014 con la presencia de investigadores y curadores de arte latinoamericano, como Mari Carmen Ramírez, artífice del Centro Internacional para las Artes de Las Américas

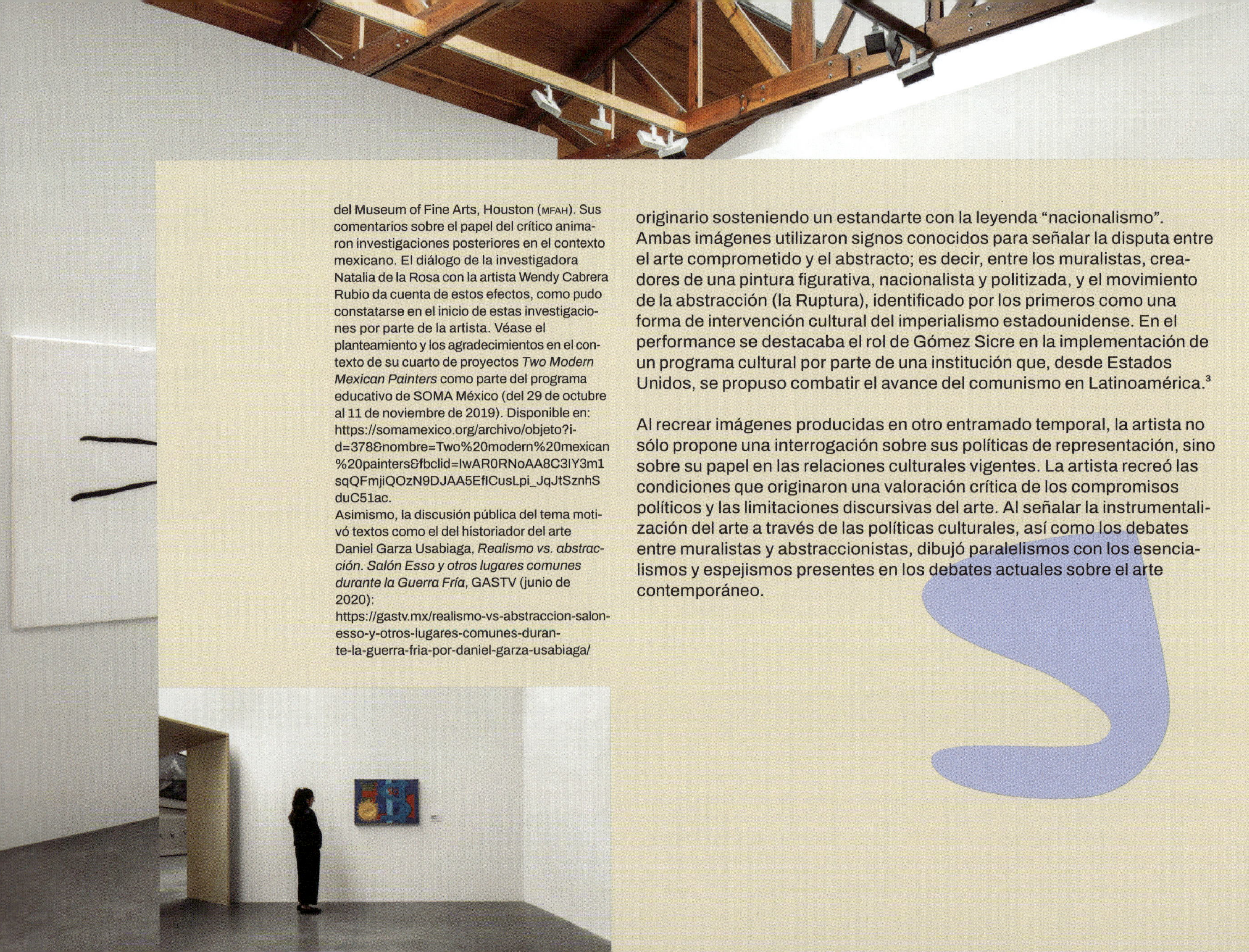

del Museum of Fine Arts, Houston (MFAH). Sus comentarios sobre el papel del crítico animaron investigaciones posteriores en el contexto mexicano. El diálogo de la investigadora Natalia de la Rosa con la artista Wendy Cabrera Rubio da cuenta de estos efectos, como pudo constatarse en el inicio de estas investigaciones por parte de la artista. Véase el planteamiento y los agradecimientos en el contexto de su cuarto de proyectos *Two Modern Mexican Painters* como parte del programa educativo de SOMA México (del 29 de octubre al 11 de noviembre de 2019). Disponible en: https://somamexico.org/archivo/objeto?id=378&nombre=Two%20modern%20mexican%20painters&fbclid=IwAR0RNoAA8C3IY3m1sqQFmjiQOzN9DJAA5EfICusLpi_JqJtSznhSduC51ac.
Asimismo, la discusión pública del tema motivó textos como el del historiador del arte Daniel Garza Usabiaga, *Realismo vs. abstracción. Salón Esso y otros lugares comunes durante la Guerra Fría*, GASTV (junio de 2020): https://gastv.mx/realismo-vs-abstraccion-salon-esso-y-otros-lugares-comunes-durante-la-guerra-fria-por-daniel-garza-usabiaga/

originario sosteniendo un estandarte con la leyenda "nacionalismo". Ambas imágenes utilizaron signos conocidos para señalar la disputa entre el arte comprometido y el abstracto; es decir, entre los muralistas, creadores de una pintura figurativa, nacionalista y politizada, y el movimiento de la abstracción (la Ruptura), identificado por los primeros como una forma de intervención cultural del imperialismo estadounidense. En el performance se destacaba el rol de Gómez Sicre en la implementación de un programa cultural por parte de una institución que, desde Estados Unidos, se propuso combatir el avance del comunismo en Latinoamérica.[3]

Al recrear imágenes producidas en otro entramado temporal, la artista no sólo propone una interrogación sobre sus políticas de representación, sino sobre su papel en las relaciones culturales vigentes. La artista recreó las condiciones que originaron una valoración crítica de los compromisos políticos y las limitaciones discursivas del arte. Al señalar la instrumentalización del arte a través de las políticas culturales, así como los debates entre muralistas y abstraccionistas, dibujó paralelismos con los esencialismos y espejismos presentes en los debates actuales sobre el arte contemporáneo.

THE PAN AMERICAN ART SALON: THE MIRROR OF CARICATURE[1]

CHRISTIAN GÓMEZ

In this project, artist Wendy Cabrera Rubio reproduced a series of paintings in felt referencing the Salón Esso,[2] paintings which were rendered as Mexican political cartoons from the mid-sixties. The reproductions were made with solid-colored textiles on stretcher frames to emphasize its scenographic qualities and to distance themselves from the history of painting, as well as painterly gestures. As a complement to these objects, the artist created a performance with a puppet representing the Cuban writer José Gómez Sicre (1916-1991). Gómez Sicre was the coordinator of the Salón Esso Contest and head of the Visual Arts program at the Pan American Union. In this performance, the puppet described the felt objects with a tone that was reminiscent of the documentaries Gómez Sicre produced for the Organization of American States (OAS).

In these works, Cabrera Rubio explored the notion of abstract art in Mexico, highlighting the implications of the Cold War as a backdrop to artistic production during this time. For example, in *¿Motivos abstractos?* [Abstract Motifs?], the cartoonist Leonardo Vadillo depicted a group of rich people standing in front of what looks to be an abstract painting to emphasize two "motives/motifs" (in the pictorial and economic sense, playing on the homonym in Spanish): the OAS and the Esso, written as a dollar sign. Another cartoon depicts a millionaire, a US nationalist, and a man carrying a case of Coca-Cola. In an act of colonialism, the group is presenting an abstract painting to an Indigenous person holding a banner with a caption reading "nationalism". Both images use recognizable signs referring to the

[1] A first version of this text was written for the exhibition *From Us to You: Contemporary Mexican Painting in Times of Change*, presented by the artists Wendy Cabrera Rubio and Josué Mejía at the artist-run space Queens in Los Angeles, California, from August 18 to September 15, 2019. See: https://www.queensla.com/wendy-rubio-joshue. Cabrera Rubio's project was later presented at kurimanzutto in Mexico City in February of 2020.

[2] Officially known as the *Salón de Artistas Jóvenes*, Salón Esso was a painting competition for artists in 1965 sponsored by the Organization of American States (OEA) and Standard Oil, Esso, the US oil company.

[3] Some readers may be familiar with the discussions on this topic held at the School for Art Criticism at Proyecto Siqueiros: Sala de Arte Público + La Tallera, which took place from November 19 to December 5, 2014, attended by researchers and curators of Latin American art such as Mari Carmen Ramírez. Ramírez is the head of the International Center for the Arts of the Americas (ICAA) at the Museum of Fine Arts, Houston (MFAH). Her commentaries on the role of criticism subsequently inspired further research within the Mexican context. A dialogue between researcher Natalia de la Rosa and artist Wendy Cabrera Rubio was a

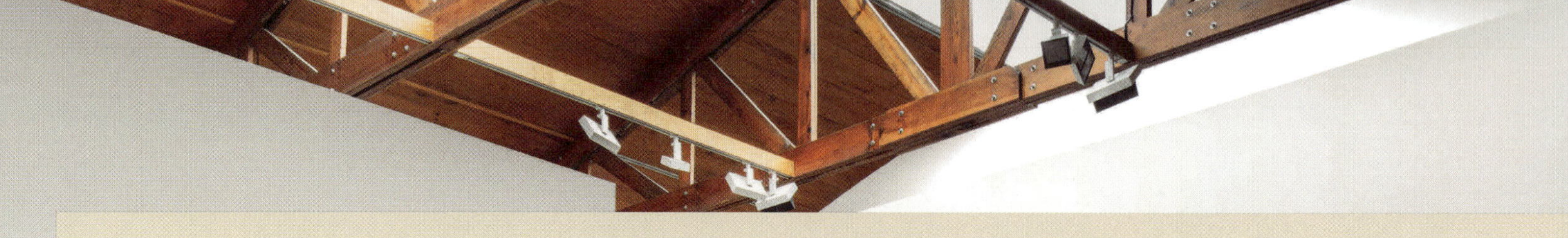

byproduct of the engaged interest in this topic, and Cabrera Rubio's early works are also evidence of her ongoing commitment to researching these themes. Please refer to the description of the artist's approach and her acknowledgments from her debut exhibition, *Two Modern Mexican Painters*, as part of the SOMA México's educational program (October 29 to November 11, 2019). Available at: https://somamexico.org/archivo/objeto?id=378&nombre=Two%20modern%20mexican%20painters&fbclid=IwAR0RNoAA8C3lY3m1sqQFmjiQOzN9DJAA5EflCusLpi_JqJtSznhSduC51ac.

Likewise, the public discussion of this topic also inspired a text authored by the art historian Daniel Garza Usabiaga. See: Daniel Garza Usabiaga, *Realismo vs. abstracción. Salón Esso y otros lugares comunes durante la Guerra Fría*, *GASTV* (June 2020): https://gastv.mx/realismo-vs-abstraccion-salon-esso-y-otros-lugares-comunes-durante-la-guerra-fria-por-daniel-garza-usabiaga/

conflict between socially engaged art and abstract art—that is, between the muralists who created figurative, nationalistic, and politicized paintings, and the abstractionists (La Ruptura), identified by the former as a form of US imperialist cultural intervention. The performance emphasized the role that Gómez Sicre played in implementing a cultural program by a US-based institution that set out to combat the advance of communism in Latin America.[3]

By recreating images produced during a different time frame, the artist not only interrogated the politics of representation, but also the role of this historical legacy in the contemporary landscape of cultural relations. The artist recreated the conditions that originally prompted a critical evaluation of the political commitments and discursive limitations of art. She drew our attention to the instrumentalization of art through cultural policies, as well as the debates between the muralists and abstractionists, to find parallels to the essentialisms and mirages that are also present in current discussions of contemporary art.

pp. 32, 34, 36, 37 *Salón de Arte Panamericano* [Salon of Pan American Art], 2020. Vista de instalación Installation view Salón de Arte Panamericano, kurimanzutto, Ciudad de México Mexico City

FOTOGRAFÍA PHOTOGRAPH: Gerardo Landa & Eduardo López (GLR Estudio). Cortesía de Courtesy of kurimanzutto

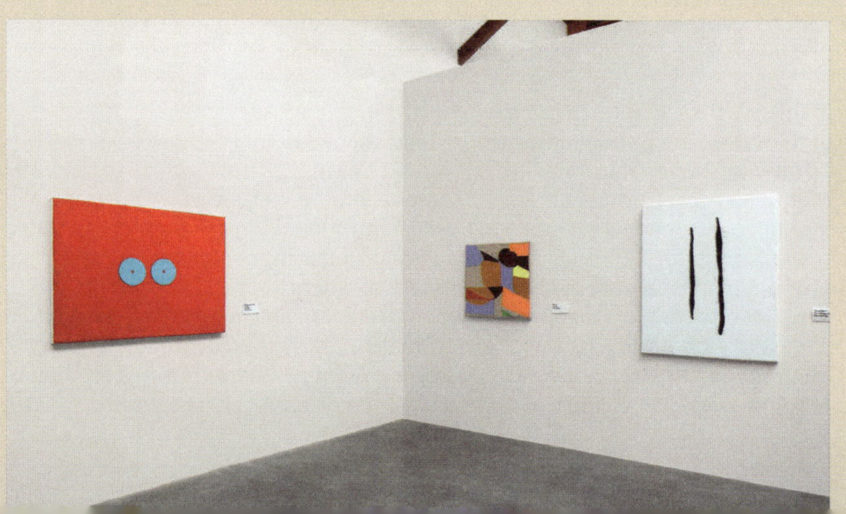

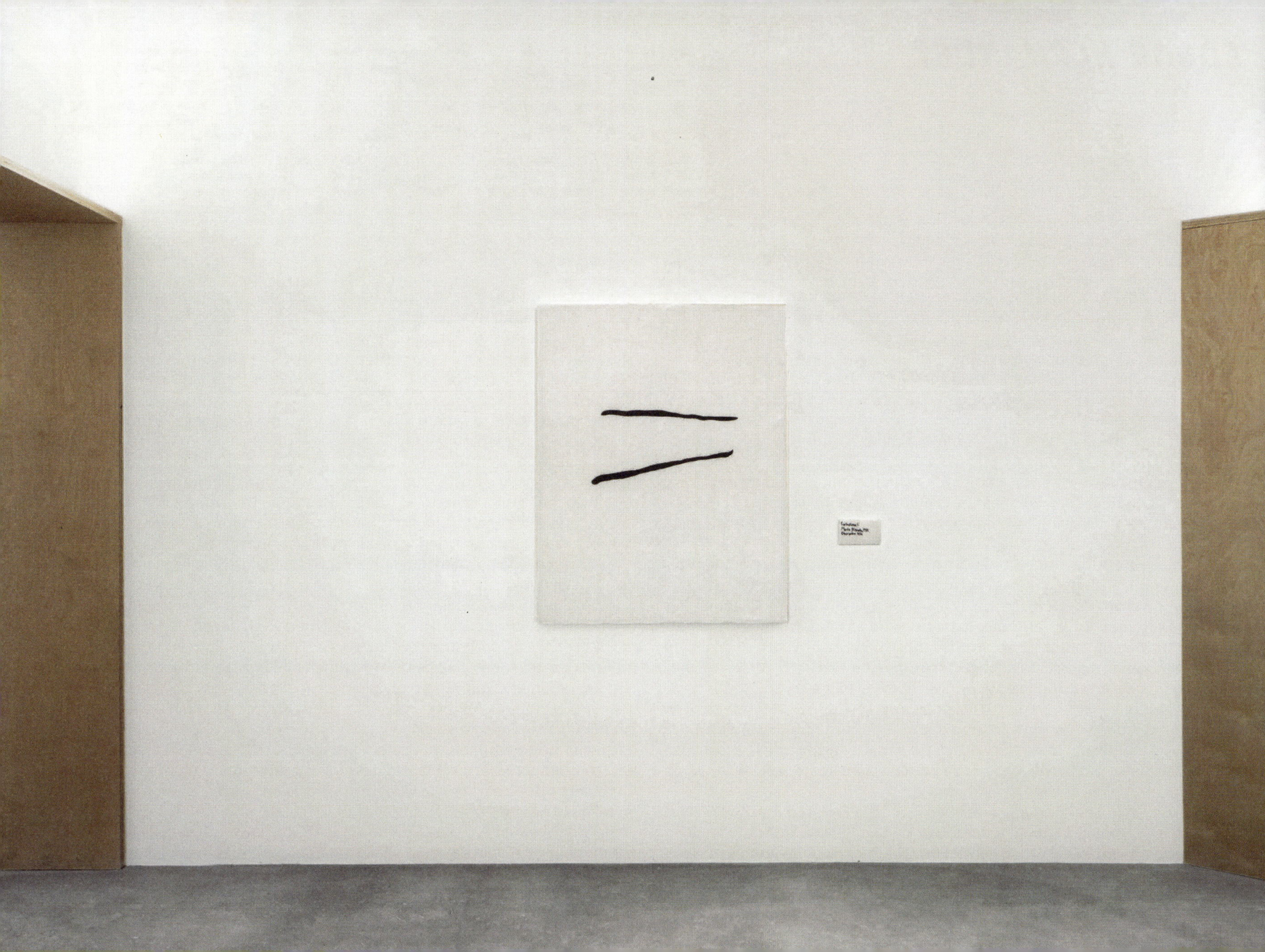

EDGAR HERNÁNDEZ

DE LA CORTINA DE NOPAL A LA GUERRA DE LOS JAIBOLES

El presente ensayo retoma dos performances que realizó la artista Wendy Cabrera Rubio entre 2019 y 2020. El primero, *Two Modern Mexican Painters* [Dos pintores mexicanos modernos], se realizó como parte de su *Cuarto de Proyectos* en SOMA, con la dirección de Heini Hölsenbaud y la actuación de Karla Kaplun (Bartender), Manuel Delgado Plazola (José Gómez Sicre), Michel Montiel (Guacamaya) y Teresa Vallejo Oaxaca (Palmera). El segundo, *No es una cortina de humo, sino de nopal,* acompañó su exposición *Salón de Arte Panamericano* presentada en la galería kurimanzutto dentro del programa Siembra, con la dirección de Manuel Delgado Plazola, la coreografía de Carmen Ixchel Maya y las actuaciones de Omar Esquinca, Abraham Baños y Yafté Arias, quienes caracterizaron simultáneamente varios personajes: Nopal niño de primaria, Nopal adolescente, Nopal muralista, Nopal artista abstracto y Nopal estudiante de "la Esmeralda".

Sólo tuve oportunidad de ver en vivo el segundo performance, mientras que el primero lo conozco por su registro fotográfico y por la escaleta que me proporcionó la artista. Mi insistencia en ambos proyectos parte de un interés que comparto con Cabrera Rubio en dos personajes importantes en el proceso de infiltración cultural que tuvo Estados Unidos en México en el marco de la Guerra Fría: el artista mexicano José Luis Cuevas (1931–2017) y el abogado y crítico de arte cubano José Gómez Sicre (1916–1991).

Cuevas publicó el 6 de abril de 1958, en el suplemento "México en la Cultura" del periódico *Novedades,* el texto "Cuevas. El niño terrible", que a la postre se conocería como "La cortina de nopal", mismo que la artista usó como base para crear los diálogos de su performance homónimo en la galería kurimanzutto.

En 2016 realicé una residencia de investigación en el Archivo José Gómez Sicre de la Colección Latinoamericana Nettie Lee Benson de la Universidad de Texas, en Austin. El objetivo central de mi investigación, desde entonces, ha sido revisar a detalle la comunicación epistolar que mantuvieron Gómez Sicre y Cuevas durante las décadas de 1950 y 1960, luego de que en 1953 el artista mexicano conociera al crítico cubano para entablar una larga y fructífera relación, misma que permitió consolidar la carrera de Cuevas gracias a que Gómez Sicre operaba desde Washington como director de Artes Visuales de la Unión Panamericana, hoy la OEA.

Los documentos resguardados en la Universidad de Texas permiten saber que el apoyo incondicional que Gómez Sicre otorgó al joven Cuevas se sumó a una campaña de infiltración política para atacar la influencia que a mediados del siglo XX conservaba la Escuela Mexicana de Pintura. Si bien para entonces ya habían muerto los muralistas José Clemente Orozco y Diego Rivera, aún vivía David Alfaro Siqueiros y sus seguidores tenían una fuerte presencia en la escena artística mexicana y continental.

Sintetizando peligrosamente la historia, la meta de Gómez Sicre era aprovechar sus relaciones políticas y económicas en Estados Unidos, principalmente su cercana relación con el empresario Nelson Rockefeller (1908–1979) y con el historiador del arte Alfred H. Barr (1902–1981), fundador del Museum of Modern Art (MoMA) de Nueva York, para promover en América un arte que se alejara de la influencia del realismo social que había logrado permear el muralismo mexicano.

Es importante decir que esta instrumentalización de relaciones y poder económico fue algo consensuado a tal grado que no es claro si, para posicionarse en Estados Unidos, Cuevas se aprovechó de Gómez Sicre y éste a su vez de Barr y Rockefeller; o si eran Rockefeller y Barr quienes usaban a Gómez Sicre para operar a través de Cuevas en la escena mexicana. Ambas agencias en realidad se mezclaban y complementaban, tal vez lo único que permanece como interrogante es hasta qué punto este abuso mutuo se hacía de forma transparente o si ocurría como algo que ambas partes sólo obviaban.

EDGAR HERNÁNDEZ

FROM *LA CORTINA DE NOPAL* TO THE WAR OF THE HIGHBALLS

This essay revisits two performance pieces by the artist Wendy Cabrera Rubio created between 2019 and 2020. The first, *Two Modern Mexican Painters*, was debuted at her Project Room at SOMA, under the direction of Heini Hölsenbaud and performed by Karla Kaplun (Bartender), Manuel Delgado Plazola (José Gómez Sicre), Michel Montiel (Macaw), and Teresa Vallejo Oaxaca (Palm Tree). The second performance, *No es una cortina de humo, sino de nopal* [It Is Not a Smokescreen, But a Nopal Curtain], was part of her exhibition *Salón de Arte Panamericano* [*Pan American Art Salon*], presented at the kurimanzutto gallery as part of the Siembra program. It was directed by Manuel Delgado Plazola, choreographed by Carmen Ixchel Maya, and performed by Omar Esquinca, Abraham Baños, and Yafté Arias. For this piece, the actors took on various roles: an elementary school-aged cactus, a teenage cactus, a cactus muralist, a cactus abstract artist, and a cactus student of the La Esmeralda art school.

I only had the opportunity to see the second performance live, while I know the first one through the photo documentation and a schematic outline the artist provided to me. My enthusiasm for both projects stems from Cabrera Rubio's and my shared interest in two important figures: the Mexican artist José Luis Cuevas (1931–2017) and the lawyer and Cuban art critic José Gómez Sicre (1916–1991), who facilitated the United States' cultural infiltration in Mexico under the rubric of the Cold War.

Cuevas published an article on April 6, 1958, in a column called "México en la Cultura" published in the newspaper *Novedades*. The article was initially titled "Cuevas. El niño terrible", but it later became known as "La cortina de nopal." Cabrera Rubio used the title as the basis for generating a conversation around her performance piece at kurimanzutto.

In 2016, I participated in a research residency at the José Gómez Sicre Papers, which are housed at the Nettie Lee Benson Latin American Collection at the University of Texas, Austin. Since then, the central project of my research has been to examine the epistolary communication between Gómez Sicre and Cuevas from 1950 to 1960. The Mexican artist met the Cuban critic in 1953 and engaged in what turned out to be a long and fruitful relationship. Their relationship allowed Cuevas to solidify his career, especially since Gómez Sicre served as the Director of Visual Arts at the Pan-American Union in Washington—known today as the Organization of American States (OAS).

The documents at the University of Texas reveal how Gómez Sicre's unconditional support for the young Cuevas was part of a political infiltration campaign to weaken the influence that the Mexican School of Painting retained in the mid-twentieth century. Even after the death of muralists José Clemente Orozco and Diego Rivera, David Alfaro Siqueiros and his followers retained a strong presence in the Mexican and continental art scene.

Dangerously synthesizing history, Gómez Sicre's goal was to take advantage of his political and economic relationships in the United States. Chief among them were his close relationships with the businessman Nelson Rockefeller (1908–1979) and the art historian and founder of the Museum of Modern Art (MoMA), Alfred H. Barr (1902–1981). In doing so, he sought to promote art in America that would distance itself from the social realism that was so patently associated with Mexican Muralism.

It is important to acknowledge that this instrumentalization of relationships and economic power was consensual to the degree that it isn't clear whether Cuevas took advantage of Gómez Sicre to position himself in the United States, whether Gómez Sicre in turn took advantage of Barr and

Lo que es un hecho es que desde 1958, José Gómez Sicre empezó a escribir artículos que eran publicados en México bajo la firma de Cuevas, entre estos destaca "La cortina de nopal", que con los años se convirtió en el manifiesto que acompañó a la llamada Generación de la Ruptura.[1]

La operación de Gómez Sicre como escritor fantasma de Cuevas fue muy comentada por los principales detractores del dibujante mexicano en las décadas de 1950 y 1960, pero fue hasta 2004[2] que los investigadores[3] pudimos confirmar que el crítico cubano era el autor intelectual de los excesivamente informados y ejemplarmente bien escritos textos que Cuevas publicaba en la prensa mexicana. Lo crucial de esta historia es que, si bien hoy está nuevamente dentro del debate público, durante décadas la academia y el campo artístico mexicano obviaron, o literalmente ningunearon, este debate. Como si las presiones políticas y sociales de la Guerra Fría no hubieran afectado el medio artístico local.

Sin llegar a plantear el absurdo de que la CIA impuso la Ruptura en México, es un hecho que los eventos vinculados a la Guerra Fría, que sintetizaron esta agencia global —como el Salón de Artistas Jóvenes de 1965 (Salón Esso) y su réplica/extensión Confrontación 66—, han quedado relegados de la historiografía local para justificar un discurso que prescinde de debates políticos que acentúan una narrativa donde el relevo artístico, dado a mediados del siglo xx en México, fue gracias a la confluencia de una serie de disciplinas (literatura, teatro, danza, cine y artes visuales) que gestaron lo que años después se bautizó como la Ruptura.[4]

Una de las pocas voces que trabajó a contracorriente de esta tendencia fue la investigadora estadounidense Shifra Goldman (1926–2011), quien publicó el libro *Contemporary Mexican Painting in a Time of Change* (1981).[5] Goldman no sólo describió los cambios en el campo artístico mexicano, sino que enunció la posibilidad de que hubiera una "conspiración" por parte de Cuevas y Gómez Sicre "para emprender una campaña política" contra el realismo social.

Sin tener acceso a los documentos encubiertos que hoy son públicos dentro del Archivo José Gómez Sicre, Goldman contestó de forma ambivalente a la pregunta que ella misma formuló: "¿Atacó Cuevas a la Escuela Mexicana por motivos políticos?" Con la información que hasta 1981 era pública, la crítica estadounidense encontró motivaciones políticas en los escritos publicados por Cuevas, pero en una nota al pie ella misma se acota: "Quiero destacar que no estoy insinuando que haya habido una conspiración, ni siquiera una intención deliberada, por parte de Cuevas y Gómez Sicre para emprender una campaña política de esa clase".

En 2019, casi cuatro décadas después, Wendy Cabrera Rubio, una artista de 26 años, recuperó ese debate político para nutrir su propia producción artística, pero no a partir de la reconstrucción fiel del archivo ahora público, sino de la reconversión fársica que con los años fue trazando José Luis Cuevas de su propia carrera artística.

Los performance de Cabrera Rubio adquieren sentido hoy porque cuentan episodios oscuros de la relación política y social entre México y Estados Unidos, a partir de montajes que tienen como motivo versiones caricaturizadas de sus protagonistas, quienes son inspirados en caricaturas de la época y se muestran como marionetas que acentúan —al tiempo que aligeran— la densidad del relato histórico.

Para Cabrera Rubio no sólo resulta crucial narrar la infiltración política que tuvo el discurso panamericanista promovido por Estados Unidos en toda Latinoamérica, sino rebuscar entre aquellos elementos culturales que tuvieron mayor éxito durante la Guerra Fría. Concretamente me refiero a la labor propagandística que cumplieron las películas y las campañas producidas por Walt Disney: Dumbo, el Pato Donald, Panchito Pistolas, Pepe Carioca y demás personajes se convirtieron en eficientes agentes propagandísticos de la época.

Estas capas obtienen otro sentido cuando la propia artista recuerda que conoció a José Luis Cuevas y su texto "La cortina de nopal", no por las clases

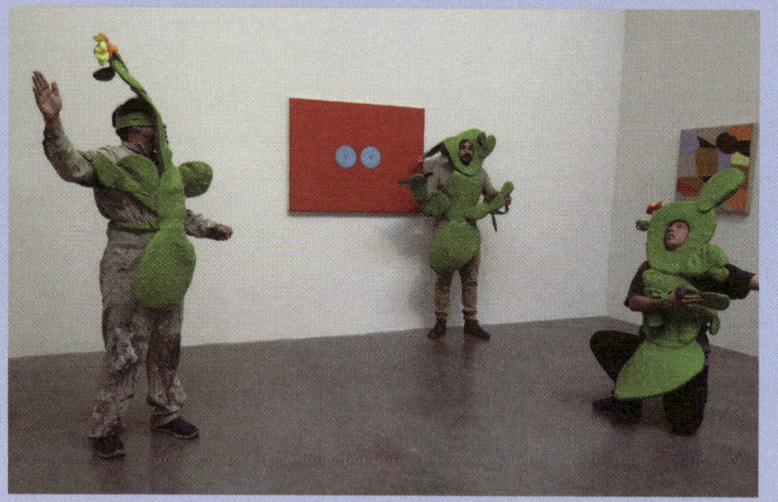

No es una cortina de humo, sino de nopal [It Is Not a Smokescreen, But a Cactus Curtain], 2020. Registro de performance en Performance record at kurimanzutto, Ciudad de México Mexico City. Fotografía Photograph: Gerardo Landa & Eduardo López (GLR Estudio). Cortesía de Courtesy of kurimanzutto

Rockefeller, or whether it was actually Rockefeller and Barr who used Gómez Sicre to manipulate Cuevas as a proxy in the Mexican art world. In fact, the two parties actually intermingled and complemented each other. Thus, perhaps the only question that remains is to what extent this mutual abuse of power was exercised transparently or to what extent the abuse was simply ignored.

What is certain is the fact that José Gómez Sicre began to write articles that were published in Mexico under Cuevas's name beginning in 1958. "La cortina de nopal" was one such example and it became the manifesto that accompanied the so-called Breakaway Generation over the years.[1]

Gomez Sicre's role as Cuevas' ghostwriter was widely discussed by the Mexican illustrator's main detractors during the 1950s and 1960s. However, it wasn't until 2004[2] that researchers[4] were able to confirm that the Cuban critic was the true author of the suspiciously well-researched and exceptionally well-written texts that Cuevas had published in the Mexican press. Although this topic has reemerged in public debates, what is crucial about this story is the fact that the Mexican academy and the art world had disregarded, or literally discredited, this debate. It was as if the political and social pressures of the Cold War had no effect on the local artistic milieu.

Without going so far as to absurdly claim that the CIA was responsible for the Breakaway Generation in Mexico, it is still possible to factually establish that certain events linked to the Cold War were obfuscated by local historiography. Events like the 1965 Young Artists' Salon (Salón Esso) and its replica/extension, Confrontation 66, solidified the power of the CIA as a global agency. In turn, this state of historiography has justified a discourse that actively disregards political debates and instead promotes an art historical narrative emphasizing the shift in Mexican art during the mid-twentieth century as a confluence of formal disciplines (literature, theater, dance, film, and visual arts) that gave birth to what years later became baptized as La Ruptura.[4]

One of the few voices that contradicted this intellectual trend was the American researcher Shifra Goldman (1926-2011), who published the book Contemporary Mexican Painting in a Time of Change (1981).[5] Goldman not only described the changes in the Mexican artistic field, but also posited the possibility of a "conspiracy" orchestrated by Cuevas and Gómez Sicre "to wage a political campaign" against social realism.

At the time that Goldman wrote her book, she did not have access to the covert documents that have since been made public through the José Gómez Sicre Papers. Even still, Goldman found an ambivalent answer to her own question: "Did Cuevas attack the Mexican School for political reasons?" Based on her access to publicly available information through 1981, the American critic found there were political motivations in Cuevas's published writings, though she qualified her position in a footnote to say: "I want to emphasize that I am not implying that there was a conspiracy, or even a deliberate intention on the part of Cuevas and Gómez Sicre, to engage in a political campaign of that kind."

In 2019, almost four decades later, Wendy Cabrera Rubio, a twenty-six-year-old artist, renewed this political debate to nourish her own artistic production. Rather than attempting to faithfully reconstruct a now public archive, she has chosen instead to highlight the farcical narrativization that José Luis Cuevas has delineated throughout his own artistic career over the years.

Cabrera Rubio's performances are significant today because they recount dark episodes describing the political and social relationship between Mexico and the United States. Through montages that are based on caricatured versions of the protagonists as puppets, themselves accentuating the contemporary caricatures of their time, she simultaneously humorizes and lightens the density of this historical narrative.

For Cabrera Rubio, is it crucial not only to trace the political infiltration of the Pan-Americanist discourse promoted by the United States throughout Latin America, but also to locate the cultural elements that were most effective during the Cold War. Specifically, I am referring to the propagandistic films and campaigns produced by Walt Disney: particularly characters like Dumbo, Donald Duck, Panchito Pistoles, José Carioca, and others, who were efficient propagandistic agents of the time.

These layers acquire another meaning when the artist herself recounts how she became familiar with José Luis Cuevas and his text "La cortina de nopal." Her first introduction didn't come through the classes she took at La Esmeralda, but instead from the television show *Historias engarzadas* [Linked Stories] on TV Azteca, that featured the Mexican illustrator in several episodes, including a special extended program following his death.

It is important to emphasize that Cuevas' self-promotion strategy had the dual effect of making him a popular artist across all social strata, while simultaneously constricting the consumption of his work. Without imposing any moral judgments, it is safe to say that his eccentric behavior and provocative public opinions impacted the dissemination of his work and obscured the critical interest in his drawings, which over time became predictable and repetitive.

In this sense, television programs like *Historias engarzadas* and the Walt Disney cartoons provided a strategy and tone that Cabrera Rubio could

que tomó en La Esmeralda, sino por el programa de espectáculos *Historias engarzadas* de TV Azteca, que tuvo como protagonista de varias ediciones al dibujante mexicano, incluso en un programa especial y con edición extendida tras su muerte.

Es importante enfatizar que la estrategia de autopromoción de Cuevas tuvo un doble efecto al, por convertirlo en un artista popular en todos los estratos sociales, mientras se volvía contraproducente para el consumo de su propia obra. Evitando cualquier juicio moral, la trascendencia de sus excéntricas acciones y provocadoras opiniones públicas oscurecieron la divulgación y el interés en sus dibujos, los cuales se volvieron predecibles y repetitivos.

En este sentido, imponer la estrategia y tono de programas televisivos como *Historias engarzadas* o de caricaturas creadas por Walt Disney se volvió un medio perfectamente claro para Cabrera Rubio al momento de traer al presente el complejo debate político, artístico y cultural que impuso la Guerra Fría a personajes como Cuevas, Siqueiros, Barr, Gómez Sicre, Rivera, Rockefeller, Miguel Covarrubias, Rafael Squirru, Romero James, Meyer Schapiro, entre un largo etcétera.

Cuando vi en la galería kurimanzutto a tres actores disfrazados de nopales recitando fragmentos de *La cortina de nopal*, debo confesar que estaba más atento en verificar qué tan fiel era el guión a lo escrito por Cuevas/Gómez Sicre en 1958. Ahora que he visto más performances de Cabrera Rubio con este mismo tono y narrativa, puedo apreciar que la forma y el giro fársico de los montajes es lo que permite que siga teniendo vigencia esta discusión.

Lo mismo se puede decir del performace *Two Modern Mexican Painters*, realizado en SOMA, donde un trajeado y excesivamente delgado actor (Gómez Sicre era grande y obeso) repite en inglés con acento cubano su conocida cantaleta sobre un creativo, vigoroso y propio arte latinoamericano.

Me parece por demás ilustrativo de esta operación que, en el performance *Two Modern Mexican Painters,* Cabrera Rubio decidiera posponer el momento crucial de la acción y no recayera en el discurso pronunciado por Gómez Sicre, sino que se extendió hasta el coctel final, cuando la barman ofreció martinis y jaiboles, dependiendo la inclinación de los visitantes por el arte abstracto o figurativo, respectivamente.

Sin contar demasiado el chiste, puedo asegurar que la referencia a los jaiboles nace de una fotonota de prensa[6] de la inauguración del Salón de Artistas Jóvenes de 1965 en el Museo de Arte Moderno (MAM) de la Ciudad de México. El reportero narra que el debate por los ganadores del encuentro fue tan acalorado que la confrontación de los dos bandos de artistas llegó a los golpes, empujones y hasta se agarraron a jaibolazos, es decir, se agredieron aventándose mutuamente los vasos jaiboleros de sus bebidas.

Para concluir, quiero llamar la atención sobre la utilización del humor como un elemento que de manera clara y sistemática ha aprovechado Cabrera Rubio para revisar y revitalizar este debate de la modernidad. Contrario a lo que se piensa sobre la risa como una salida fácil que banaliza la discusión, lo cierto es que el humor tiene el poder crítico de involucrar al espectador de una forma activa y muchas veces primigenia. Cuando la gente se ríe participa y se adentra en el tema. Si el chiste es bueno, aunque sea incómodo, la risa nos invade con toda la voluptuosidad que permite nuestro cuerpo.

[1] Si bien el término fue popularizado tardíamente por una muestra homónima realizada en 1988 por Jorge Alberto Manrique y Rita Eder en el Museo de Arte Carrillo Gil (MACG), el término se utiliza para agrupar a los artistas jóvenes que durante las décadas de 1950 y 1960 marcaron una distancia de la llamada Escuela Mexicana de Pintura. Además de José Luis Cuevas se incluye recurrentemente a Manuel Felguérez, Lilia Carrillo, Vicente Rojo, Fernando García Ponce, Alberto Gironella, Vlady, Juan Soriano, Roger von Gunten, entre otros.

[2] En 2004 la Colección latinoamericana Nettie Lee Benson de la Universidad de Texas en Austin compró el Archivo José Gómez Sicre y abrió a los investigadores sus cartas y mecanoscritos originales.

[3] Uno de los estudios que desvelan la autoría de José Gómez Sicre detrás de los textos publicados por Cuevas fue el libro *Making Art Panamerican: Cultural Policy and the Cold War*, escrito por Claire F. Fox y publicado por University of Minnesota Press en 2013.

[4] El caso más reciente y claro fue la exposición, hoy canónica, *Desafío a la estabilidad*, curada por Rita Eder en el Museo Universitario Arte Contemporáneo (MUAC) en 2014. El voluminoso catálogo y la memoria de su seminario académico no sólo evitan a personajes como Gómez Sicre, sino que apenas mencionan eventos polémicos y cruciales como el Salón de Artistas Jóvenes.

[5] Para una versión en español puede consultarse: Shifra Goldman. *Pintura mexicana contemporánea en tiempos de cambio* (Ciudad de México: Editorial Domés/ Instituto Politécnico Nacional (IPN), 1989).

[6] *El Universal Gráfico*, un periódico de nota roja de la Ciudad de México, publicó, el 3 de febrero de 1965, una fotonota con cuatro imágenes bajo el encabezado "Fenomenal bronca de artistas". El pie informa que las imágenes las captó Fernando Sosa durante la entrega de premios del Primer Salón de Pintores Jóvenes Mexicanos (sic) que organizó la OEA en el MAM, la cual "degeneró en fuerte bronca". La referencia que nos interesa aparece cuando el anónimo redactor escribe: "Un grupo de pintores de la 'nueva ola', se mofan de los argumentos del pintor (José Luis) Cuevas, arrojándole momentos después un vaso de 'high ball' a la cara". Ese mismo año el caricaturista Abel Quezada hizo un cartón que complementa la broma: "los pintores figurativos se lanzaron contra los abstractos, pero no de forma oral, sino vaso de jaibol en mano, a lo que los abstractos respondieron con martinis a la cara".

effectively adapt to foreground the complex political, artistic, and cultural debates that the Cold War imposed on figures such as Cuevas, Siqueiros, Barr, Gómez Sicre, Rivera, Rockefeller, Miguel Covarrubias, Rafael Squirru, Romero James, and Meyer Schapiro, among many others.

When I first saw the three actors dressed as cacti, reciting fragments from "La cortina de nopal" at the kurimanzutto gallery, I have to admit that I paid more attention to verifying whether the script was faithful to the original version written by Cuevas/Gómez Sicre in 1958. Now that I have seen other Cabrera Rubio performances replicating this same tone and narrative, I can appreciate how the form and the farcical twist of the montages legitimate her contribution to this ongoing discussion.

The same can be said of her performance piece *Two Modern Mexican Painters* at SOMA, in which a suit-wearing and uncharacteristically thin actor (Gómez Sicre was large and obese) recites in English with a Cuban accent his well-known screed about the qualities of a creative, vigorous, and proper Latin American art.

It is particularly revealing to me that Cabrera Rubio decided to postpone the climax of the action in the performance of *Two Modern Mexican Painters*. The crux of the performance wasn't Gómez Sicre's speech; rather, the dramatic emphasis was placed on the final cocktail hour, during which the bartender offered martinis and highballs, depending on the visitors' preference for abstract or figurative art, respectively.

Without belaboring the point of the joke, I can assure you that the reference to the highballs comes from a caption of a press photo taken during the opening of the 1965 Young Artists' Salon at the Museo de Arte Moderno (MAM) in Mexico City. The reporter narrates that the debate over the winners of the competition was so heated that the confrontation between the two groups of artists came to blows; they began pushing, shoving, grabbing, and attacking each other with highballs. That is to say, they attacked each other by throwing their cocktail glasses at each other.

In conclusion, I would like to highlight the use of humor in Cabrera Rubio's work as an element that has been clearly and systematically implemented to revisit and revitalize this debate on modernity. Contrary to popular opinion, laughter does not provide an easy way out, nor does it trivialize discussion. Instead, the truth of the matter is that humor has the critical ability to engage the viewer in an active and often primal manner. When people laugh, they participate and engage with the subject. And even if it is uncomfortable, a good joke produces a laughter that fills us with all the voluptuousness that our bodies allow.

No es una cortina de humo, sino de nopal [It Is Not a Smokescreen, But a Cactus Curtain], 2020. Registro de performance en Performance record at kurimanzutto, Ciudad de México Mexico City. Fotografía Photograph: Gerardo Landa & Eduardo López (GLR Estudio). Cortesía de Courtesy of kurimanzutto

[1] The term was not popularized until 1988, after an exhibition was held under the same name by Jorge Alberto Manrique and Rita Eder at the MACG. The term refers to a group of young artists who distanced themselves from the so-called Mexican School of Painting during the 1950s and 1960s, including José Luis Cuevas, Manuel Felguérez, Lilia Carrillo, Vicente Rojo, Fernando García Ponce, Alberto Gironella, Vlady, Juan Soriano, and Roger von Gunten, among others.

[2] In 2004, the Nettie Lee Benson Latin American Collection at the University of Texas, Austin purchased the José Gómez Sicre Papers and opened up his letters and typewritten manuscripts to researchers.

[3] One of the studies that revealed José Gómez Sicre's original authorship of Cuevas' published texts was the book *Making Art Panamerican: Cultural Policy and the Cold War* written by Claire F. Fox and published by the University of Minnesota Press in 2013.

[4] The most recent and clearest case is the now canonical exhibition *Desafío a la estabilidad* [Challenges to Stability], curated by Rita Eder at the Museo Universitario Arte Contemporáneo (MUAC) in 2014. The voluminous catalog, as well as accounts of its academic seminar, not only avoids discussing figures like Gómez Sicre, but hardly mentions polemical and crucial events such as the *Young Artists' Salon*.

[5] For a Spanish version, please consult: Shifra Goldman. *Pintura mexicana contemporánea en tiempos de cambio* (Mexico City: Editorial Domés/ Instituto Politécnico Nacional (IPN), 1989).

[6] *El Universal Gráfico*, a *nota roja* newspaper in Mexico City (a sensationalized tabloid depicting violence and crime), published a caption accompanying four images under the headline "Fenomenal bronca de artistas" (Phenomenal brawl between artists) on February 3, 1965. The caption mentions that the photographs were taken by Fernando Sosa during the awards ceremony of the First Salon of Young Mexican Painters (sic) organized by the OAS. at the Museum of Modern Art, which "degenerated into an intense brawl." The reference that concerns us appears in the following comment by an anonymous writer: "A group of 'new wave' painters mock painter (José Luis) Cuevas's argument, moments later throwing a 'highball' at his face." That same year, the cartoonist Abel Quezada drew a caricature that complemented the joke: "The figurative painters launched themselves at the abstractionists, not with their words, but with a '*jaibol*' (highball) glass in hand, to which the abstractionists responded by throwing martinis in their faces."

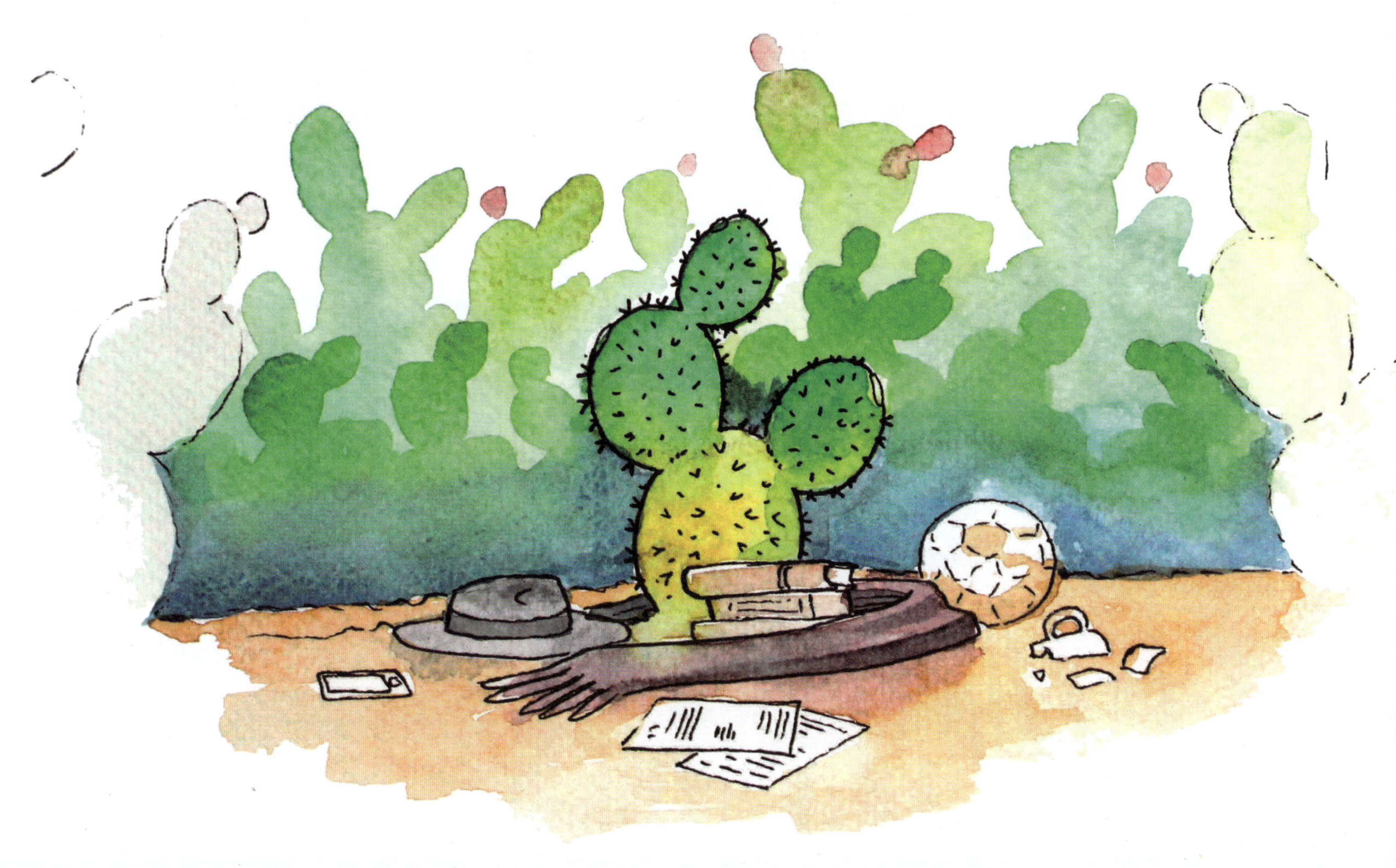

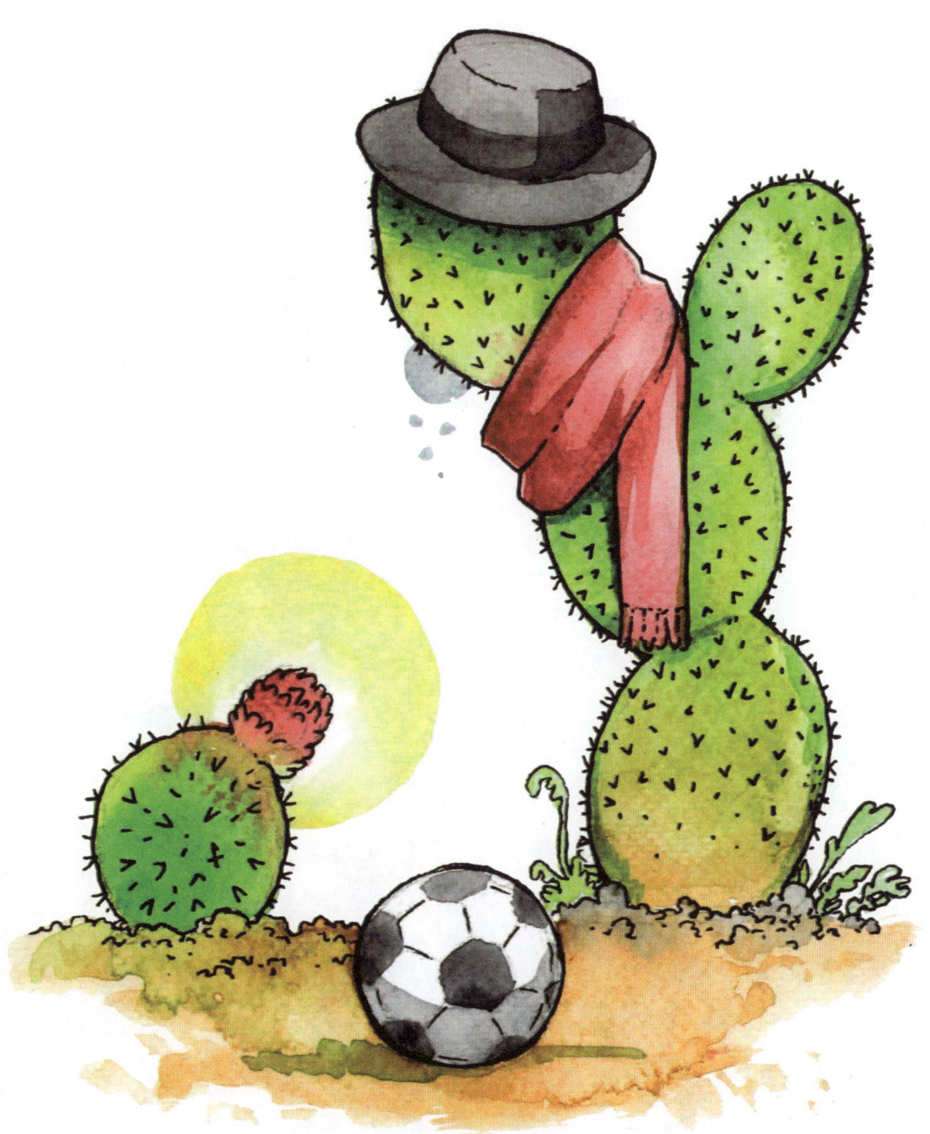

Yanalí Cruz, *Undressing in the Middle of Everyone* [Desvestirse en medio de todos], 2022. Acuarela con tinta Watercolor with ink. 20 x 27 cm. Cortesía de la artista Courtesy of the artist

Yanalí Cruz, *Just You and Two Friends (Portrait)* [Sólo tú y dos amigos (Retrato)], 2022. Acuarela con tinta Watercolor with ink. 20 x 27 cm. Cortesía de la artista Courtesy of the artist

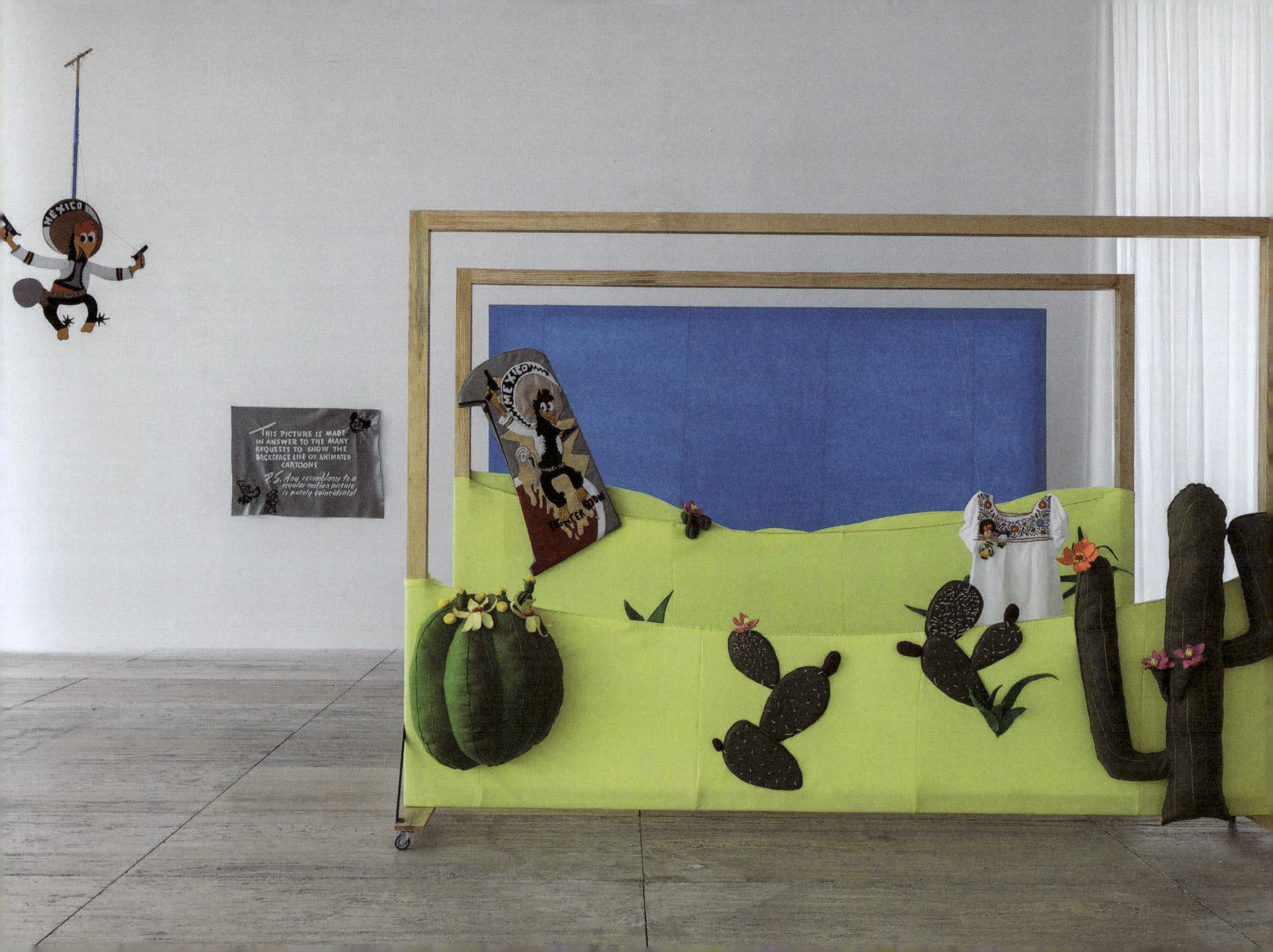
THIS PICTURE IS MADE
IN ANSWER TO THE MANY
REQUESTS TO SHOW THE
BACKSTAGE LIFE OF ANIMATED
CARTOONS
P.S. Any resemblance to a
regular motion picture
is purely coincidental
MEXICO
MEXICO

WELCOME TO MEXICO, AMIGOS!

JUAN PABLO RAMOS

¿Podemos desmontar una fantasía animada? En *Cómo hacer que una pintura se comporte como un paisaje* (2020), Panchito Pistolas se emancipa de la diégesis del filme *The Three Caballeros* (1944) para volverse un agente activo de la política y la historia en los albores de la Guerra Fría. Si la cinta de Disney subraya la superioridad industrial de EE. UU. sobre Latinoamérica en el marco de la "Good Neighbor policy" [Política del buen vecino],[1] Panchito reclama su alteridad en este exilio titiritero desde un contexto periférico y un modelo de producción artesanal.

El trabajo de Wendy Cabrera Rubio bebe de varias décadas de arte latinoamericano reinterpretando a Disney, pero marca una ruptura al defender el *fanfic* y el *fan art*. *The Three Caballeros* es el correlato de la forja de la Unión Panamericana en negociación con los estereotipos etnocentristas en boga. La artista explora, pues, las contradicciones de la imagen animada como instrumento de diplomacia y de programas de educación higiénica.[2]

Las preguntas de Cabrera Rubio apuntan hacia nociones culturales y de mestizaje. Algunas entran en un terreno científico y cuestionan la identidad nacional a partir de la genética y la alimentación. El cruce interdisciplinario entre ciencia e historia mediante enfoques pedagógicos le permiten concebir un teatro didáctico y metanarrativo que, sin ser idealista, se inserta en la tradición dramatúrgica infantil mexicana desde la plástica, a la manera de Lola Cueto.[1]

[1] María Dolores Velázquez Rivas, conocida como "Lola" Cueto (2 de marzo de 1897– 24 de enero de 1978) fue una artista polifacética que se destacó como escritora, pintora, grabadora, diseñadoora de títeres y marionetista. Defensora de la tradición popular mexicana, es reconocida como la pionera del teatro guiñol en México.

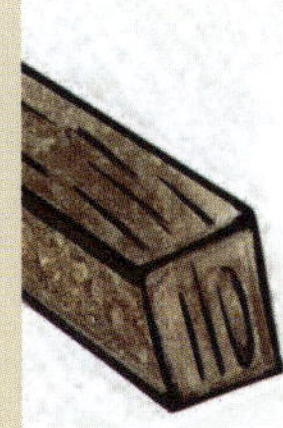

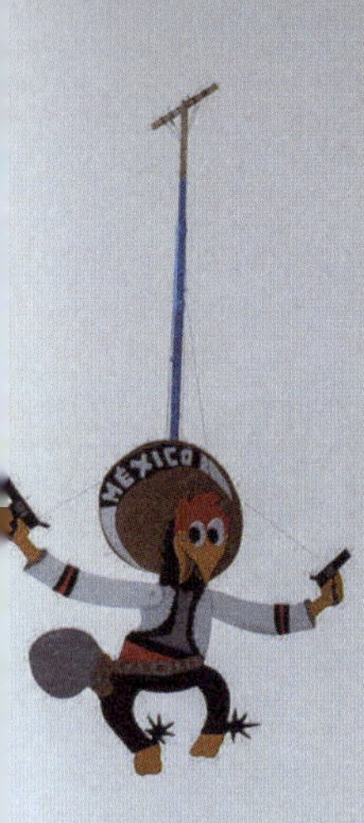

[1] Jean Franco, *The Decline and Fall of the Lettered City* (Cambridge: Harvard University Press, 2002), 28.
[2] Véase: María Rosa Gudiño, "Salud para las Américas y Walt Disney. Cine y campañas de salud en México. 1943-1946", La mirada mirada. *Transculturalidad e imaginarios del México revolucionario, 1910-1945*, Alicia Arzuela y Guillermo Palacios (coord.) (Ciudad de México-Universidad Nacional Autónoma de México, 190-193. Agradezco a la Dra. Itzel Rodríguez Mortellano por la referencia.
[3] Serguei Eisenstein, *Walt Disney* (Madrid: Casimiro Libros, 2018), 77.
[4] Augusto Boal, *Teatro del oprimido 1: Teoría y práctica* (Ciudad de México: Nueva Imagen, 1974 (1980).

La instalación especula en torno al desarrollo tecnológico de la animación al *teatralizar* la cámara multiplano patentada por Disney. El proceso parte de un ejercicio de empatía y creación de personajes que culmina en el estudio de sus dimensiones y planos: va de lo anímico a lo físico. Serguei Eisenstein advirtió que el término *animated cartoon* funde la "animización" (*anima*/alma) y el movimiento.[3] A la par, mecanismos dramatúrgicos buscan una toma de consciencia en el espectador, en consonancia con el "teatro del oprimido"[4] de Augusto Boal. Al entender el espacio expositivo como escenografía y los objetos como *props*, Wendy Cabrera Rubio propone formas de ver afines a lo que se denominó "real maravilloso" en la literatura latinoamericana. Éstas nos inculcan el amor a las caricaturas y a la historia, sin excluir el factor mágico, el *make-believe* inherente a toda representación.

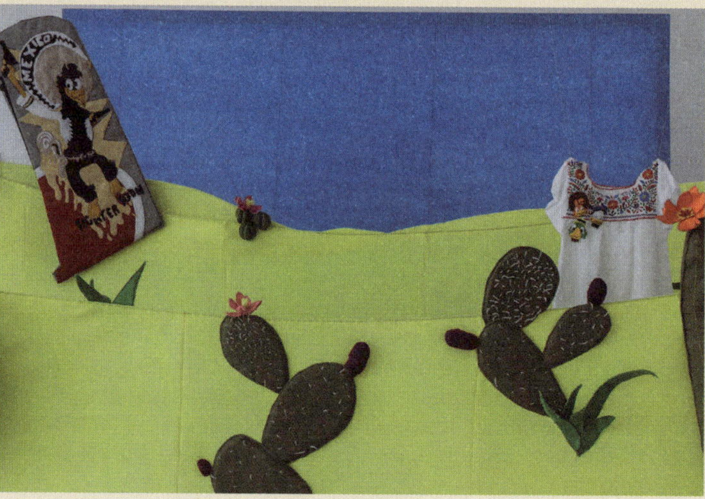

RUBIO
ANDRADE

JUAN PABLO RAMOS

WELCOME TO MEXICO, AMIGOS!

Can we dismantle an animated fantasy? In *Cómo hacer que una pintura se comporte como un paisaje* [How to make a painting behave like a landscape] (2020), Panchito Pistoles emancipates himself from the plot of the film *The Three Caballeros* (1944) to become an active agent of politics and history at the dawn of the Cold War. If Disney's film emphasizes the industrial superiority of the United States over Latin America within the framework of the Good Neighbor Policy,[1] Panchito claims his alterity in this puppet exile from a peripheral context and through an artisanal model of production.

Wendy Cabrera Rubio's work takes inspiration from several decades of Latin American art reinterpreting Disney, but demarcates a departure by championing fan fiction and fan art. *The Three Caballeros* is the byproduct of the forging of the Pan-American Union, tempered with the ethnocentric stereotypes in vogue at the time. Thus, the artist explores the contradictions of the animated image as an instrument of diplomacy and hygiene education programs.[2]

Cabrera Rubio's questions point to notions of culture and mestizaje. Some enter scientific terrain and probe national identity through the lens of genetics and nutrition. The interdisciplinary crossover between science and history affords a pedagogical approach that allows the artist to create a didactic form of theater without being idealistic, and a metanarrative

[1] Jean Franco, *The Decline and Fall of the Lettered City* (Cambridge: Harvard University Press, 2002), 28.

[2] María Rosa Gudiño, "Salud para las Américas y Walt Disney. Cine y campañas de salud en México. 1943-1946," in *La mirada mirada: Transculturalidad e imaginarios del México revolucionario*, 1910-1945, eds. Alicia Anzuela and Guillermo Palacios (Mexico City: El Colegio de México-Universidad Nacional Autónoma de México, 2009), 190-193. I am grateful to Dr. Itzel Rodríguez Mortellano for the reference.

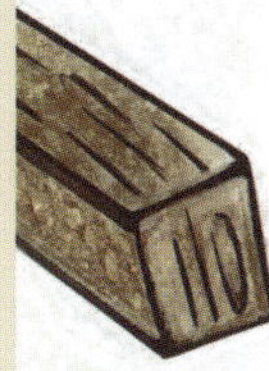

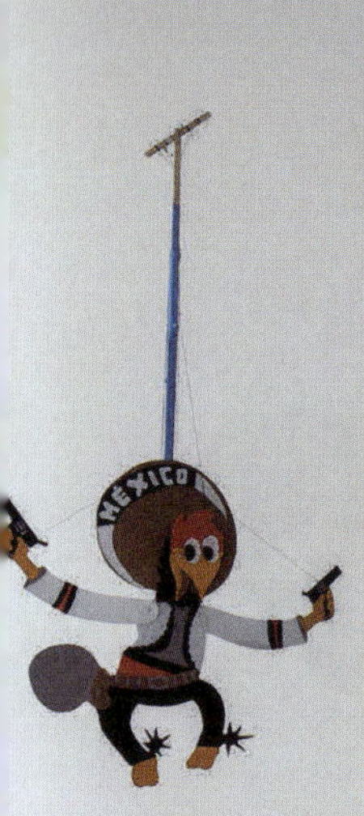

[3] María Dolores Velázquez Rivas, known as "Lola" Cueto (March 2, 1897 – January 24, 1978), was a multifaceted artist who excelled as a writer, painter, printmaker, puppet designer, and puppeteer. A defender of Mexican popular tradition, she is recognized as the pioneer of puppet theater in Mexico.
[4] Sergei Eisenstein, *Walt Disney* (Madrid: Casimiro Libros, 2018), 77.
[5] Augusto Boal, *Teatro del oprimido 1: Teoría y práctica* (Mexico City: Nueva Imagen, 1974 (1980).

theater that critically reflects upon its own genre. In this way, she inserts herself into the dramaturgical tradition of Lola Cueto[3] and her work in Mexican children's theater.

The installation speculates on the technological developments of animation by theatricalizing Disney's patented multiplane camera. The process starts with an exercise of empathy and character creation and culminates in the study of their dimensions and planes; it goes from the anima to the physical. Sergei Eisenstein noted that the term "animated cartoon" merges "animation" (anima/soul) and movement.[4] At the same time, the dramaturgical mechanisms seek to facilitate the conscientization of the spectator, in line with Augusto Boal's *Theatre of the Oppressed*.[5] By understanding the exhibition space as scenery and the objects as props, Wendy Cabrera Rubio proposes ways of seeing that are akin to what was called *lo real maravilloso* [the marvelous real] in Latin American literature. These instill in us a love for cartoons and history, without excluding the magical and the make-believe inherent in all representation.

p. 46 *Cómo hacer que una pintura se comporte como un paisaje* [How to Make a Painting Behave Like a Landscape], 2020. Vista de instalación Installation view *Cómo hacer que una pintura se comporte como un paisaje*, Museo Jumex, Ciudad de México Mexico City

pp. 48, 50 *Cómo hacer que una pintura se comporte como un paisaje* (detalle detail), 2020. Fieltro bordado a mano, alfileres, madera Hand stitched felt, pins, wood

FOTOGRAFÍAS PHOTOGRAPHS: Abigail Enzaldo & Emilio García. Cortesía de Courtesy of Museo Jumex

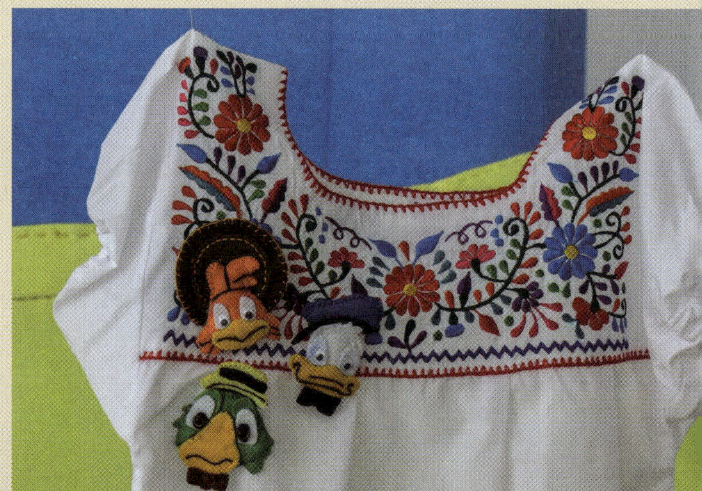

CÓMO HACER QUE UNA PINTURA SE COMPORTE COMO UN PAISAJE

WENDY CABRERA RUBIO
Y NEIL MAURICIO ANDRADE

PERSONAJES

CHINA POBLANA
SARGENTO CERVANTES
PANCHO PLANO

Los colores en las acotaciones indican el universo en el que se desenvuelve la acción. Los planos de la toma sólo convergen en la cámara multiplano, pero los personajes no logran interacturar entre sí.

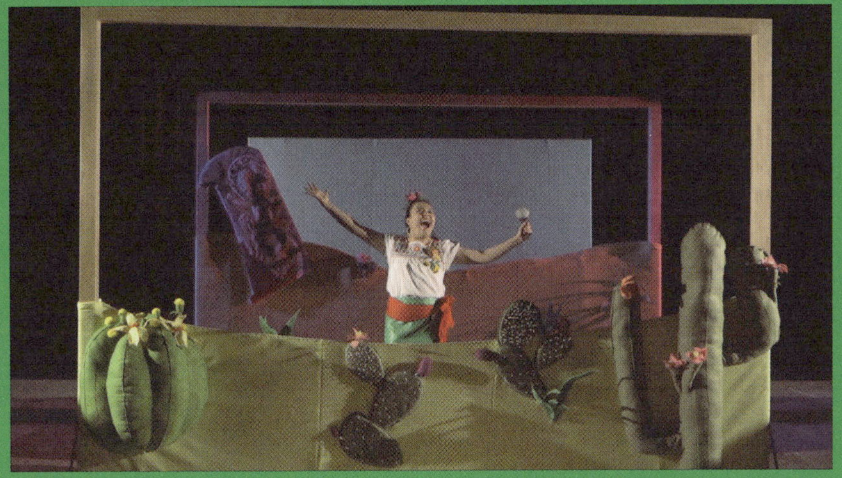

PRESENTADOR

El problema era cómo tomar una pintura y hacer que se comportara como un escenario para la cámara. En la cámara multiplano los diferentes elementos d   e la escena fueron separados conforme la distancia del espectador. Cada pieza se mueve con relación a la cámara, excepto el fondo. Es un truco para obtener profundidad y dimensiones reales.

(Mundo 3D)

CHINA POBLANA

El Presidente Municipal estará pronto con nosotros para iniciar el evento en la Casa de Cultura Subteniente Mecánico Miguel Moreno... Huerta.

Nada más sí le voy a pedir a las mamás que se fijen en dónde se suben sus niños. ¿Cómo dice señora?... Así es, esta ala, la turbina de allá y el cacho de acá, son parte de un avión de combate de la Segunda Guerra Mundial; del Escuadrón mexicano, el 201.

¿Ya vio el gallito del teniente? Es Pancho Pistolas. Además de combatir con coraje tapatío, ¡el subteniente fue casi casi el pintor oficial del Escuadrón!

SARGENTO CERVANTES

Buenas tardes. Les quiero contar una experiencia de lo que vivimos.

CP

¡No le dejes el micrófono...!

SC

Habla sin detenerse.

En ese entonces hacía mi deber en Manila. Recibí una postalita de mi madre adonde iban volando en un zarape tapatío un gallito de pelea, un pato y un perico. Todavía no teníamos un emblema cómico. Se me ocurrió que ahí estaba bien detallada la situación: México por el gallito; el Pato Donald,

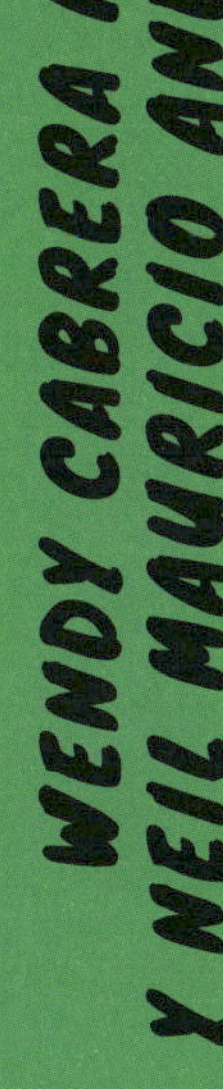

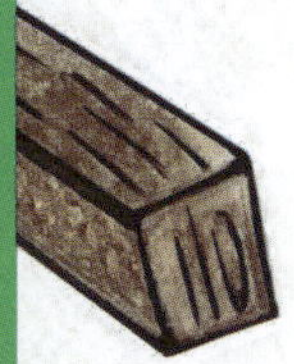

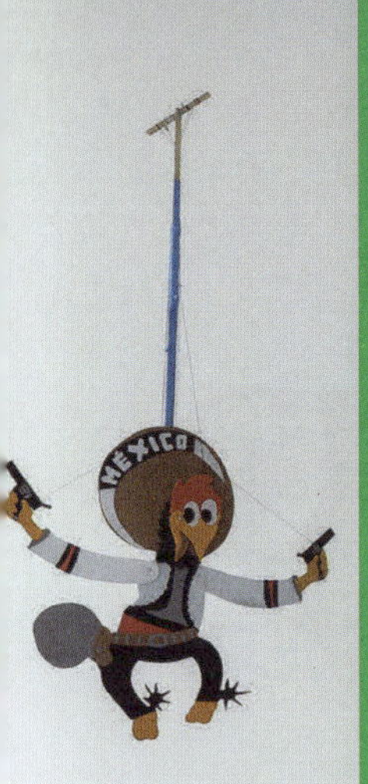

pues los americanos; y el perico era Brasil, que ya estaba combatiendo. Le hablé al Subteniente Moreno —porque me dijeron que dibujaba muy bien—, ya que viene, le digo, "Mira mano, me mandaron esto, ¿qué te parece?" Y que nos ve el comandante. Nos regañó por estar haciendo dibujitos. Pero cuando se tranquilizó nos dice, "A verlos", van a creer que le gustó, "pues no está tan mal", nos dice. Y así quedó que el gallito iba a ser la mascota oficial.

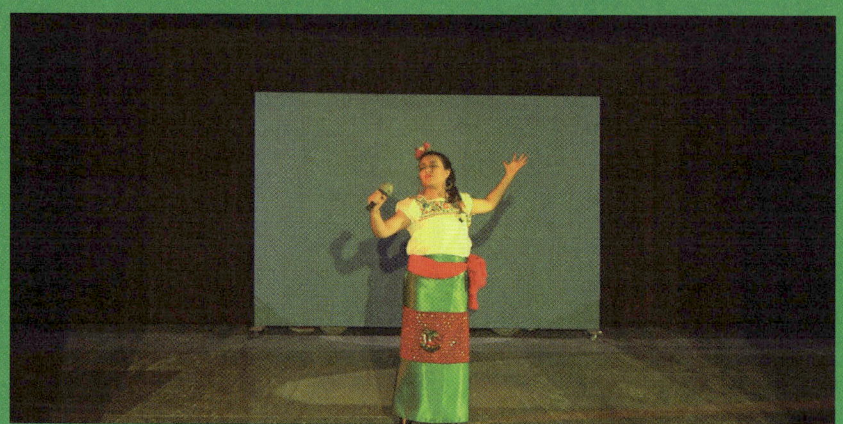

CP

Es una hermosa historia, señor... Sargento... Cervantes.

China Poblana interpreta "¡Ay, Jalisco, no te rajes!". El espacio y el sonido se distorsionan, cambian y nos trasladamos a la dimensión plana.

PANCHO PLANO

¿¡Quién canta!? ¿Eres tú, Pancho? ¡Te voy a arrancar las cuerdas vocales para hacer una guitarra! ¿Jalisco, no te rajes? ¡Ya estoy hasta la madre con que me estén chingue y chingue con que soy de Jalisco! Ni siquiera sé dónde está. ¡No soy mariachi, no sé cantar! Ni nací en tierra. Yo soy del aire, ¡me crearon en el ala de un avión!

(Cambio al mundo plano.) Pancho Plano se da cuenta de que el sonido de sus palabras se aclara cuando cruza por el punto del espacio plano que coincide con el punto del mundo 3D.

¿Y esta claridad? ¿Es mi voz? ¡Viene de afuera! Hijo de tu madre, Panchito Pistolas, así haces que nos confundan y que nadie se fije en nuestras diferencias. Óime bien, te voy a partir tu madre. Deja de andar de lamebotas con el Donald y Rockefeller. ¡Yo cumplí más de 1800 horas de vuelo!
Panchito se fue por las Américas a fingir que le interesaba la gente morena y a hacer una película de pegotes. Tiene el ego muy inflado para lo que es. ¿Quién de ustedes dice, "¡Sí, a huevo, Panchito Pistolas me representa!"? ¡Nadie!

(Mundo 3D) China Poblana está en una llamada telefónica.

CP

El Presidente Municipal no podrá acompañarnos… *(Baja la voz.)* Hijo de su pinche madre…
A ver, Señor Cervantes, pues ya corte el listón. Queda inaugurado el avión del Escuadrón 201, caído en combate y traído desde Filipinas por iniciativa de nuestro comprometido Presidente Municipal. Es el avión original donde el Subteniente Huerta… Moreno Huerta… pintó por primera vez al Panchito Pistolas mexicano.

HOW TO MAKE A PAINTING BEHAVE LIKE A LANDSCAPE

CAST

**CHINA POBLANA
SERGEANT CERVANTES
FLAT PANCHO**

The colors of the stage directions indicate the universe in which the action takes place. The different planes of the shot only converge in the multiplane camera, but the characters don't manage to interact with each other.

PRESENTER

The issue was how to take a painting and make it act like a stage for the camera. In the multiplane camera, the different elements of the scene were separated according to their distance from the viewer. Every piece moves in relation to the camera, except the background. It's a trick to achieve depth of field and real dimension.

(3D world)

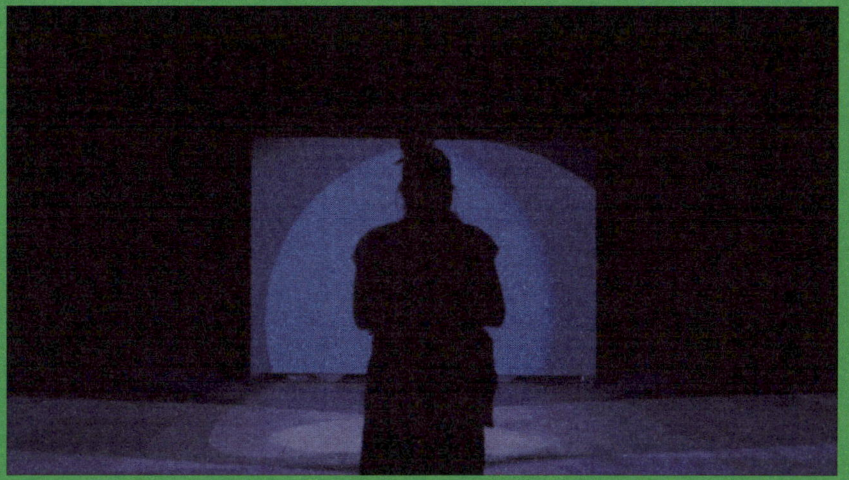

CHINA POBLANA

The mayor will be here soon to launch the event at the Second Lieutenant Mechanic Miguel Moreno... Huerta Cultural Center.

I'm just going to ask the mothers to pay attention to where your children are climbing on. I beg your pardon, ma'am?... That's right. This wing, that turbine over there, and this piece over here are part of a combat plane from World War II, from the 201st Mexican Fighter Squadron.

Did you see the lieutenant's rooster? It's Panchito Pistoles. Not only does he fight courageously like a tapatío, but the Second Lieutenant was also nearly the official squadron painter!

SERGEANT CERVANTES

Good afternoon. I want to tell you all about what we experienced.

CP

Don't give him the microphone...!

SC

Doesn't stop talking.

I was serving in Manila at the time. I had received a postcard from my mother with a cockfighting rooster, a duck, and a parrot flying on a *zarape*

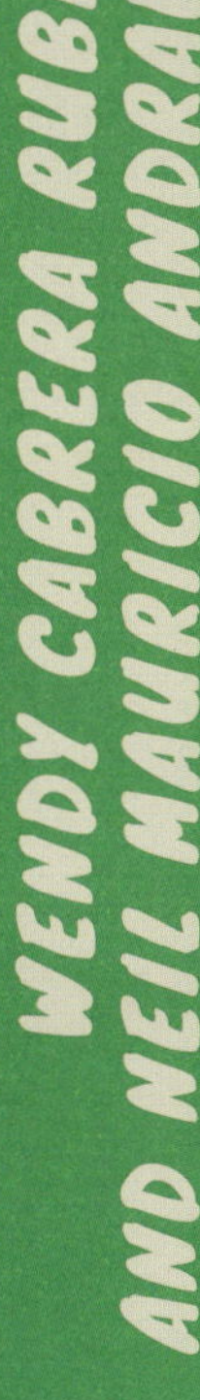

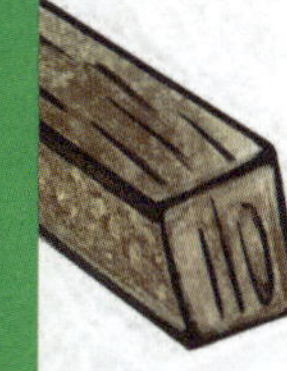

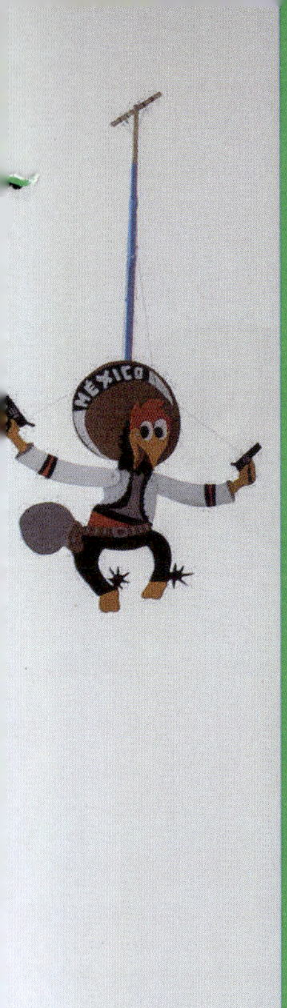

from Guadalajara. We still didn't have a cartoon mascot, so it occurred to me then that the image right there captured the situation perfectly. The rooster represented Mexico; Donald Duck, well, the Americans; and the parrot was Brazil, since it was already fighting. I spoke to Second Lieutenant Moreno—because I heard he drew very well—so as he came in, I said to him, "Look, man. They sent this to me. What do you think?" And then the commander saw us. He yelled at us for making doodles. But when he calmed down, he said to us, "So let's see them." And he actually liked it. "Well, it's not so bad," he said. That's how the rooster came to be the official mascot.

CP

That's a lovely story, sir... Sergeant... Cervantes.

China Poblana performs "¡Ay, Jalisco, no te rajes!". The space and the sound become distorted. We are transported to a flat dimension.

FLAT PANCHO

Who's singing? Is that you, Pancho? I'll rip out your vocal cords to make a guitar! Jalisco, no te rajes? I've had it up to here with them messing around with me, saying that I'm from Jalisco! I don't even know where that is. I'm not a mariachi, I don't know how to sing! I wasn't even born on land. I'm from the air. I was created on the wing of an airplane!

(Change to the flat world.) *Flat Pancho realizes that the sound of his words become clearer when he crosses the point in flat space that coincides with the point in the 3D world.*

Now how about this clarity? Is that my voice? It's coming from outside! You son of a bitch, Panchito Pistoles, you're the reason why everyone gets us confused and nobody notices our differences. Listen to me. I'm going to beat the shit out of you. Stop sucking up to Donald and Rockefeller. I've completed more than 1800 hours of flying!

Panchito traveled through the Americas to pretend he was interested in brown people and to make a tasteless film. He has a very inflated ego considering what he is. Who among you can claim, "Hell yeah, Panchito Pistoles represents me!" Nobody!
(3D world.) *China Poblana is on the phone.*

CP

The mayor won't be able to join us... *(Lowers her voice.)* Son of a bitch...

Let's see, Mr. Cervantes, cut the ribbon. The aircraft of the 201st Squadron, fallen in combat and brought from the Philippines by the request of our dedicated mayor, has been inaugurated. It's the original plane where Second Lieutenant Huerta... Moreno Huerta... painted the Mexican Panchito Pistoles for the first time.

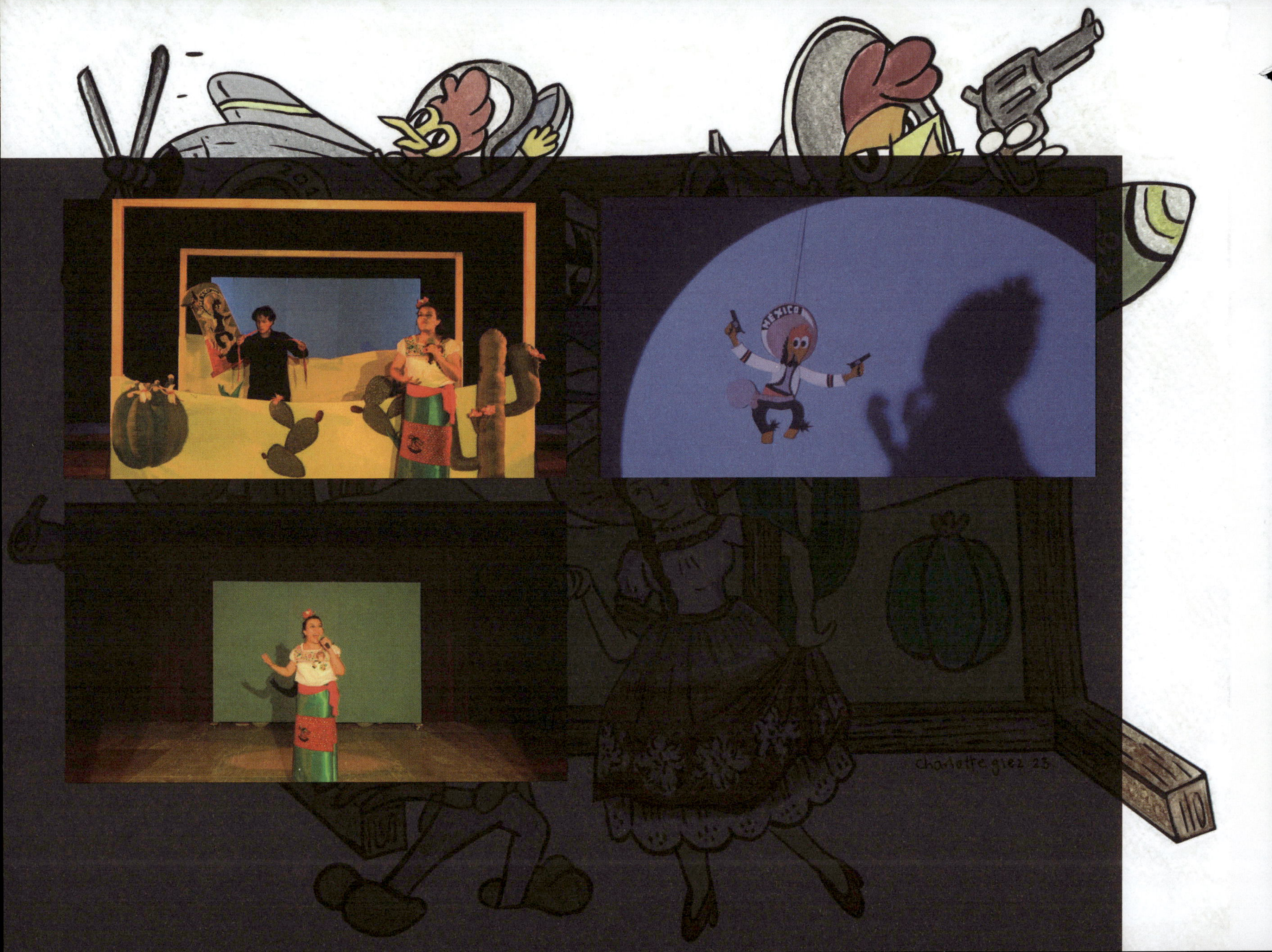
MEXICO
charlotte giez 23

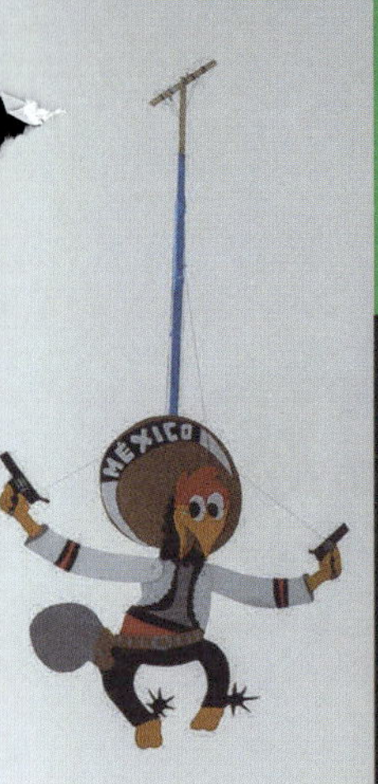

from Guadalajara. We still didn't have a cartoon mascot, so it occurred to me then that the image right there captured the situation perfectly. The rooster represented Mexico; Donald Duck, well, the Americans; and the parrot was

it up to here with them messing around with me, saying that I'm from Jalisco! I don't even know where that is. I'm not a mariachi, I don't know how to sing! I wasn't even born on land. I'm from the air. I was created on the wing of an

CP

The mayor won't be able to join us... *(Lowers her voice.)* Son of a bitch...

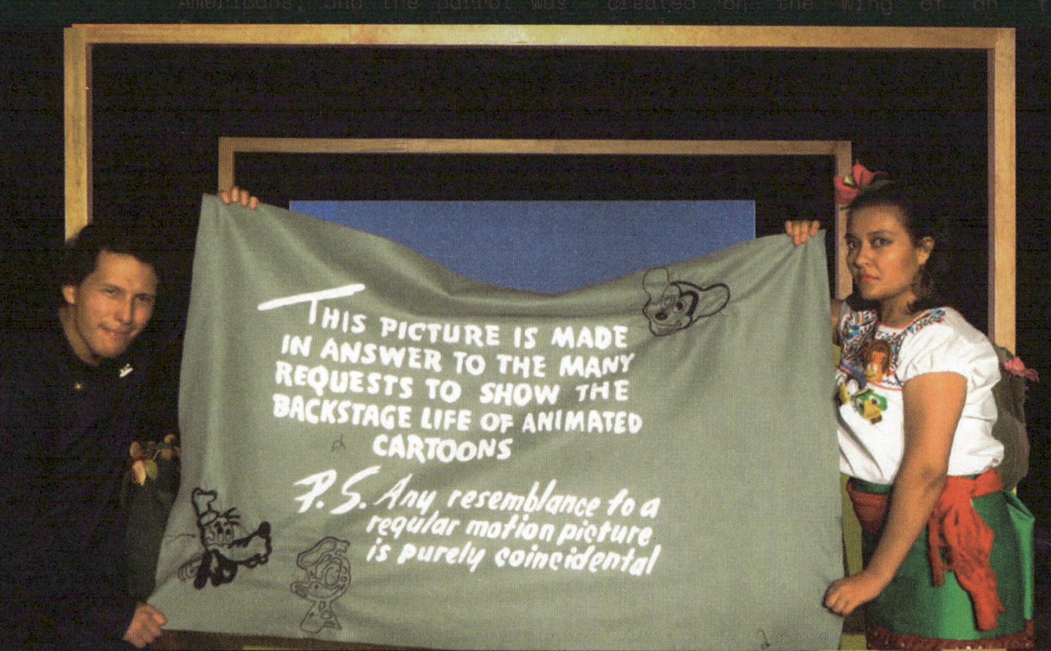

FLAT PANCHO

p. 51, 52, 53, 55, 56 Wendy Cabrera Rubio, Manuel Delgado Plazola & Neil Mauricio Andrade, *Cómo hacer que una pintura se comporte como un paisaje* [How to Make a Painting Behave Like a Landscape], 2020. Video, 8' 13''. Cortesía de lxs artistas Courtesy of the artists

DERECHA RIGHT: Sbethlanna González, *Fuerza aérea expedicionaria mexicana águilas aztecas en el Museo Jumex* [Mexican Expeditionary Air Force Aztec Eagles at the Museo Jumex], 2023. Acuarela Watercolor. 20 x 27 cm. Cortesía de la artista Courtesy of the artist

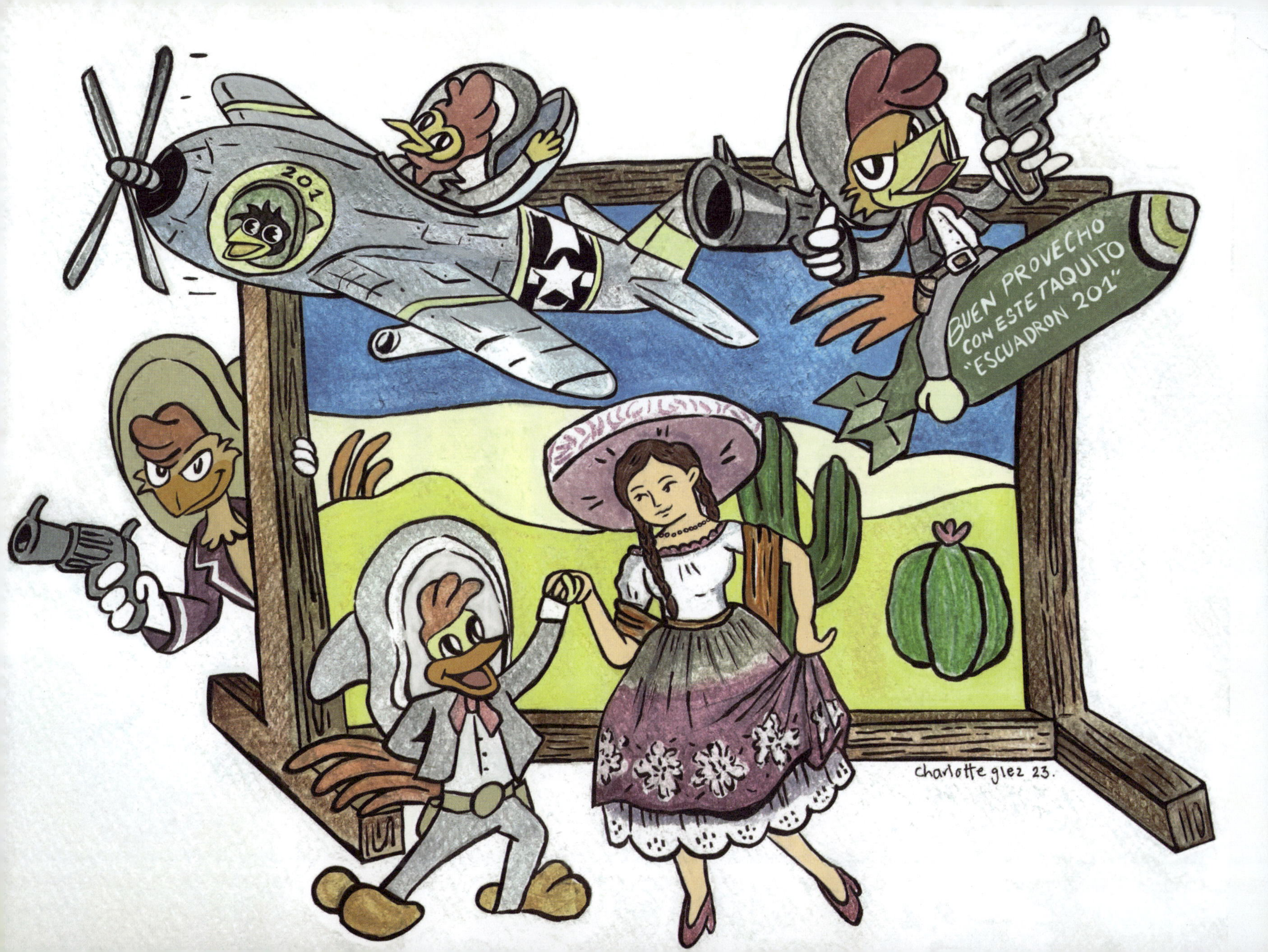
201
BUEN PROVECHO
CON ESTE TAQUITO
"ESCUADRON 201"
charlotte glez 23.

PINTURAS SUAVES (RESTAR)

SANDRA SÁNCHEZ

¿Puede la pintura ser algo más que una superficie de inscripción? La pregunta comparte el mismo campo de enunciación que el rostro: ¿puede un sujeto ser algo más que su cara, su frontalidad, su relación ojo-verdad, su nombre propio, su identidad? Si la operación del significado que lleva a los procesos de subjetivación es la suma, ¿cómo se puede restar en la producción pictórica?

Nos reímos cuando Wendy Cabrera Rubio me contó sobre un galerista que pagó la producción de algunas de sus pinturas. Le dijo que se animara a comprar el fieltro más caro posible, que había dinero. Nos reímos porque era absurdo: para sus pinturas suaves no hay una jerarquía en los costos de los materiales, hay un tipo de fieltro y ya, no hay uno lujoso, excepcional, prístino. Vuelve la pregunta: ¿cómo restar en la producción pictórica la demanda de buena técnica, prestigio, pigmentos exclusivos, unicidad?

La inquietud no es sobre el *hacer* pintura —lxs artistas insisten en proponer algo más que un significado fijo y alineado al poder—, sino sobre cierta lectura de la pintura que la reduce a lo visible e innumerable a determinada distancia: dónde, cuándo y qué quiere decir. Lectura que no presta *atención* a lo que sucede en términos de fuerzas, posiciones, tensiones, color, encuentros, variaciones o enigmas.

Cabrera Rubio tiene sobre la mesa del estudio varios alfileteros de fieltro con forma de tetera, dentro de bolsas de celofán cerradas con un listón rosita de plástico. Escogí el azul, lo hizo su mamá. El uso común del fieltro está ligado a manualidades, su venta permite cierta autonomía económica. El oficio se aprende de mano en mano o en casas de cultura; tiene un sesgo de género y también de clase. ¿Se resta cuando se deja de asumir que un medio artístico requiere ciertos materiales? ¿Se resta cuando se reflexiona sobre lo propio sin volverlo origen o causa?

Las pinturas suaves aparecen como parte de varios proyectos que comparten la revisión y reescritura crítica de signos, formas e intensidades que sostienen lógicas de racismo y colonialismo. El efecto háptico aminora el poder del ojo sabelotodo desplazando el contorno de la figura —y su claridad— por la costura y el borde que al suturar y superponer elementos rompen la ilusión de unidad. La resta suave desequilibra las formas para hacer notar que el sentido es un montaje entre partes; y que entre ellas hay un posible porque hay un vacío.

SOFT PAINTINGS (SUBTRACTION)

SANDRA SÁNCHEZ

Can a painting be more than an inscription upon its surface? This question shares the same field of inquiry as that of a face: can a subject be something more than its face, its frontality, its relationship to the eye-truth, its proper name, its identity? If the signifying operation leading to subjectification is based on addition, how can one subtract in pictorial production?

We both laughed when Wendy Cabrera Rubio recounted a story about a gallerist who paid for the production costs of some of her paintings. He told her to buy the most expensive felt possible because there was plenty of money to spend. We laughed because it was absurd: there is no hierarchy of material costs in soft paintings. There is just one type of felt and that's it. There isn't one that is more luxurious, exceptional, or pristine. So, in returning to the original question: how can the demand for good technique, prestige, exclusive pigments, and uniqueness be subtracted from a pictorial production?

This concern is not just about *how* to make a painting—artists insist on proposing something more than a fixed meaning aligned to power. It's also about a certain reading of painting that reduces it to what's visible and innumerable at a certain distance: where, when, and what it wants to say. A reading that doesn't pay *attention* to what happens in terms of forces, positions, tensions, color, encounters, variations, or enigmas.

Sitting on Cabrera Rubio's studio table are several felt pincushions in the shape of teapots inside cellophane bags tied off with a pink plastic ribbon. I chose the blue one, which was made by her mom. The commonplace usage of felt is tied to handicrafts, which can be sold to gain a certain economic autonomy. The craft is learned by hand or in cultural centers; it has a gendered and classed bias. Is it subtracted when one stops assuming that an artistic medium requires certain materials? Does one subtract when one reflects on one's own medium without turning it into a search for an origin or cause?

The soft paintings appear as one among several projects that critically revise and rewrite signs, forms, and intensities sustaining the logics of racism and colonialism. Their haptic effect subdues the power of the knowing eye by displacing the outline of the figure—and its clarity—with its stitching and its edges, which break the illusion of unity through its sutured and superimposed elements. The soft subtraction destabilizes forms to make us notice how meaning is an assembly of parts, that there is possibility among them because there is a void.

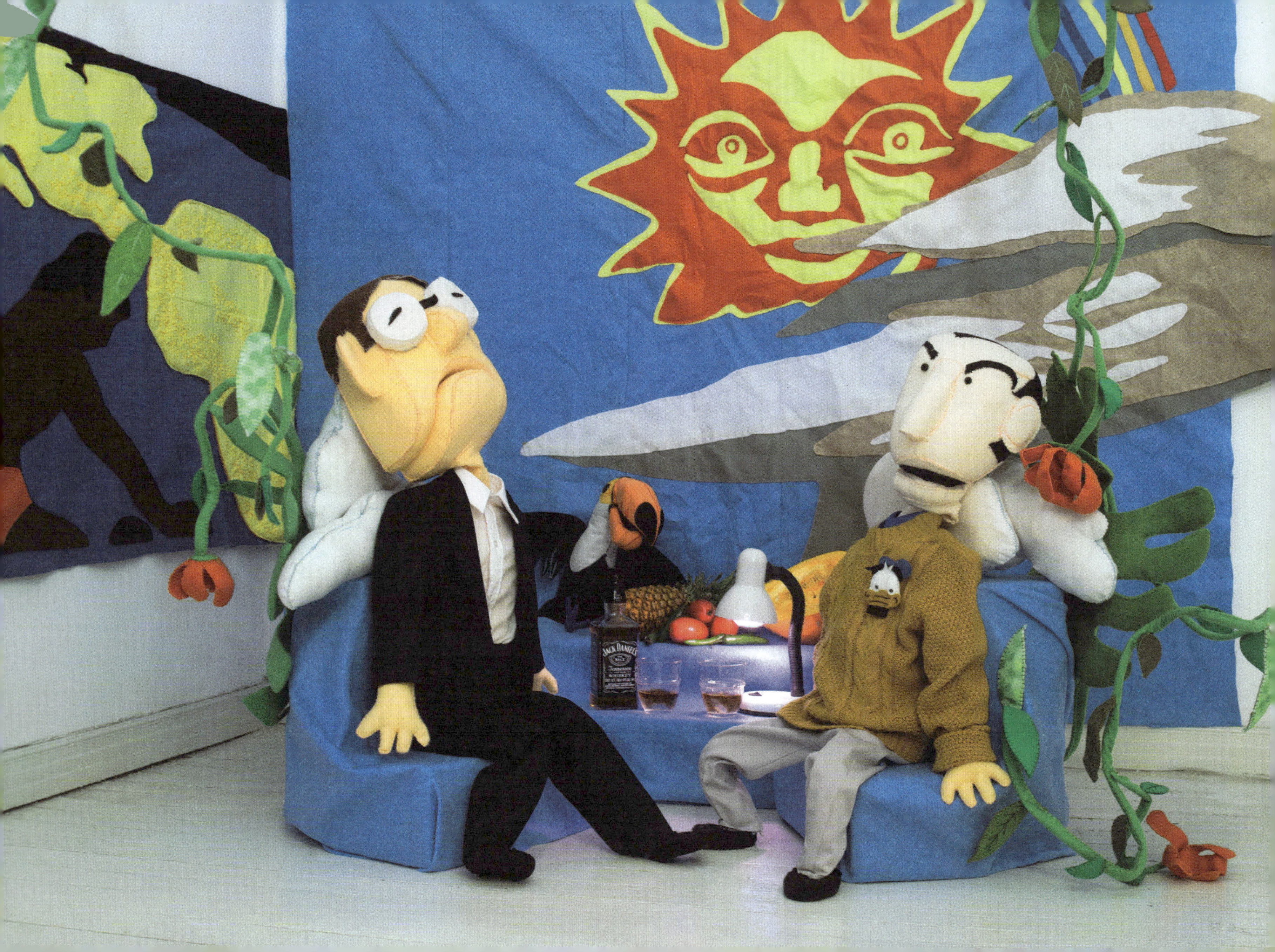

ECONOMÍAS DE UNA ARTISTA QUE PIENSA EN EL PACÍFICO

ALDO SÁNCHEZ

En 1942, Juan Guzmán retrató el momento en que Walt Disney clavó un pin del proyecto Panamericano en el saco de Diego Rivera, en el hotel Reforma de la Ciudad de México. Las visitas de Disney a México contaron con anfitriones como Jorge Negrete, Dolores del Río, Emilio "El Indio" Fernández y Gabriel Figueroa, en donde intercambiaron ideas acerca del cine mexicano. José Vasconcelos expresó su discrepancia con respecto a la integración de México al proyecto Panamericano:

> Los creadores de nuestro nacionalismo fueron, sin saberlo, los mejores aliados del sajón, nuestro rival en la posesión del continente. El despliegue de nuestras veinte banderas en la Unión Panamericana de Washington deberíamos verlo como una burla de enemigos hábiles. Sin embargo, nos ufanamos cada uno de nuestro humilde trapo, que dice ilusión vana, y ni siquiera nos ruboriza el hecho de nuestra discordia, delante de la fuerte unión norteamericana.[1]

Las pinturas y murales de Diego Rivera también fueron fuentes que Disney utilizó para dibujar "lo mexicano", además de diálogos *tête-à-tête* con algunos de los creadores de este mexicanismo posrevolucionario durante sus visitas al país. Disney construyó su propio México en dibujos animados al grado de convertirlos en mascotas de las fuerzas armadas, como es el caso de Panchito Pistolas para el Escuadrón 201.

[1] José Vasconcelos, *La raza cósmica. Misión de la raza iberoamericana. Notas de viajes a la América del Sur* (Madrid: Agencia Mundial de Librería, 1925).

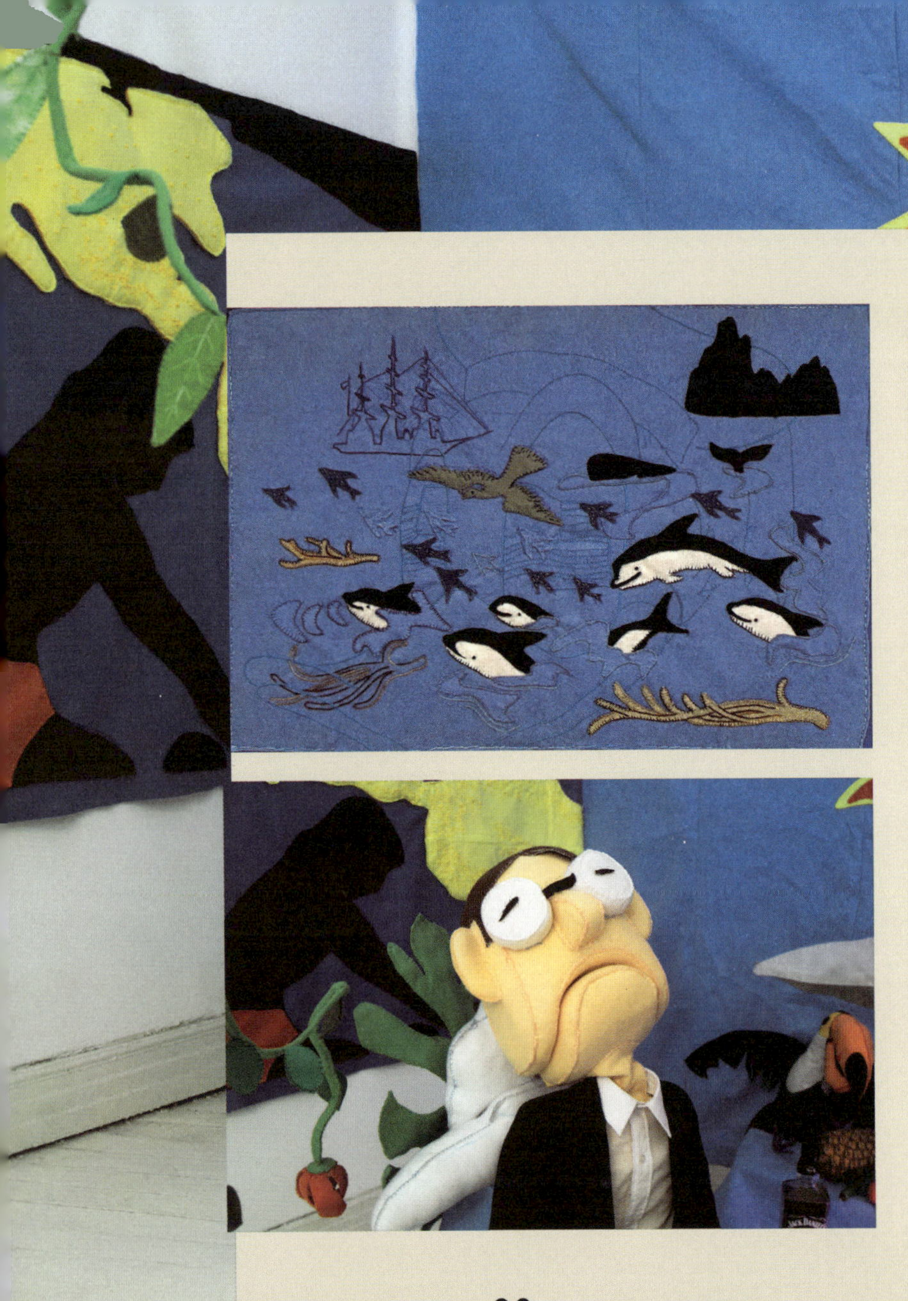

En el fantástico universo de Wendy Cabrera, Nelson Rockefeller —encarnado en un títere de fieltro— comparte con otro personaje una bebida sumamente panamericana: bourbon estadounidense con jarabe de maíz, limón chino de California y piña hawaiana, ingredientes extraídos del mapa *Economías del Pacífico* (1940) de Miguel Covarrubias, el cual da título a esta obra de teatro. En ella se devela un sujeto clave para la conformación de lo mexicano en el extranjero: el caricaturista y empresario Walt Disney. La puesta en escena retrata a las marionetas discutiendo sobre Latinoamérica mientras se escucha la polka *Jesusita en Chihuahua*, evocando al México cardenista. El panamericanismo creado por Estados Unidos se trasluce en el cóctel de Rockefeller. El cometido era tener control sobre Latinoamérica y evitar la escasez de materias primas y alimentos en Estados Unidos durante los años de guerra.

En *Economías del Pacífico*, el maíz ocupa un lugar tan importante como el que le dio Walt Disney en el cortometraje *The Grain That Built a Hemisphere* (1943), en el que se muestran las bondades del maíz: tortillas, enchiladas, *tamalis*, pero también *cornbread* y *popcorn*. ¡Es el alimento que une al continente! El maíz protagoniza murales de Rivera, mapas de Covarrubias y puestas en escena de Cabrera Rubio en las que la artista mexicana dibuja otro Estados Unidos, otro mexicanismo y otra historia nacional.

ECONOMIES OF AN ARTIST THINKING ABOUT THE PACIFIC

ALDO SÁNCHEZ

In 1942, Juan Guzmán photographed Walt Disney fastening a Pan American Union pin on Diego Rivera's jacket at the Reforma Hotel in Mexico City. Disney's visits to Mexico were hosted by the likes of Jorge Negrete, Dolores del Río, Emilio "El Indio" Fernández, and Gabriel Figueroa, with whom he exchanged ideas about Mexican cinema. José Vasconcelos expressed his misgivings about Mexico's inclusion in the Pan American project:

> The founders of our new nationalism were, without knowing it, the best allies of the Anglo-Saxons, our rivals in the possession of the continent. The unfurling of our twenty banners at the Pan American Union in Washington, should be seen as a joke played by skillful enemies. Yet, each of us takes pride in our humble rags, expression of a vain illusion, and we do not even blush at the fact of our discord in the face of the powerful North American union.[1]

Diego Rivera's paintings and murals were also sources that Disney used to depict "the Mexican," as did *tête-à-tête* dialogues with some of the architects of post-revolutionary Mexicanism during Disney's visits to the country. Disney constructed his own Mexico through animated drawings, to the extent that he turned them into mascots for the armed forces. The creation of Panchito Pistoles for the 201st Fighter Squadron is one such example.

[1] Didier T. Jaén (trans.) and José Vasconcelos, *The Cosmic Race: A Bilingual Edition*, (Los Angeles: Department of Chicano Studies, California State University, 1979), 11.

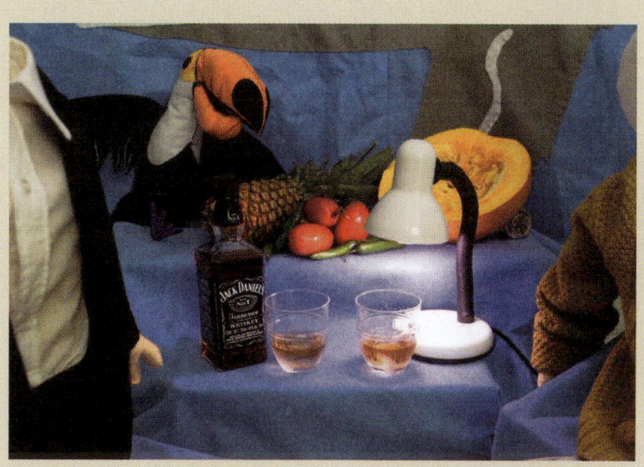

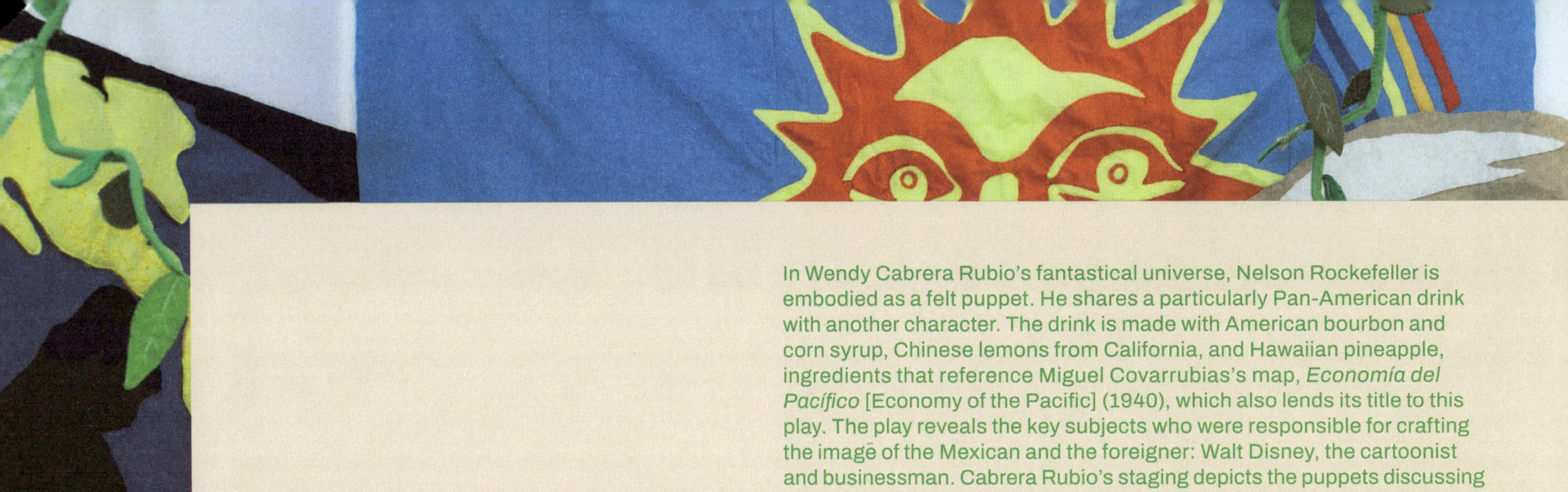

In Wendy Cabrera Rubio's fantastical universe, Nelson Rockefeller is embodied as a felt puppet. He shares a particularly Pan-American drink with another character. The drink is made with American bourbon and corn syrup, Chinese lemons from California, and Hawaiian pineapple, ingredients that reference Miguel Covarrubias's map, *Economía del Pacífico* [Economy of the Pacific] (1940), which also lends its title to this play. The play reveals the key subjects who were responsible for crafting the image of the Mexican and the foreigner: Walt Disney, the cartoonist and businessman. Cabrera Rubio's staging depicts the puppets discussing Latin America while listening to the polka song *Jesusita en Chihuahua*, evoking a cardenist Mexico. The Pan Americanism created by the United States is reflected in the Rockefeller cocktail. The purpose was to gain control over Latin America and avoid shortages of raw materials and food in the United States during the war.

In *Economies of the Pacific*, corn is given the same importance that it is given in Walt Disney's short film *The Grain That Built a Hemisphere* (1943), which illustrates the bounty of corn: tortillas, enchiladas, tamales, and even cornbread and popcorn. It's the food that unites the continent! Corn is not only the star of Rivera's murals and Covarrubias's maps, but also of Cabrera Rubio's theatrical productions. Through her work, Cabrera Rubio depicts another United States, another Mexicanism, and another national history.

p. 60 *Economies of the Pacific* [Economías del Pacífico], 2022. Vista de instalación Installation view Economies of the Pacific, anonymous gallery, Nueva York New York City

p. 62 ARRIBA UP: *Pageant of the Pacific* [Desfile del Pacífico], 2020. Fieltro sintético cosido a mano, sobre terciopelo, sobre bastidor Hand-stitched synthetic felt, on velvet, on stretcher. 60 x 89 cm

pp. 62, 63 *Economies of the Pacific* (detalle detail), 2022. Textil, dos marionetas, hojas de monstera, piña de fieltro, cola de pez de fieltro, cuatro plátanos de fieltro, un melón de fieltro, dos mandarinas de fieltro, dos brazos de fieltro, botella de bourbon, gafas, lámpara Textile, two puppets, monstera sheets, felt pineapple, felt fishtail, four felt bananas, one felt melon, two felt tangerines, two felt arms, bottle bourbon, glasses, lamp

p. 65 *The Grain That Built A Hemisphere* [El grano que construyó un Hemisferio], 2020. Fieltro sintético cosido a mano, sobre terciopelo, sobre bastidor Hand-stitched synthetic felt, on velvet, on stretcher. 65.5 x 88 cm

FOTOGRAFÍAS PHOTOGRAPHS: Weima Art Photography @wap_estudio. Cortesía de Courtesy of anonymous gallery

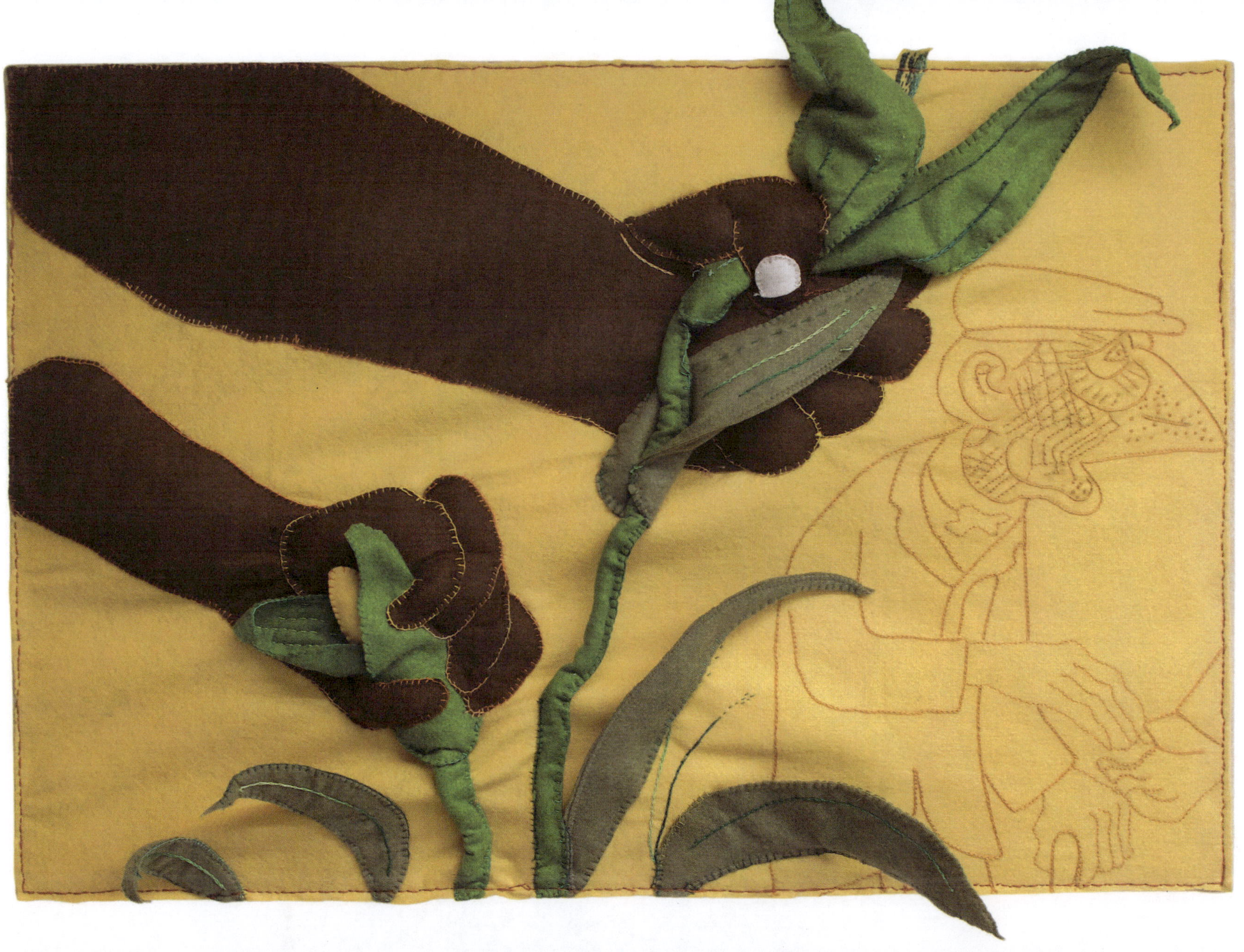

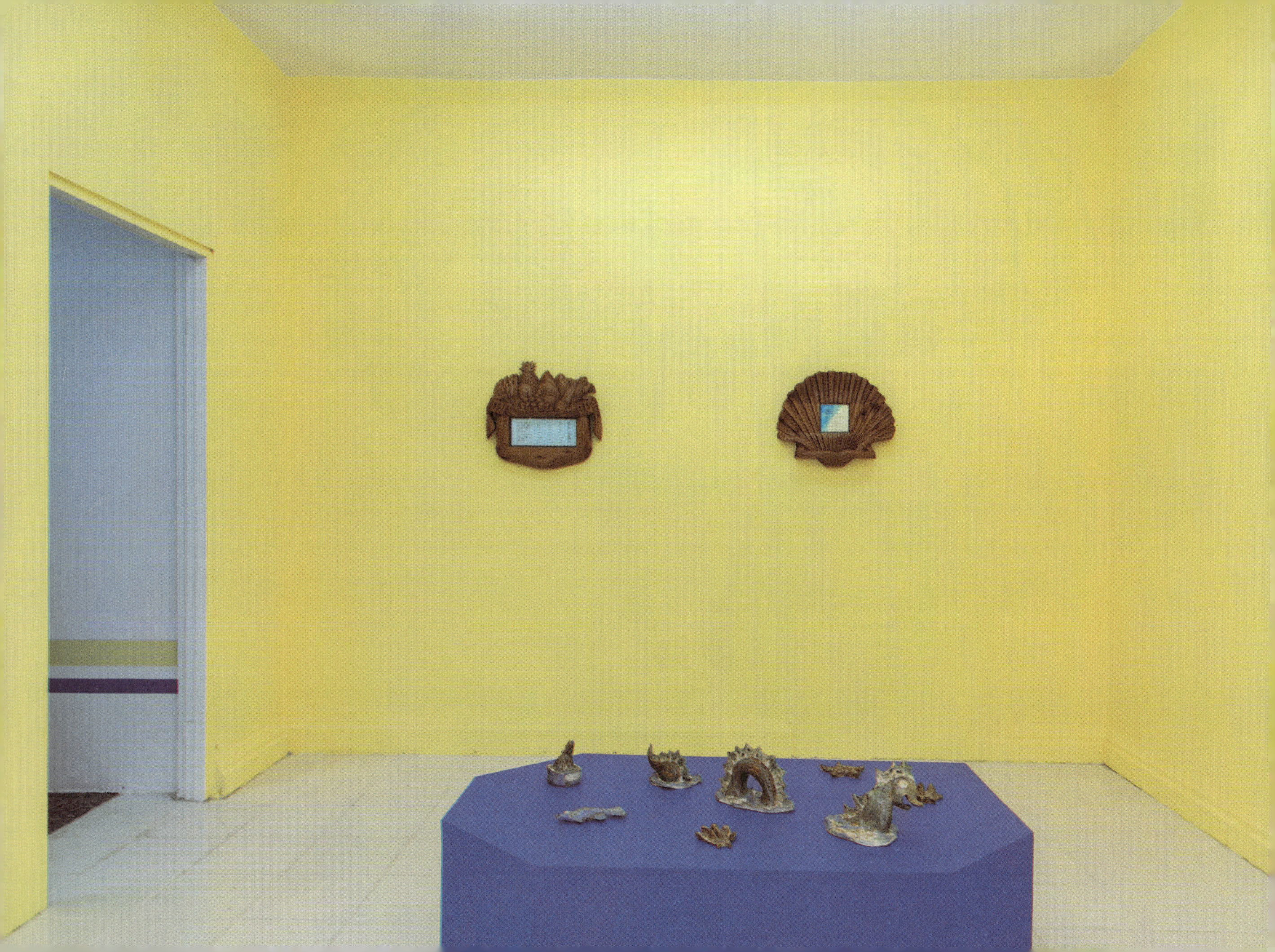

LA ISLA DONDE NACEN LAS LEYENDAS

MÓNICA RAMÍREZ

En la exhibición *La isla donde nacen las leyendas*, Wendy Cabrera Rubio y Josué Mejía exploran las posibilidades que les ofrecen los mapas como objetos con un lenguaje visual propio. Las piezas de esta exhibición forman una cartografía artística que explora el potencial imaginativo de la reinterpretación de mapas y los elementos que los conforman. En esta ocasión, los artistas juegan con la idea de una topografía artística de las islas y lo que es posible revelar en las capas visibles e invisibles de una imagen.

Los dos mapas presentados en la exhibición toman como referencia un plano de la Golden Gate International Exposition (GGIE) que se llevó a cabo en San Francisco entre 1939 y 1940, y los paneles murales *Aviation: Evolution of Forms under Aerodynamic Limitations* (1937) que el artista Arshile Gorky realizó para el aeropuerto de Newark en Nueva Jersey. Los mapas y las reinterpretaciones de los artistas mexicanos presentan, a través de un juego de abstracción de formas, las capacidades de una imagen de revelar capas ocultas de la realidad.

El plano de Treasure Island, una isla construida *ex profeso* para albergar a la GGIE, muestra un territorio cuyo pasado radioactivo es imposible de ignorar. Una vez concluida la feria, la isla fue utilizada como base militar, en donde se resguardaban y reparaban barcos que habían sido expuestos a explosiones atómicas durante las décadas de 1940 y 1950. Para los artistas fue importante trazar una analogía con la Isla de Vieques en Puerto

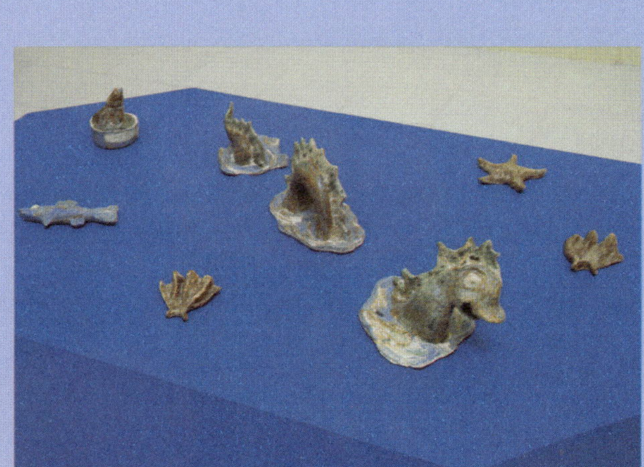

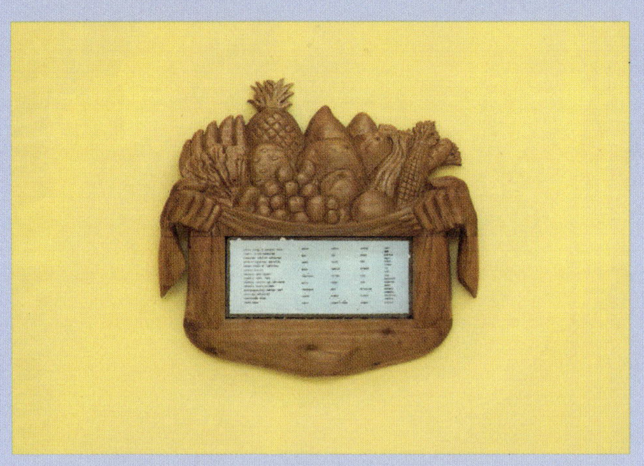

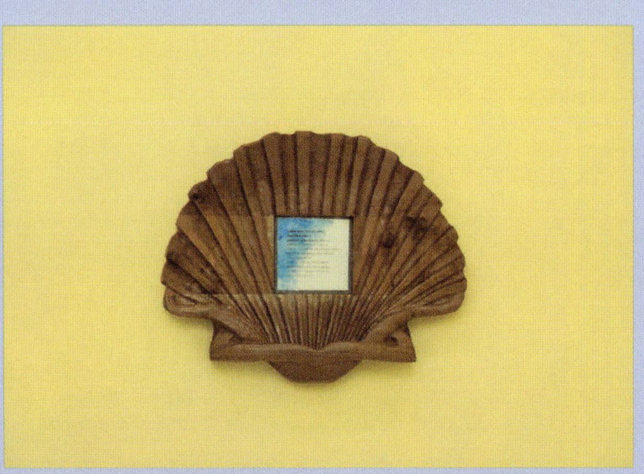

Rico. Este territorio también es vestigio de explosivos, producto de la actividad militar de Estados Unidos, que la utilizó como un blanco de entrenamiento para sus experimentos militares desde 1945 hasta 2003. La capa topográfica superior, la más evidente, revela dos territorios paradisiacos que en la actualidad son altamente cotizados por los desarrollos inmobiliarios. Pero los artistas se enfocan en las siguientes capas, las más invisibles, para así demostrar que el subsuelo de las islas y el océano que las rodea están todavía cargados con un alto grado de toxicidad.

Wendy Cabrera Rubio y Josué Mejía retoman en esta exposición la idea de las capas evidentes y lo que subyace en una obra de arte. La aparente función didáctica de las piezas no excluye una lectura compleja de la realidad y permite cuestionarse acerca del valor comunicativo del arte contemporáneo. Estas cartografías pretenden superar las limitaciones de los mapas como objetos bidimensionales y, por lo tanto, ofrecen una visión dinámica y compleja de una realidad política y ecológica en tensión.

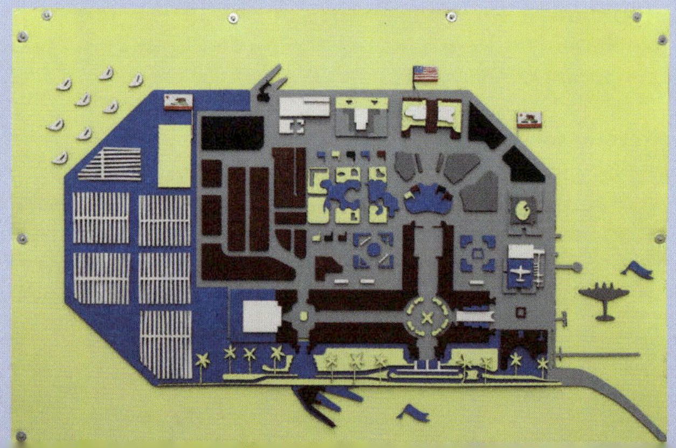

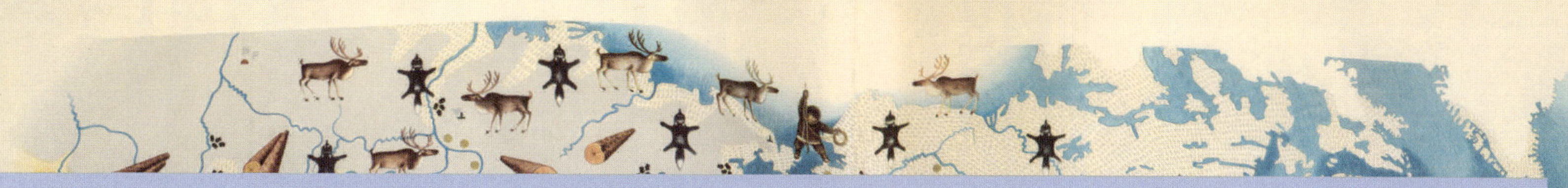

THE ISLAND WHERE LEGENDS ARE BORN

MÓNICA RAMÍREZ

In the exhibition *La isla donde nacen las leyendas* [The Island Where Legends Are Born], Wendy Cabrera Rubio and Josué Mejía explore the possibilities that maps possess as objects endowed with their own visual language. The pieces in this exhibition form an artistic cartography that probes the imaginative potential afforded by the reinterpretation of maps and the elements that comprise them. For this occasion, the artists play with the idea of creating an artistic topography of islands and the potential to unveil the visible and invisible layers of an image.

The two maps presented in the exhibition are based on two sources: the first is the blueprint for the Golden Gate International Exposition (GGIE), which took place in San Francisco between 1939 and 1940. The second is a mural entitled *Aviation: Evolution of Forms under Aerodynamic Limitations* (1937), which the artist Arshile Gorky created for the Newark Airport in New Jersey. Through the interplay of abstracted forms, the maps—as well as the Mexican artists' reinterpretations of them—expose the capacity of an image to uncover hidden layers of reality.

The blueprint for Treasure Island, an island constructed solely to house the GGIE, presents a territory whose radioactive past is impossible to ignore. Once the fair had ended, the island was used as a military base where ships that had been exposed to atomic explosions during the 1940s and 1950s were stored and repaired. For this reason, it was important to the

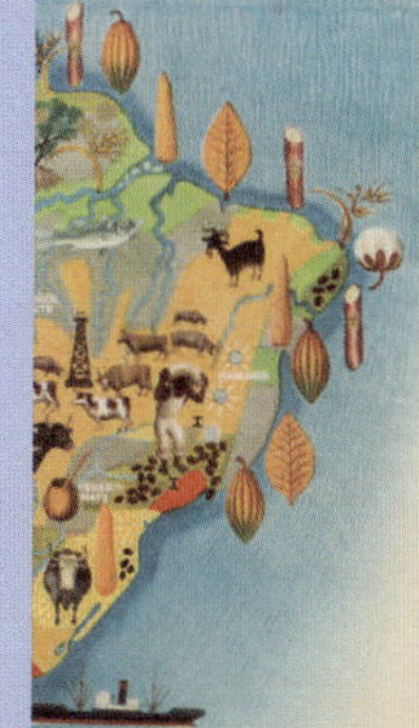

artists to draw an analogy to the Island of Vieques in Puerto Rico. This territory is also a vestige of the explosive detritus of US military activity, since it was used as a training target for its military experiments from 1945 to 2003. The upper topographic layer, which is the most visible, reveals two idyllic territories that are currently highly sought after by real estate developers. But the artists choose to focus instead on the underlying layers, which are the least visible, to demonstrate that the subsoil of the islands and the oceans that surround it are still contaminated with a high level of toxicity.

In this exhibit, Wendy Cabrera Rubio and Josué Mejía take up the idea of visible layers and what is underlying in a work of art. The apparently didactic function of the pieces does not detract from a complex reading of reality; rather, it allows us to evaluate the communicative value of contemporary art. These cartographies strive to overcome the limitations imposed by maps as two-dimensional objects, and in this way, they offer a dynamic and complex view of political and ecological realities in tension with one another.

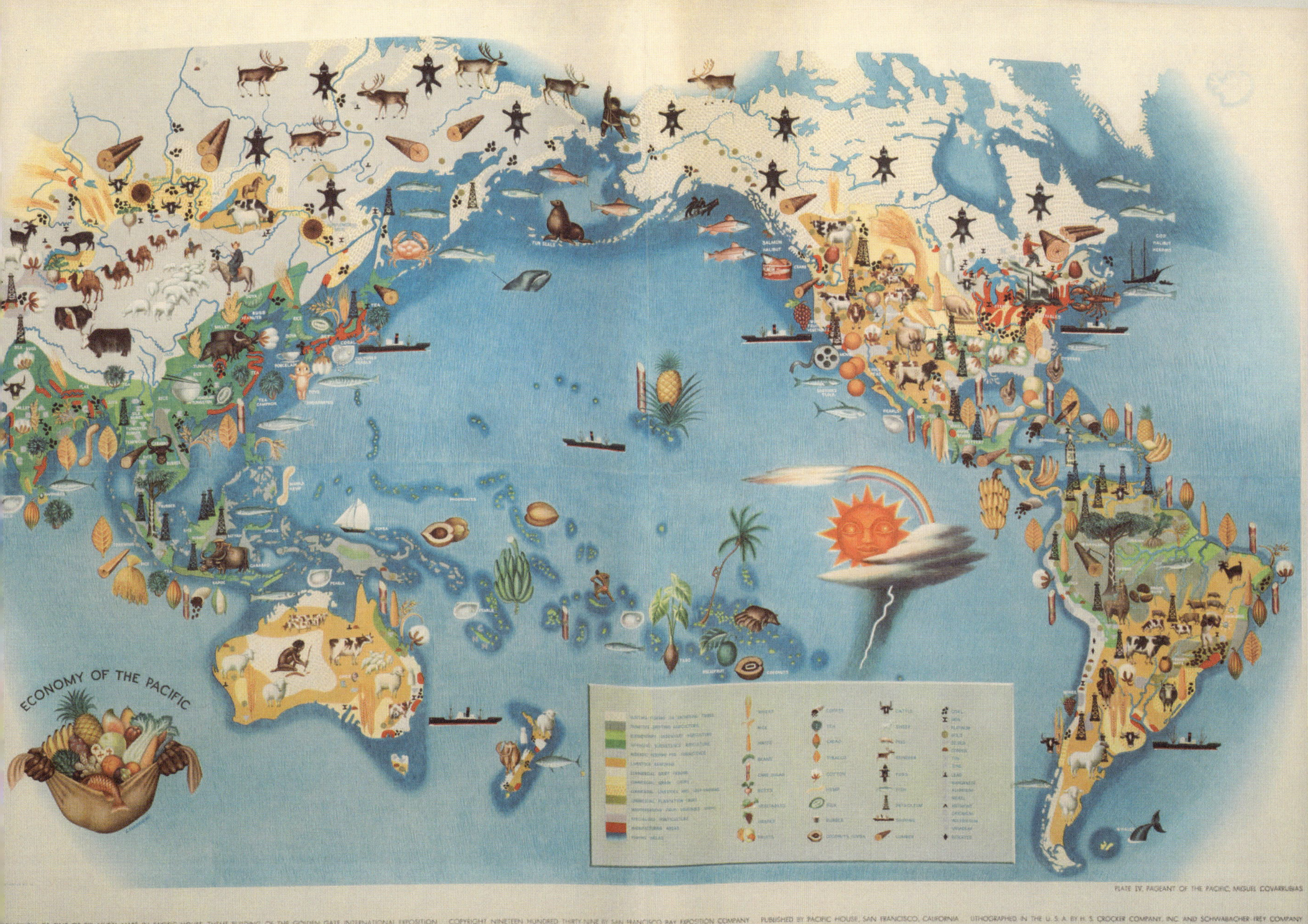

ECONOMY OF THE PACIFIC
PLATE IV. PAGEANT OF THE PACIFIC, MIGUEL COVARRUBIAS
REPRODUCTION OF ONE OF SIX MURAL MAPS IN PACIFIC HOUSE, THEME BUILDING OF THE GOLDEN GATE INTERNATIONAL EXPOSITION. COPYRIGHT NINETEEN HUNDRED THIRTY-NINE BY SAN FRANCISCO BAY EXPOSITION COMPANY. PUBLISHED BY PACIFIC HOUSE, SAN FRANCISCO, CALIFORNIA. LITHOGRAPHED IN THE U.S.A. BY H. S. CROCKER COMPANY, INC. AND SCHWABACHER-FREY COMPANY

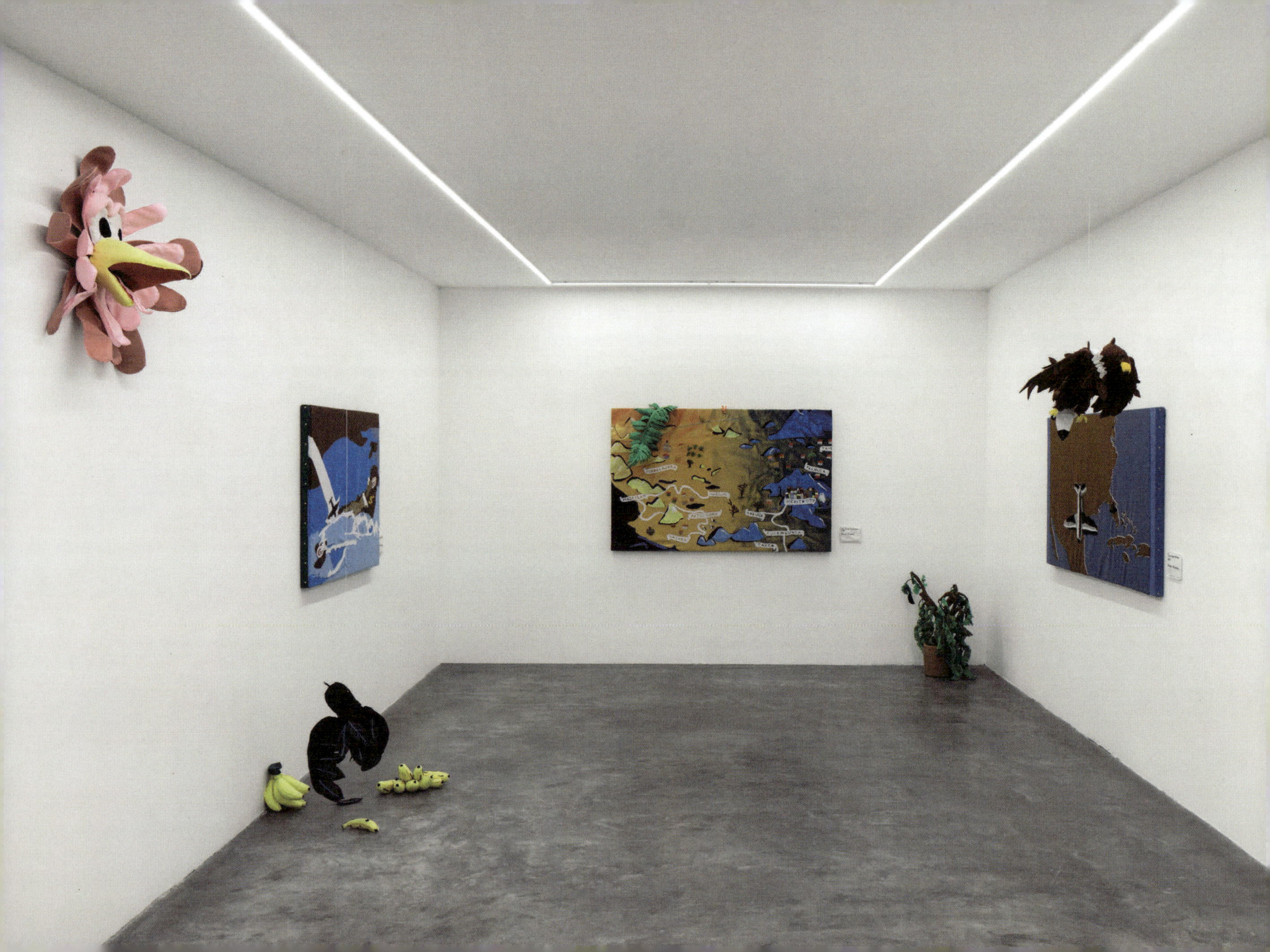

INSTITUTE OF PACIFIC RELATIONS

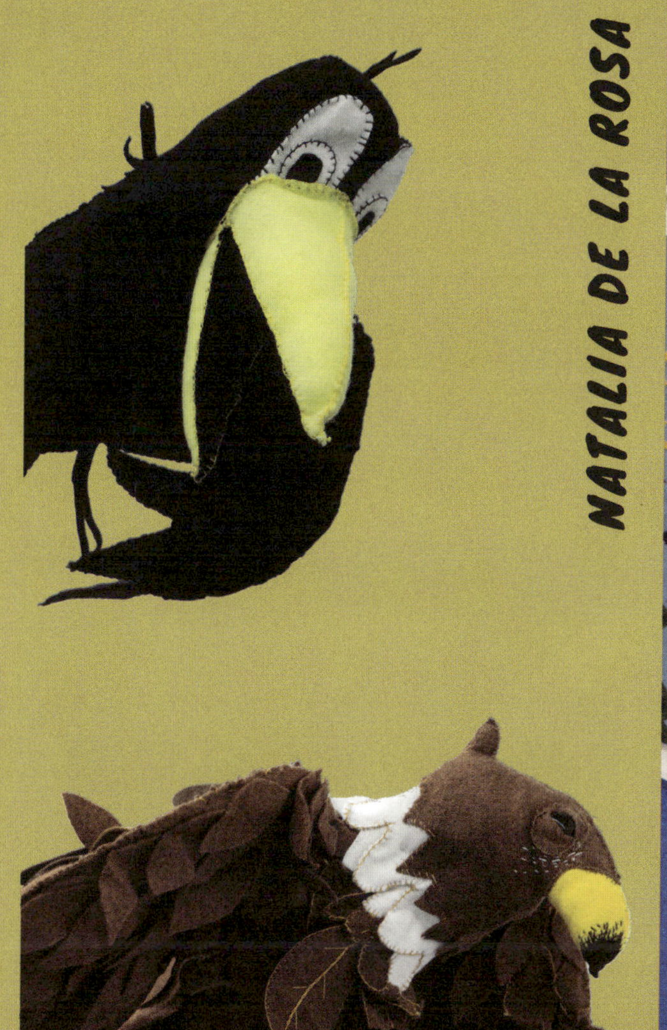

En *Institute of Pacific Relations*, Wendy Cabrera Rubio trabajó un modelo que entrelaza geografía y pintura. Tomó como referencia una serie de mapas-murales que el caricaturista, pintor y geógrafo, Miguel Covarrubias, realizó durante 1939 desde San Francisco, California, con el fin de ilustrar las condiciones económico-culturales de la región. Por medio de un conjunto de seis mapas, Covarrubias quebró los consensos sobre la caracterización del orbe, poniendo al Pacífico en el centro y las relaciones entre América y Asia en los albores de un conflicto armado mundial. El proyecto exploró la geografía cultural desarrollada por Covarrubias a través del pabellón de la Pacific House y la Golden Gate International Exposition (GGIE). Como explica Mónica Ramírez, el modelo de la geografía cultural intentó unir desde la representación gráfica temáticas compartidas por la geografía, la antropología, la arqueología y la ecología. Cabrera Rubio presentó cuatro cartografías en fieltro, en el cual traspasó fragmentos de películas y cortometrajes hechos durante la Segunda Guerra Mundial, específicamente de *The Nazis Strike* (1943), *The Three Caballeros* (1944) y *Victory Through Air Power* (1943). Así, llevó una imagen animada a otro formato para generar un desdoblamiento: del mapa a la animación y de la animación al lienzo. Este muralismo suave fue acompañado por una serie de plantas animadas inspiradas en los diseños de Mary Blair, ilustradora de Walt Disney. Esta artista participó en *Saludos amigos* (1942) y *The Three Caballeros*, proyectos en los que operó como una suerte de agente para los Estados Unidos durante la guerra.

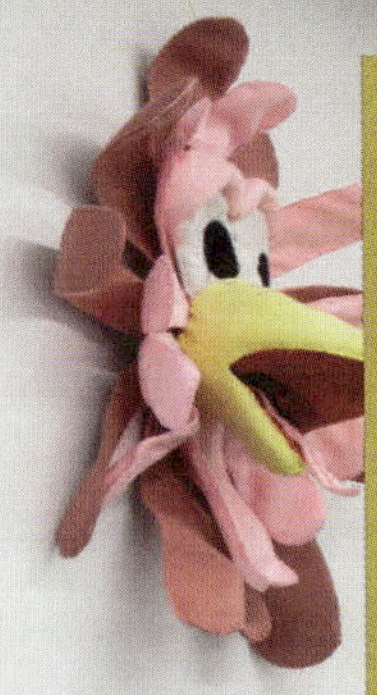

En una segunda sala, se exploraron los cruces entre cartografía y artesanía, así como otro despliegue: el de la artesanía a la imagen animada
y el del cine al objeto artesanal. Una máscara de cerdo, un caballito de
juguete, un diablito y dos zarapes construyeron, a través de un diálogo
y un montaje animado, una alternativa museográfica para la producción
artesanal. Inspirada en la colección del empresario Nelson Rockefeller
y la película *The Three Caballeros*, la artista generó una serie de diseños
producidos por artesanos de Puebla, Tultepec y Oaxaca.

La obra de Wendy Cabrera Rubio propone cruces entre "alta y baja"
cultura, imagen y objeto, narración y acción, a través del trabajo textil
y teatral. Así, explora las relaciones entre estética e ideología presentes
en los mecanismos de producción y distribución de las imágenes.

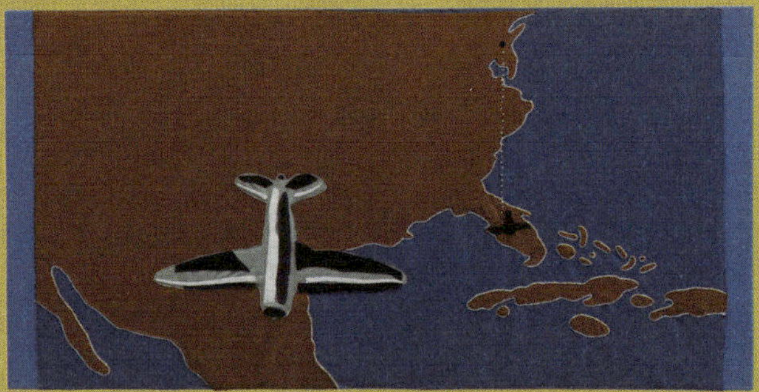

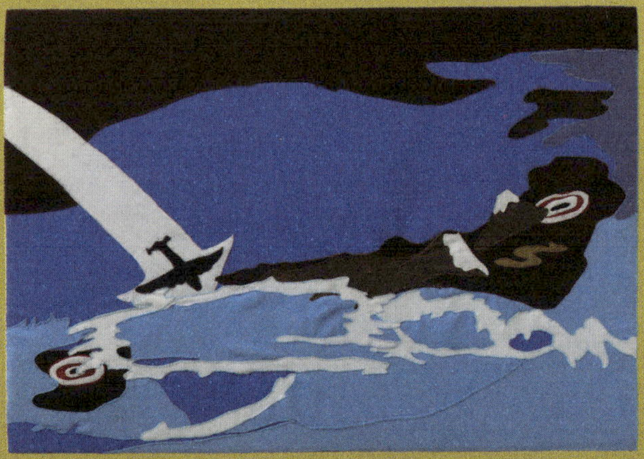

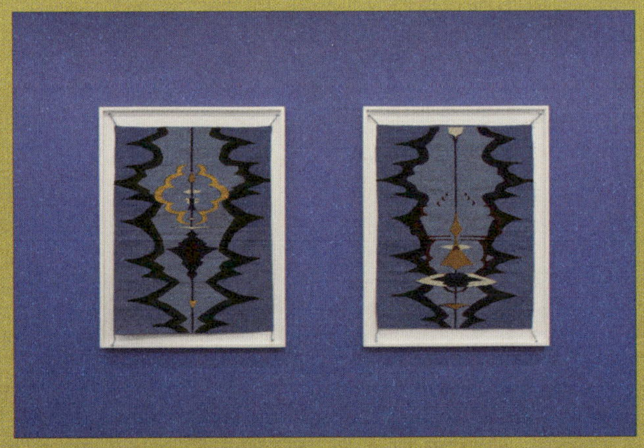

INSTITUTE OF PACIFIC RELATIONS

In *Institute of Pacific Relations*, Wendy Cabrera Rubio produced a model that intertwines geography and painting. As a reference point, she drew inspiration from a series of map-murals conceived by caricaturist, painter, and geographer Miguel Covarrubias in San Francisco, California, in 1939. These map-murals were meant to illustrate the economic and cultural conditions of the region. Through a set of six maps, Covarrubias reconfigured the widely accepted characterization of the globe, placing the Pacific at the center to emphasize the geopolitical relationships between America and Asia at the beginning of an armed global conflict. Cabrera Rubio's project explored Covarrubias' cultural geography through the Pacific House pavilion at the Golden Gate International Exposition. As Mónica Ramírez explains, the model of cultural geography attempted to unite themes that were shared by geography, anthropology, archaeology, and ecology through graphic representation. Cabrera Rubio presented four cartographies rendered in felt, in which she transposed fragments from movies and short films made during World War II, specifically *The Nazis Strike* (1943), *The Three Caballeros* (1944), and *Victory Through Air Power* (1943). In this way, she translated an animated image into another format to generate an unfolding: from the map to the animation and from the animation to the canvas. This soft mural was accompanied by a series of animated plants inspired by Disney illustrator Mary Blair, who contributed to projects in which she operated as a sort of agent for the US during the war, such as *Saludos Amigos* (1942) and *The Three Caballeros*.

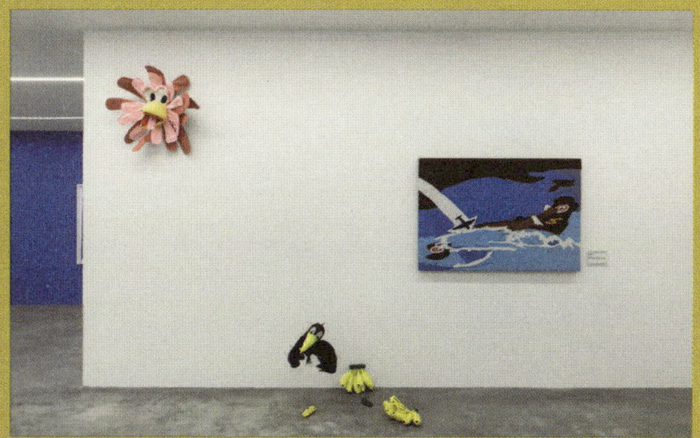

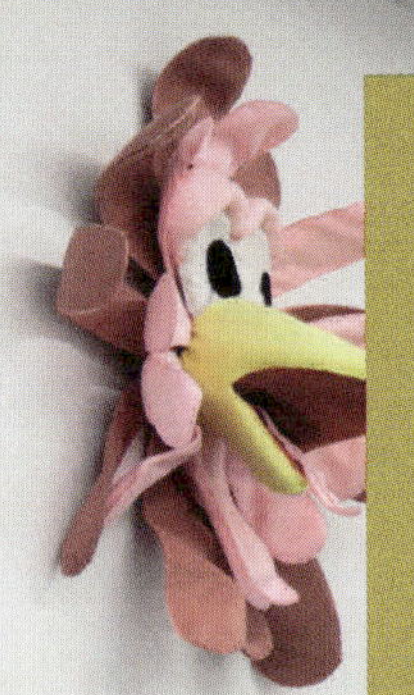

pp. **72, 75, 77** *Institute of Pacific Relations* [Instituto de Relaciones del Pacífico], 2020. Vista de instalación Installation view *Institute of Pacific Relations*, PEANA, Monterrey, México

p. **73 ARRIBA UP:** *Victory Through Air Power* (1943) III [Victoria por aire (1943) III] (detalle detail), 2020. Fieltro sintético cosido a mano sobre bastidor Hand-stitched synthetic felt on stretcher. 92.5 x 133 x 4 cm
ABAJO DOWN: *Victory Through Air Power* (1943) II [Victoria por aire (1943) II] (detalle detail), 2020. Fieltro sintético cosido a mano sobre bastidor Hand-stitched synthetic felt on stretcher. 94 x 183 x 4 cm

p. **74 ARRIBA UP:** *Victory Through Air Power (1943) II* [Victoria por aire (1943) II], 2020. Fieltro sintético cosido a mano sobre bastidor Hand-stitched synthetic felt on stretcher. 94 x 183 x 4 cm
ABAJO DOWN: *Victory Through Air Power (1943) III* [Victoria por aire (1943) III], 2020. Fieltro sintético cosido a mano sobre bastidor Hand-stitched synthetic felt on stretcher. 92.5 x 133 x 4 cm
DERECHA RIGHT: *Donald's Surreal Reverie* [El ensueño surrealista de Donald] You Belong to My Heart [Perteneces a mi corazón], 2020. Telar de pedal y lanzaderas, con hilo de algodón, zarapes del taller de Foot treadle loom and shuttles, with cotton thread, zarapes from the workshop of José de Jesús Mendoza Gutiérrez en Oaxaca. 135.6 x 211.3 x 5 cm

Aha, my friends! ¡Bienvenidos cuentos!
[Ah, ¡mis amigos! Welcome stories], 2020. Fieltro sintético cosido a mano sobre bastidor, caballo de cedro del taller de Hand-sewn synthetic felt on frame, cedar horse from the workshop of Juan Sebastián Vergara Xicohténcatl. 43 x 63 x 4 cm

FOTOGRAFÍAS PHOTOGRAPHS: Michelle Lartigue. Cortesía de Courtesy of PEANA

In a second room, the intersections between cartography and artisanry were explored as another unfolding: from craft to the animated image and from cinema to the handcrafted object. Through dialogue and an animated montage, a pig mask, a toy horse, a little devil, and two zarapes provided the means for a museographic alternative to artisanal production. Inspired by the art collection of businessman Nelson Rockefeller, as well as the film *The Three Caballeros*, the artist generated a series of designs produced by artisans from Puebla, Tultepec, and Oaxaca.

Through textiles and theatrical productions, Wendy Cabrera Rubio's work proposes intersections between high and low culture, image and object, narration and action. In this way, she explores how the mechanisms of production and the distribution of images shape the relationship between aesthetics and ideology.

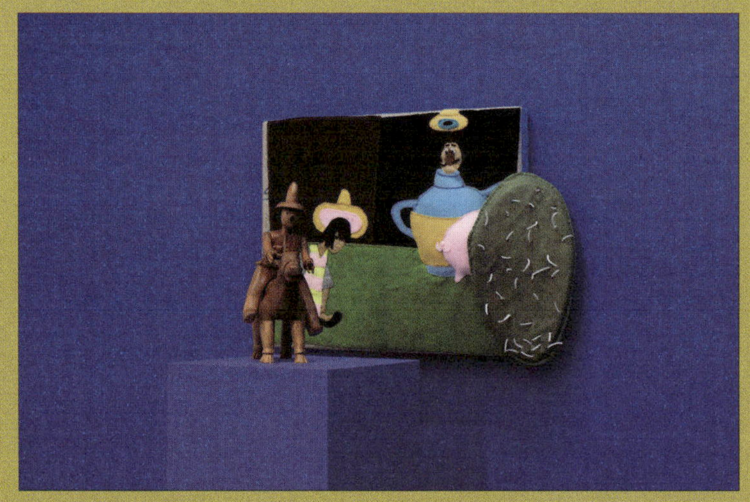

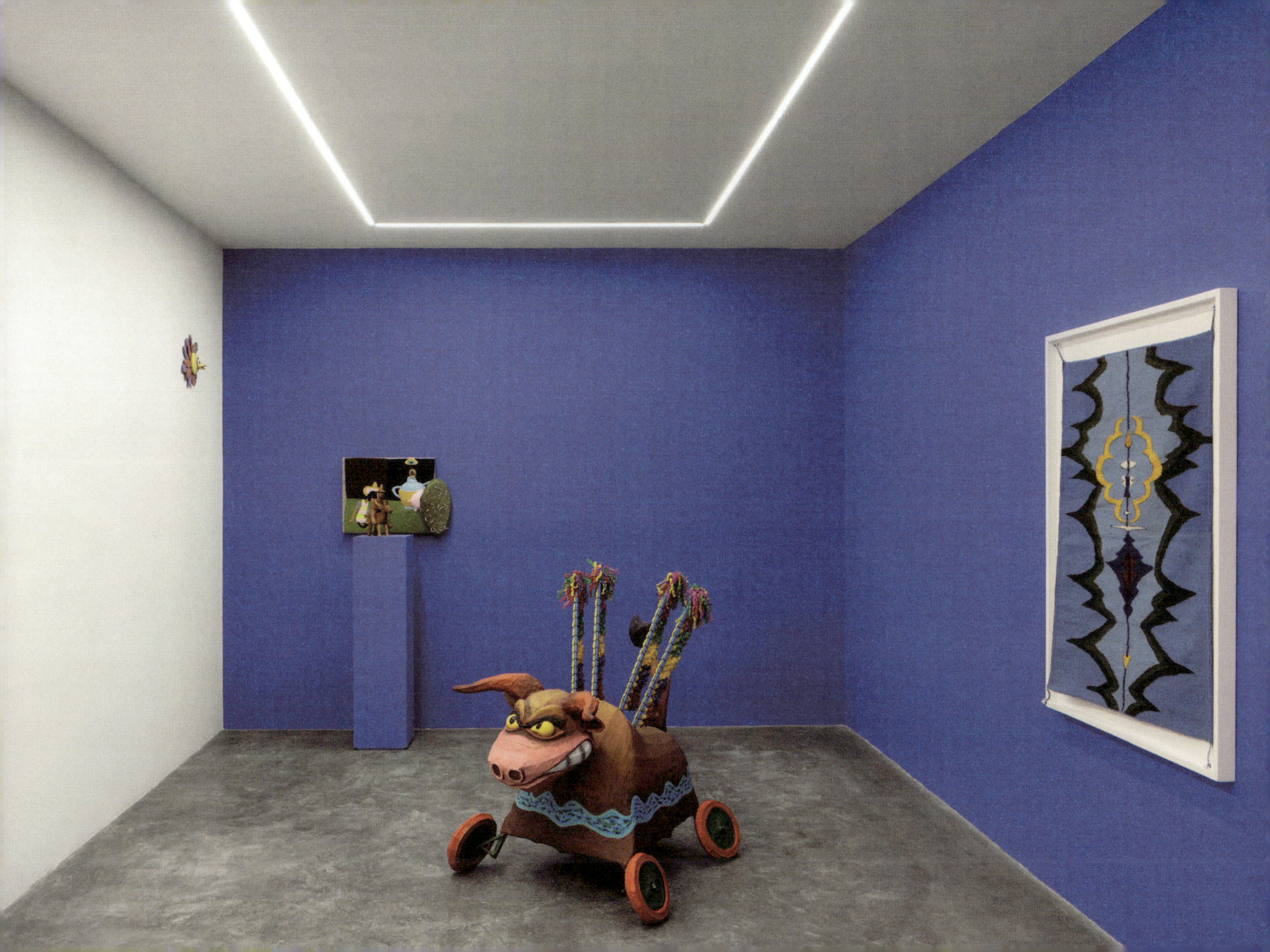

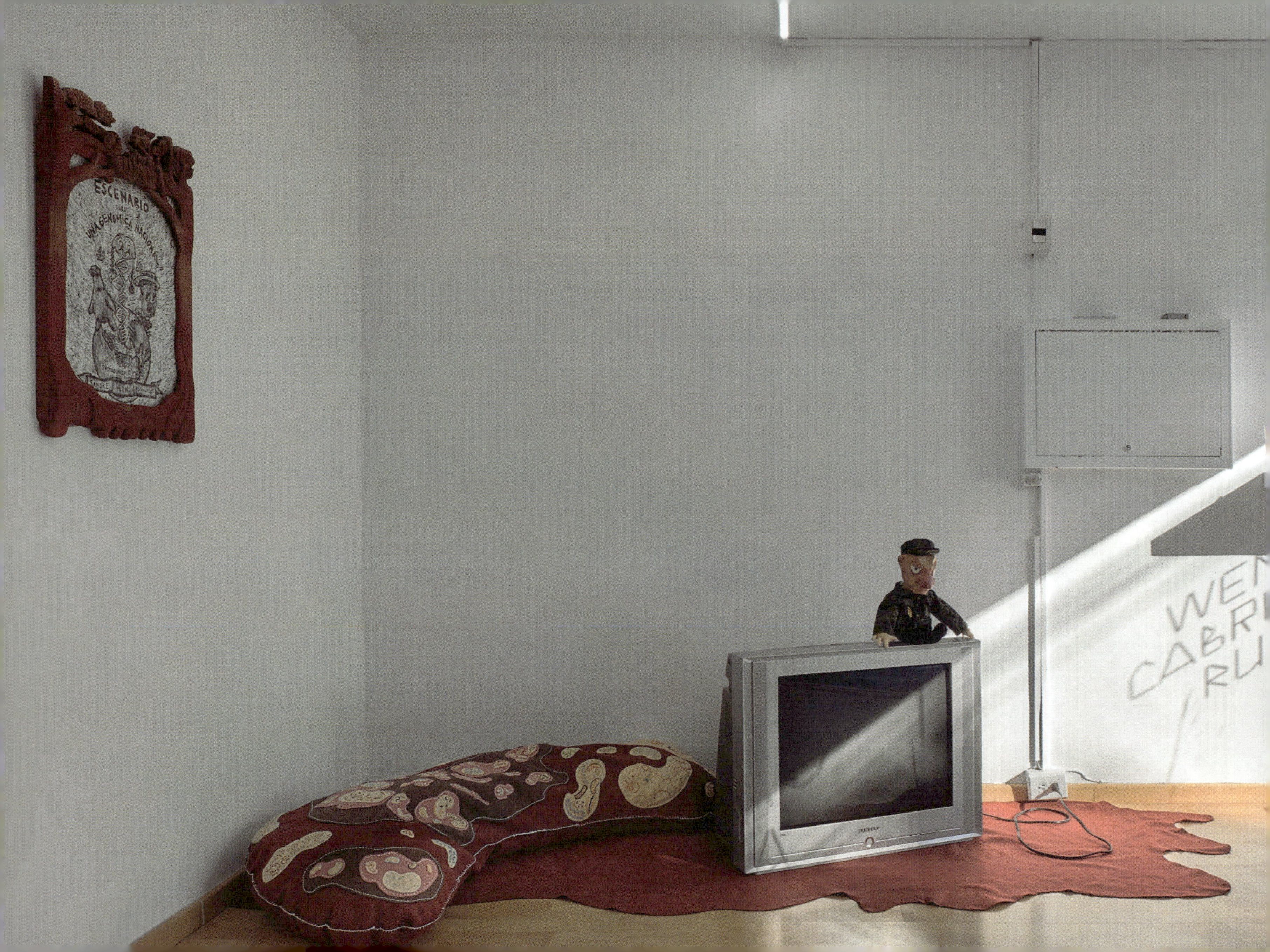

ESCENARIO
UNA GENOMICA NACIONAL

WEN
CABRI
RU

ESCENARIO PARA UNA GENÓMICA NACIONAL

M.S. YÁNIZ

Escenario para una genómica nacional parte de una investigación artística y se despliega en una serie de instancias materiales. Su primera visualidad es una instalación compuesta por esculturas textiles, cuadros bordados, dibujos hechos con sangre mestiza y una obra de teatro que conceptualiza y diluye el entramado de la categoría "mestizaje" desde el juego, la iconografía y la didáctica.

La exposición inicia con un cartel publicitario de la obra de teatro que forma parte de la muestra. Esta pieza introduce el carácter teatral, lúdico y ficcional del acercamiento de Wendy Cabrera Rubio a los procesos históricos. Hace del ADN y de José Vasconselos personajes de su narrativa y utiliza como material artístico el centro temático de su investigación: la sangre mestiza. Dialoga con el imaginario de las artes gráficas del siglo xx, cuando el grabado era una herramienta ideológica de la prensa y del espacio público. Al usar su propia sangre como tinta de impresión para sus grabados, Cabrera Rubio nacionaliza el medio pictórico al tiempo que dota de mexicanidad a los personajes que ilustra. Junto al cartel aparece la pintura *El mestizo como protagonista de la historia nacional y el estado guardián del territorio nacional* (2021), que es una paráfrasis del mural de Diego Rivera, *Flora microbiana: Higiene y microbiología* (1929) ubicado en la Secretaría de Salud, el primer inmueble construido por el gobierno posrevolucionario.

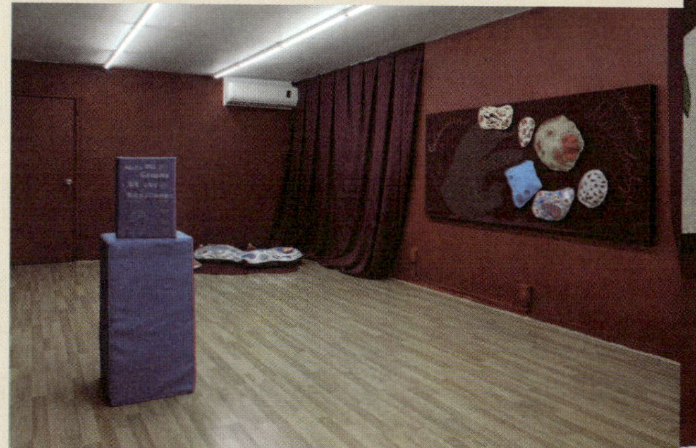

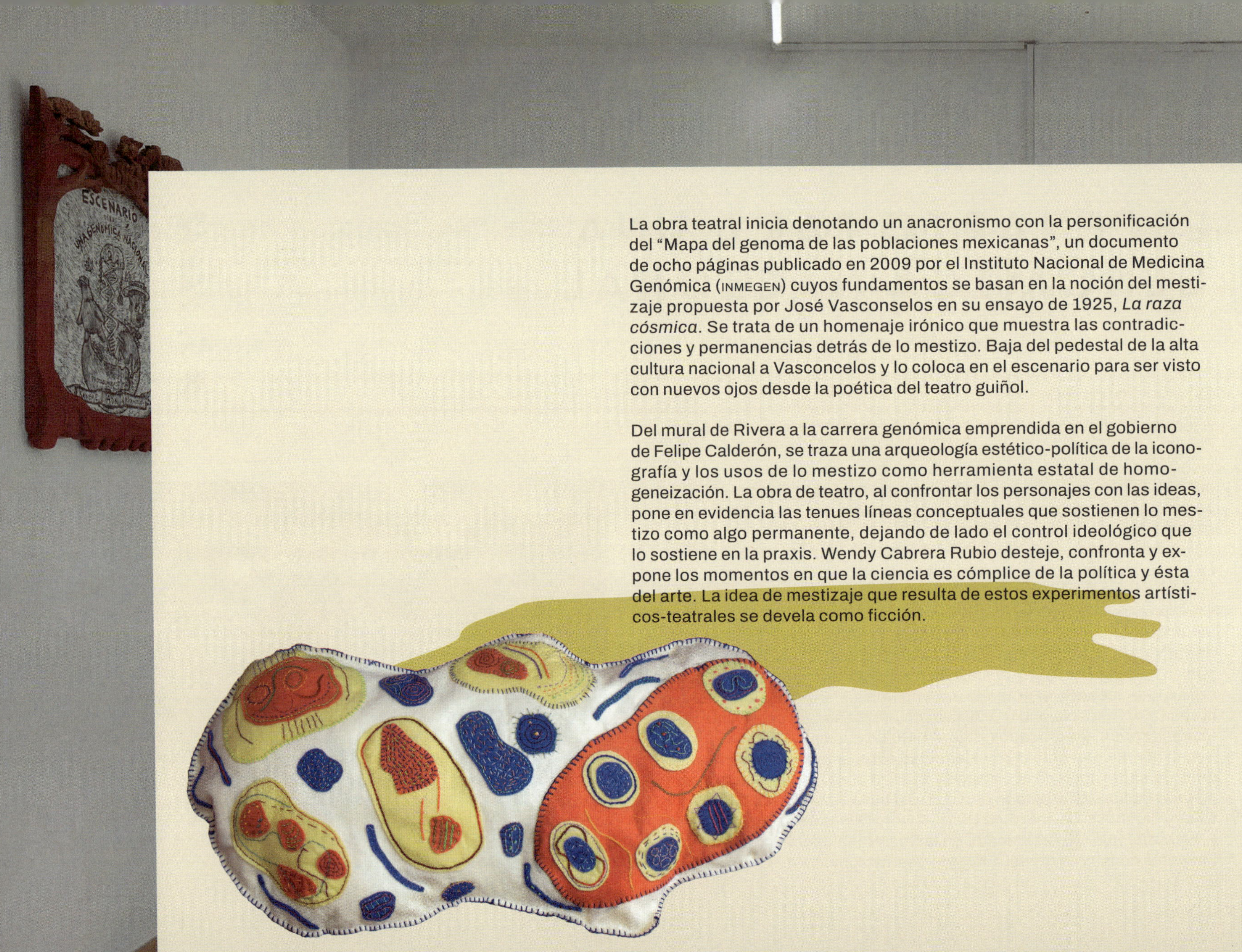

La obra teatral inicia denotando un anacronismo con la personificación del "Mapa del genoma de las poblaciones mexicanas", un documento de ocho páginas publicado en 2009 por el Instituto Nacional de Medicina Genómica (INMEGEN) cuyos fundamentos se basan en la noción del mestizaje propuesta por José Vasconselos en su ensayo de 1925, *La raza cósmica*. Se trata de un homenaje irónico que muestra las contradicciones y permanencias detrás de lo mestizo. Baja del pedestal de la alta cultura nacional a Vasconcelos y lo coloca en el escenario para ser visto con nuevos ojos desde la poética del teatro guiñol.

Del mural de Rivera a la carrera genómica emprendida en el gobierno de Felipe Calderón, se traza una arqueología estético-política de la iconografía y los usos de lo mestizo como herramienta estatal de homogeneización. La obra de teatro, al confrontar los personajes con las ideas, pone en evidencia las tenues líneas conceptuales que sostienen lo mestizo como algo permanente, dejando de lado el control ideológico que lo sostiene en la praxis. Wendy Cabrera Rubio desteje, confronta y expone los momentos en que la ciencia es cómplice de la política y ésta del arte. La idea de mestizaje que resulta de estos experimentos artísticos-teatrales se devela como ficción.

A STAGE FOR NATIONAL GENOMICS

A Stage for National Genomics emerges from artistic research and unfolds in a series of material instances. Its first visual manifestation is an installation composed of textile sculptures, embroidered paintings, drawings made with mestizo blood, and a theater piece that conceptualizes and dilutes the category of the "mestizo" through play, iconography, and didactics.

The exhibition opens with a poster publicizing the play that forms part of the show. This piece introduces Wendy Cabrera Rubio's theatrical, playful, and fictional approach to historical processes. She creates characters out of DNA and José Vasconcelos, using them as artistic resources to develop the central topic of her research: mestizo blood. She engages in a dialogue with an imaginary of the graphic artists of the 20th century, a period when engraving served as an ideological tool circulating in the press and in the public space. By using her own blood as the ink for her prints, Cabrera Rubio nationalizes the pictorial medium while endowing the characters she illustrates with a sense of Mexicanness. Next to the poster is a painting entitled *El mestizo como protagonista de la historia nacional y el estado guardián del territorio nacional* [The Mestizo as Protagonist of National History and the State as Guardian of National Territory] (2021). This title is a paraphrase of a mural by Diego Rivera entitled *Flora microbiana: Higiene y microbiología* [Microbial Flora: Hygiene and Microbiology] (1929), located at the Secretariat of Health, the first building constructed by the post-revolutionary government.

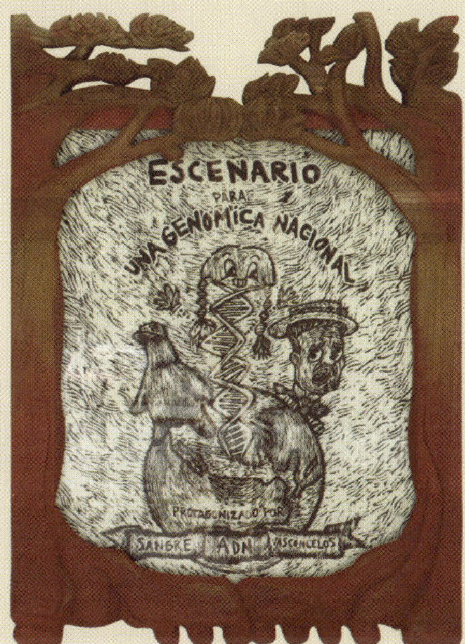

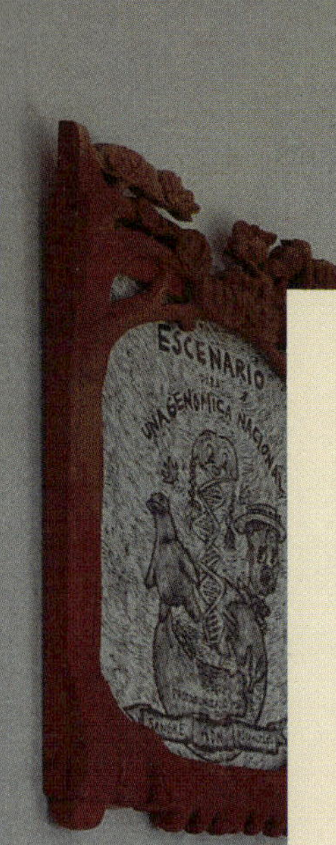

The theater piece begins by drawing our attention to an anachronism: the personification of a "Genomic Map of the Mexican Population," an eight-page document published in 2009 by the Instituto Nacional de Medicina Genómica (INMEGEN), whose principles are based on the notion of *mestizaje* proposed by José Vasconcelos in his 1925 essay, *La raza cósmica* [The Cosmic Race]. It is an ironic homage that reveals the contradictions and enduring features behind the concept of the mestizo. She takes Vasconcelos down from the altar of national high culture and places him on the stage to be seen with fresh eyes through the poetics of the puppet theater.

From Rivera's mural to Felipe Calderón's race to instrumentalize the power of genomics, there is an aesthetic-political archaeology that traces the iconography of the mestizo and its co-optation as a state tool for homogenization. By confronting the play's characters with these ideas, the theater piece unveils the tenuous conceptual lines that sustain the idea of the mestizo as something permanent, setting aside the ideological control that sustains it in praxis. Wendy Cabrera Rubio unravels, confronts, and exposes the moments in which science becomes an accomplice of politics, and politics an accomplice of art. The idea of mestizaje that results from these artistic-theatrical experiments is thus revealed as a fiction.

pp. 78, 79 *Escenario para una genómica nacional* [A Stage for National Genomics], 2021. Vista de instalación Installation view *Escenario para una genómica nacional,* Luis Galería, Guadalajara

p. 80 *Unseen Enemy 3* [Enemigo invisible 3], 2021. Fieltro sintético, relleno sintético Synthetic felt, synthetic padding. 78 x 40 x 18 cm

p.81 *Sangre y genética humana en la posrevolución mexicana* [Blood and Human Genetics in the Post-Revolutionary Mexico], 2021. Xilografía con sangre de la artista 0 + 55.2% de ascendencia genómica amerindia, 41.8% de ascendencia genómica europea, 3.5% de ascendencia genómica africana Xylography with blood from the artist 0 + 55.2% Amerindian genomic ancestry, 41.8% European genomic ancestry, 3.5% African genomic ancestry. 60 x 50 cm

Fotografías Photographs: Noemi García. Cortesía de la artista Courtesy of the artist

Este proyecto fue realizado con el apoyo del This project was supported by the Sistema de Apoyos a la Creación y Proyectos Culturales FONCA

ESCENARIO PARA UNA GENÓMICA NACIONAL

En el último tercio del siglo XIX el concepto de lo *mestizo* empezó a consolidarse en lo que hoy se conoce como Latinoamérica. La invención del ser mestizo a partir de la lengua también potencializó el bosquejo de la construcción del territorio habitado por él.

En medio del debate en torno a lo que debía ser la nación mexicana, al sur del país surgió el Teatro Petul. Operando en brigadas educativas dentro de comunidades indígenas, el teatro guiñol se utilizó como herramienta para conformar una sola identidad nacional dentro de la cual era indispensable la homogeneización y unificación de la lengua. La castellanización y la higiene se volvieron primordiales para estas campañas.

Para el 2004, en México se fundó por decreto oficial el INMEGEN, que al siguiente año anunció el proyecto para determinar variaciones genéticas comunes en la población mestiza de diferentes regiones del país. Los resultados se hicieron públicos en el 2009, bajo el título *Mapa del genoma de las poblaciones mexicanas*.

Para la exposición *Escenario para una genómica nacional*, Wendy Cabrera Rubio hace una revisión de los murales de Diego Rivera que se encuentran en la Secretaría de Salud en la Ciudad de México, y en la Capilla Riveriana de la Universidad Autónoma Chapingo en Texcoco, para tomar de ellos la representación de las células que conforman la sangre. En este escenario se construye una conversación entre el *Mapa del genoma de las poblaciones mexicanas*, José Vasconcelos y el ADN. La pieza conjunta tres momentos históricos: el que refiere al proyecto

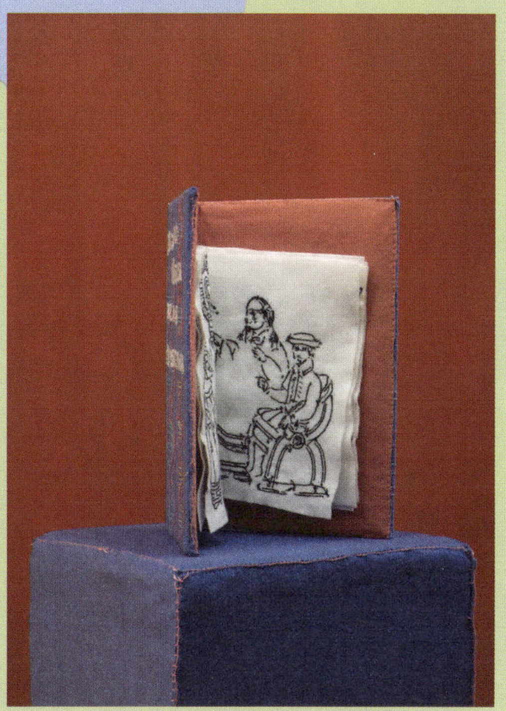

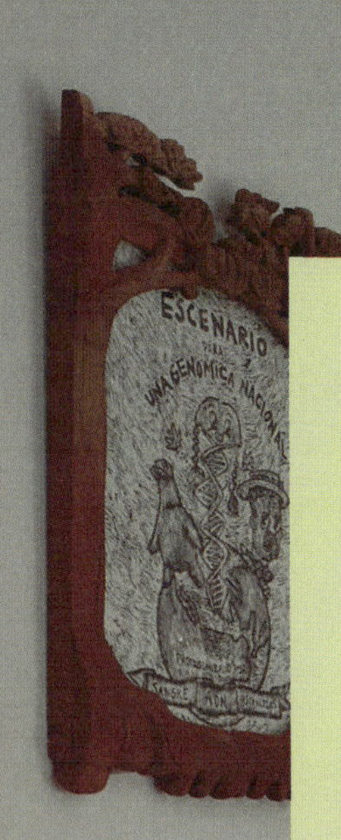

cultural y educativo vasconcelista; el movimiento genetista; y el contemporáneo, en donde hayamos lecturas críticas a conceptos utilizados anteriormente, como la raza, el pueblo y los grandes ideales en pro de la ciencia. Desde la teatralidad, se ficciona un discurso que se contradice a sí mismo conforme avanza y que, de forma satírica, representa un hipotético momento cumbre de consolidación del proyecto federal vasconcelista años después de ser imaginado.

Para la serie de xilografías realizadas con su propia sangre, la artista recupera el vínculo del Estado mexicano con Disney en la generación de materiales didácticos que refuerzan los ideales del proyecto Estado nación. Desde sus múltiples formatos, la muestra nos lleva de nuevo a la función pedagógica, didáctica y lúdica del arte y la potencia política e ideológica de la enseñanza y de los procesos colectivos que en ésta se desarrollan.

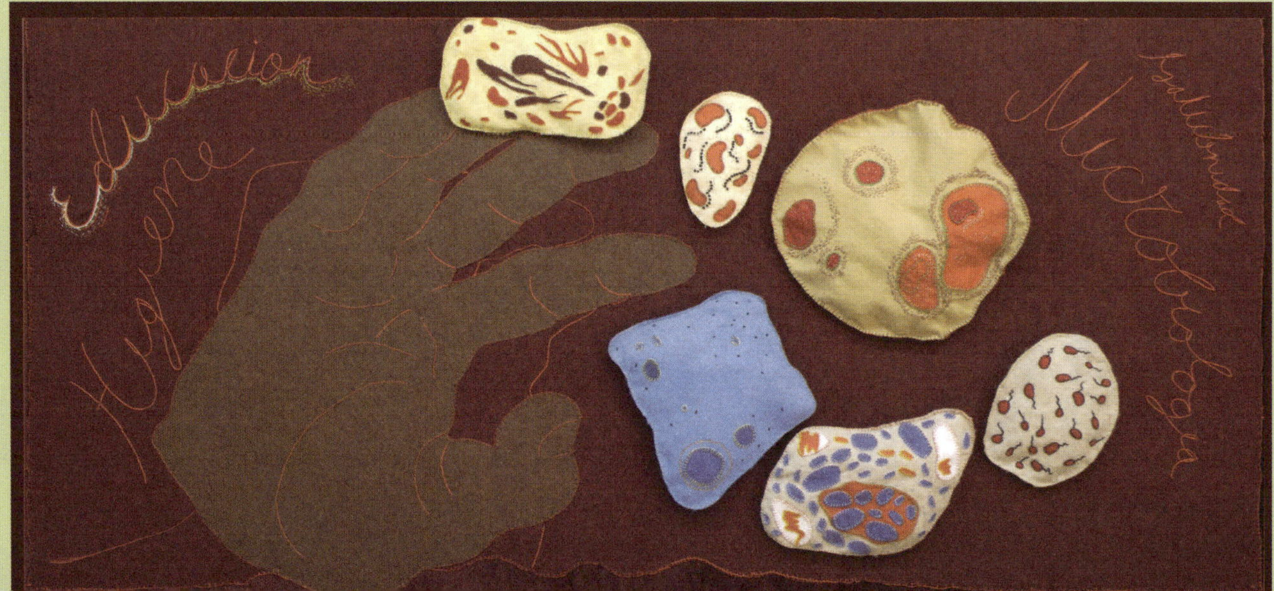

A STAGE FOR NATIONAL GENOMICS

During the last third part of the 19th century the concept of the *mestizo* began to consolidate in what we now know as Latin America. The invention of the mestizo through language also potentiated the outlines of the territories they inhabited.

Amid debates surrounding what the Mexican nation should be, Teatro Petul emerged in the southern part of the country. Operating in educational teams within Indigenous communities, the puppet theater was used as a tool to shape a single national identity, with which the homogenization and unification of language was indispensable. Castilianization and hygiene became paramount to these campaigns.

In 2004, the Instituto Nacional de Medicina Genómica was founded in Mexico by official decree. In the following year, they announced that they were working on a project to determine the common genetic variations in the mestizo population of different regions of the country. The results were published in 2009 under the title "Mapa del Genoma de Poblaciones Mexicanas" [Genomic Map of the Mexican Population].

For her exhibition entitled *Escenario para una genómica nacional* [A Stage for National Genomics], Wendy Cabrera Rubio revisits the Diego Rivera murals in the Secretariat of Health in Mexico City and the Capilla Riveriana at the Universidad Autónoma Chapingo in Texcoco to appropriate Rivera's representations of blood cells. In this scene, she constructs a conversation between the "Genomic Map of the Mexican

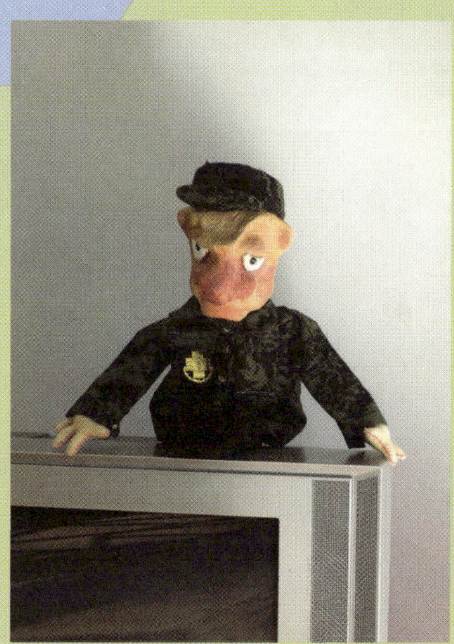

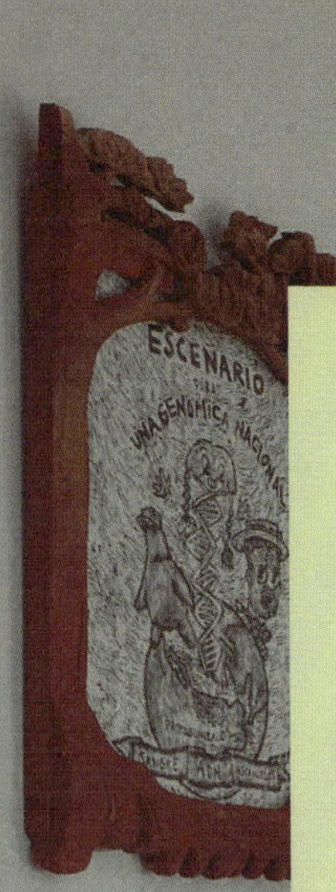

p. 83 *Genómica y raza en la biomedicina mexicana* [Genomics and Race in Mexican Biomedicine], 2021. Fieltro sintético, tablero de espuma Synthetic felt, foamboard. 42 x 29 x 5 cm

p. 84 *El mestizo como protagonista de la historia nacional y el estado guardián del territorio nacional* [The Mestizo as the Protagonist of National History and the Guardian State of the National Territory], 2021. Fieltro sintético, velcro, terciopelo sintético Synthetic felt, velcro, synthetic velvet. 100 x 214 cm

p. 85 *Soberanía Genómica* [Genomic Sovereignty], 2021. Papel maché, tela sintética, pin metálico Papier mâché synthetic fabric, metallic pin. 49 x 40 x 18 cm

p. 86 *Unseen Enemy 4* [Enemigo invisible 4], 2021. Fieltro sintético, relleno sintético Synthetic felt, synthetic padding. 74 x 39 x 16 cm

p. 90 *Para ceñir una nación mezclada* [To Surround a Mixed Nation], 2021. Fieltro sintético, terciopelo sintético, limpiapipas Synthetic felt, synthetic velvet, pipe cleaners. 128 x 100 cm

p. 91-92 *Wendy Cabrera Rubio & Carlos Martínez, Escenario para una genómica nacional* [A Stage for National Genomics], 2021. Video, 12' 50''. Cortesía de lxs artista Courtesy of the artists

p. 93 *Escenario para una genómica nacional* [A Stage for National Genomics], 2021. Vista de instalación Installation view Escenario para una genómica nacional, Luis Galería, Guadalajara

FOTOGRAFÍAS PHOTOGRAPHS: Noemi García. Cortesía de la artista Courtesy of the artist

Este proyecto fue realizado con el apoyo del This project was supported by the Sistema de Apoyos a la Creación y Proyectos Culturales FONCA

Population," José Vasconcelos, and DNA. The piece brings together three historic moments: one that refers to Vasconcelos's cultural and educational project, the geneticist movement, and the contemporary moment in which we find critical readings of previously-used concepts such as race, "the people," and the grandeur of science. Through theatricality, she fictionalizes a discourse that contradicts itself even as it progresses, a discourse that satirically represents a hypothetical apotheosis of Vasconcelos's federal project years after it was initially imagined.

In a series of woodcuts made with her own blood, the artist uncovers the link between the Mexican state and Disney in the creation of didactic materials that reinforce the project of the nation-state. Through multiple formats, the exhibition takes us back to the pedagogical, didactic, and playful function of art, the political and ideological power of teaching, and the collective processes that develop within it.

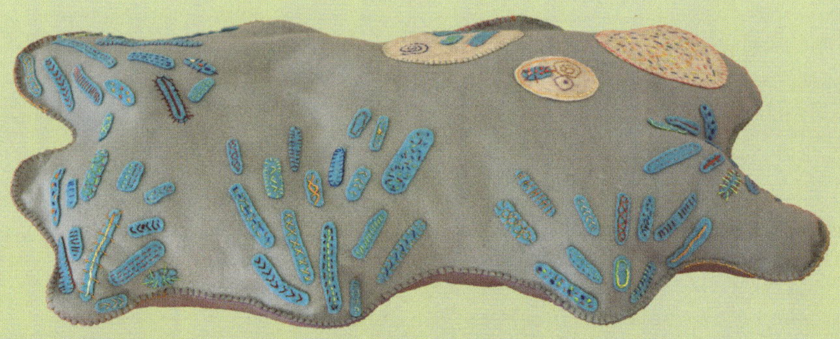

PERSONAJES

ÁCIDO
DESOXIRRIBONUCLEICO(ADN)
SANGRES PROLETARIAS
JOSÉ VASCONCELOS
LIBRO DEL INSTITUTO NACIONAL
DE MEDICINA GENÓMICA

LIBRO

Muy buenos días, haplotipos de toda índole. Tenemos el placer de escuchar al maestro José Vasconcelos, ominoso intelectual que con sus programas públicos nos ayudó a vislumbrar la cultura como poder y el poder como cultura. Por su raza hablará su espíritu (el santo y el hegeliano).

Vasconcelos entra. El público aplaude.

VASCONCELOS

Muchas gracias por tan generosa presentación. Me gustaría aprovechar la hospitalidad del Torrente Sanguíneo, una institución comprometida con la verdad y la soberanía genómica nacional.

El Libro se pone en los brazos de Vasconcelos. Escena erótica entre Vasconcelos y el Libro.

VASCONCELOS

Mira nada más. Sin duda, el instinto nativo de refinamiento

VASCONCELOS

Quiero dedicar esta presentación al mestizo, el protagonista de la historia nacional y al Estado, guardián del territorio.

Mientras Vasconcelos habla, las Sangres proletarias salen de la tumba de los mártires agrarios y trabajan en sus asuntos de sangre.

He buscado un plan de formación de la nueva especie. La raza más apta para imponer semejante ley —la de lo estético—, en la vida y en las cosas, será la raza de la nueva era de civilización: la gente mestiza de Iberoamérica.

La ciencia que hemos enseñando en nuestras escuelas no era la adecuada para este propósito; por el contrario, era la ciencia para justificar las metas del conquistador y el imperialista, que vino a ayudar a la conquista y la explotación.

Las Sangres llegan con una pancarta que dice:

"La misma ciencia oficial es en cada época un reflejo de esa soberbia de la raza dominante."

VASCONCELOS

Mira nada más. Sin duda, el instinto nativo de refinamiento y belleza dejará su sello, incluso en los rudos resultados de la producción de hierro.

Las Sangres se dan cuenta que Vasconcelos malinterpreta todo lo que hacen y se resignan.

ADN

¿Se divirtieron con el discurso de Vasconcelos? ¡Soy el ADN! Lo que estás viendo aquí es una colorida y didáctica abstracción de mis componentes, ¡guanina!, ¡tiamina!, ¡citocina!, ¡adenina!

Espacio de baile

Debido al giro nacionalista del proyecto, el ADN asumió un canon médico y se lastró con ambiciones históricas y antropológicas, así como con promesas vinculadas al mestizo como símbolo identitario mexicano.

Los humanos comparten el 99% de su ADN. La discusión aquí presente debate el 1% restante. Es absurdo pensar que hay "un genoma típico" que pueda asociarse a una nacionalidad. No es difícil pensar el proyecto del genoma mexicano más cercano a una metáfora publicitaria.

El mestizo se ubica como un elemento aglutinador idealizado que genera fronteras de exclusión al "resolver" la tensión originaria entre

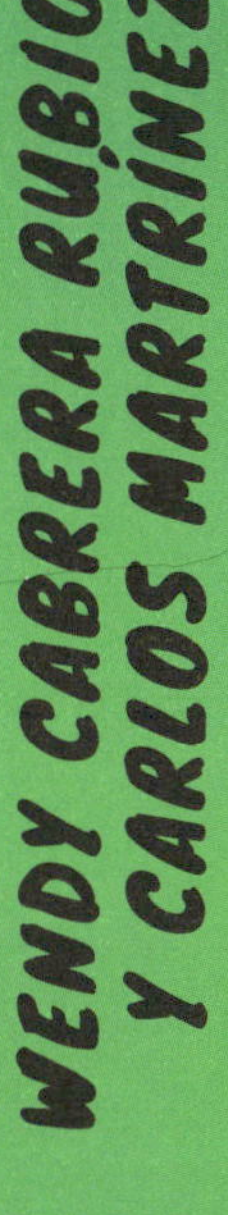

WENDY CABRERA RUBIO
Y CARLOS MARTÍNEZ

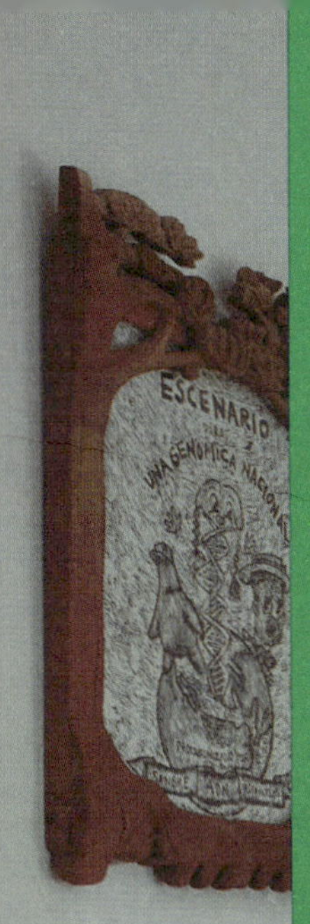

indígenas y españoles. La idea de mestizo surge como solución a la conflictiva situación racial postcolonial de México, "mestizofilia". Ilusiones ideológicas.

LIBRO

Lo que ella quiso decir es que "a medida que se descubre la falsedad de la premisa científica en la que descansa la dominación de las potencias contemporáneas, se vislumbran también en la ciencia experimental las mismas orientaciones que señalan un camino ya no para el triunfo de una sola raza, si no para la redención de todos los hombres".

FIN

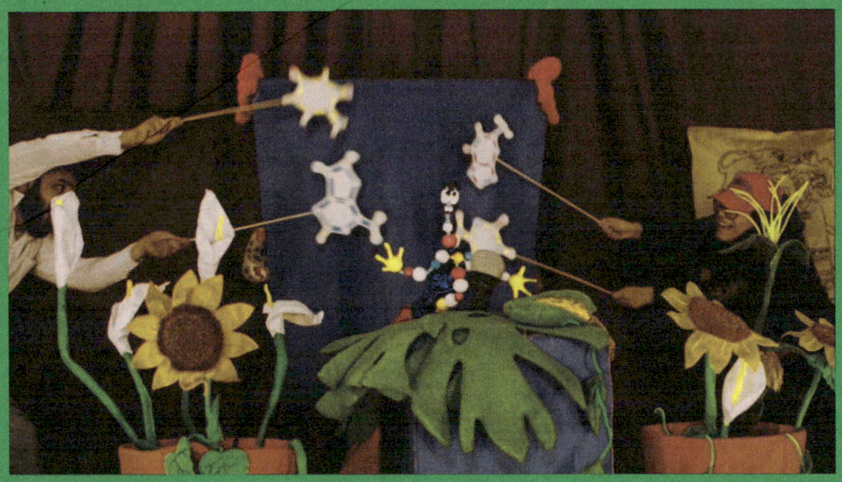

CHARACTERS

DEOXYRIBONUCLEIC ACID (DNA)
PROLETARIAN BLOODS
JOSÉ VASCONCELOS
THE BOOK OF THE INSTITUTE OF NATIONAL GENOMIC MEDICINE

The Book enters the conference space.

BOOK

Good morning, haplotypes of all kinds. Today we are honored to hear from the esteemed José Vasconcelos, a sinister intellectual whose public programs allowed us to envision culture as power and power as culture. Through its race, its spirit will speak (the saintly and the Hegelian).

Vasconcelos enters. The audience applauds.

VASCONCELOS

Thank you so much for the generous introduction. I would like to make the most of the Blood Stream's hospitality, an institution committed to truth and national genomic sovereignty.

The Book is placed in the arms of Vasconcelos. An erotic scene ensues between Vasconcelos and the Book.

VASCONCELOS

I would like to dedicate this presentation to the mestizo, the protagonist of our national history, and to the state, the guardian of our territory.

I've been searching for a plan
for the formation of the new
species. The race best suited
to impose such a law—that of
the aesthetic—in life and in
things, will be the race of a
new era of civilization: the
mestizo people of
Ibero-America.

The science we have previously
taught in our schools was not
adequate for this task; on the
contrary, it was a science
meant to justify the objec-
tives of the conqueror and
imperialist, those who came to
facilitate conquest and
exploitation.

*The Proletarian Bloods emerge
with a banner that reads:*

"The official science itself
is, in each period, a reflection of the pride of the
dominant race."

VASCONCELOS

Look no further. Undoubtedly,
the native instinct for refine-
ment and beauty will leave its
mark, even with the harsh
effects of iron production.

*The Bloods realize that
Vasconcelos is misinterpreting*
*everything they are doing and
give up in resignation.*

DNA

Did you enjoy Vasconcelos's
speech? I am the DNA! What you
see here is a colorful and instructive abstraction of all my
components: Guanine! Thymine!
Cytosine! and Adenine!

Dance space

Due to the nationalist turn of
the project, DNA assumed a medical model and became weighed
down by its historical and anthropological ambitions, in
addition to the promise of the
mestizo as a symbol of Mexican
identity.

Humans share 99% of their DNA.
The discussion here concerns
the remaining 1%. It is absurd
to think there is "a typical
genome" that can be associated
with a nationality. It's easy
to see that the Mexican genome
project is more akin to an
advertising metaphor.

The mestizo is positioned as
an idealized and agglutinating
element that generates borders
of exclusion by "resolving"
the original tension between
the Indigenous people and the
Spaniards. The idea of the
mestizo arose as a solution
to Mexico's conflicting
post-colonial racial situation:
"mestizophilia." Ideological
illusions.

BOOK

What she meant to say is that,
"as we discover the falsity of
the scientific premise upon
which the domination of contemporary power rests, we also
foresee, in experimental
science itself, orientations
that point the way, no longer
for the triumph of a single
race, but for the redemption
of all men."

Applause

END

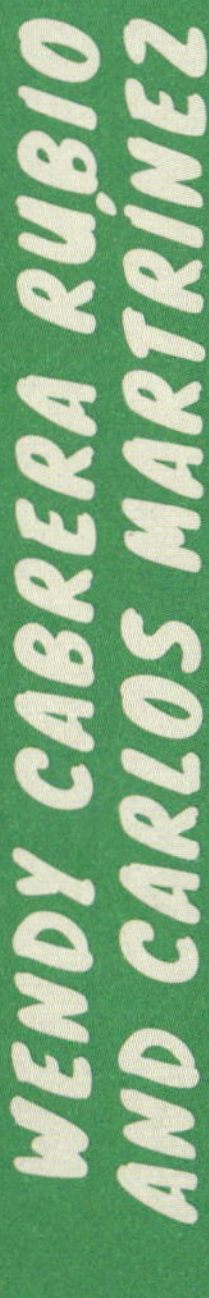

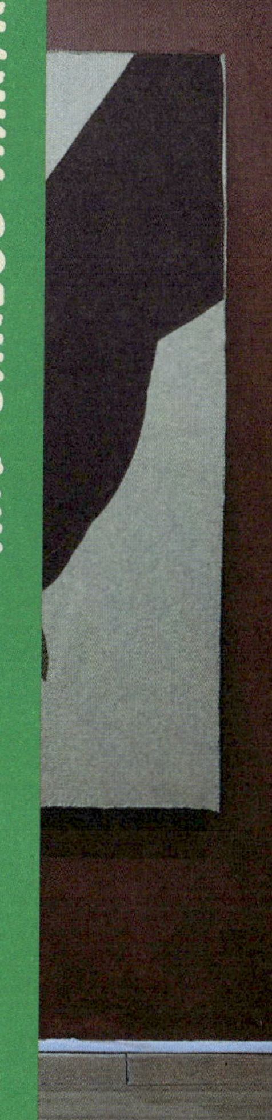

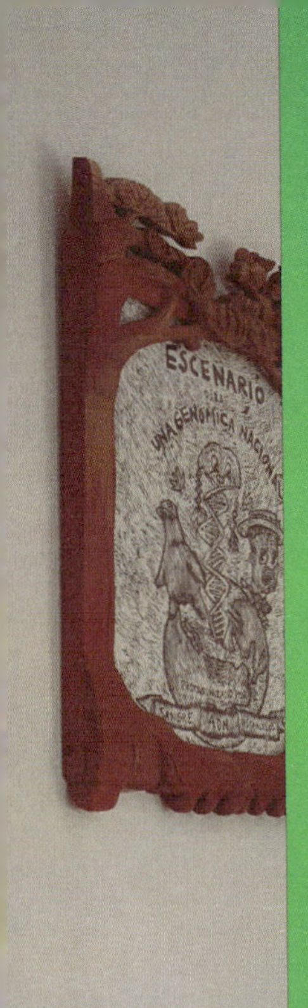

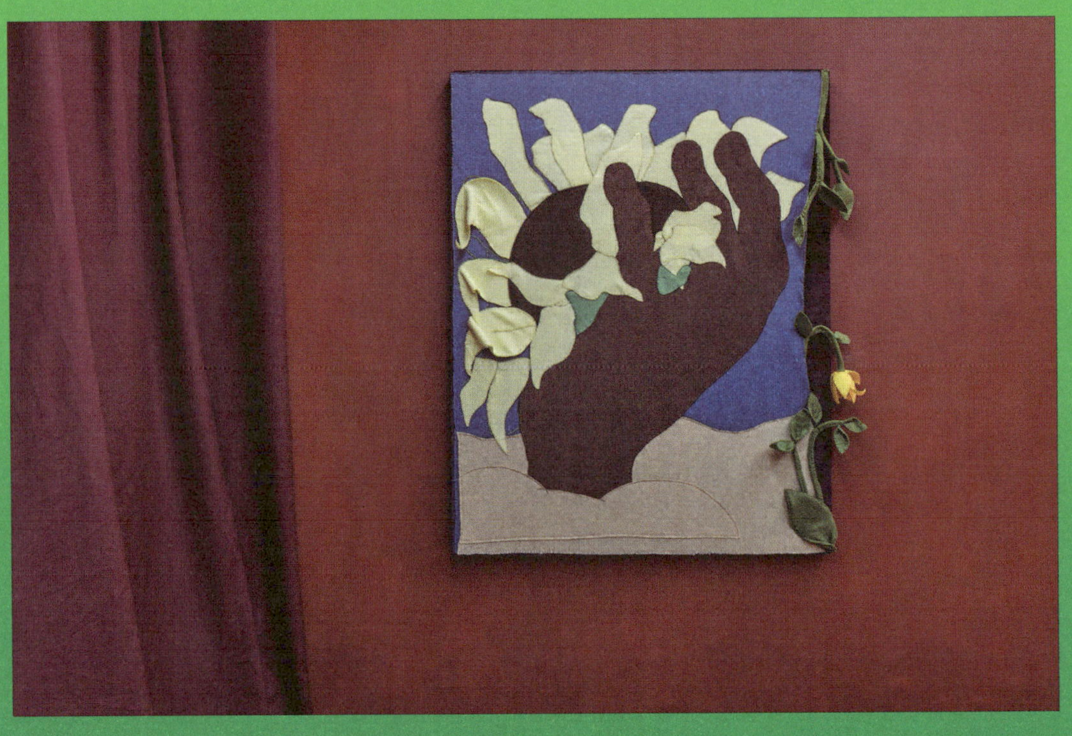

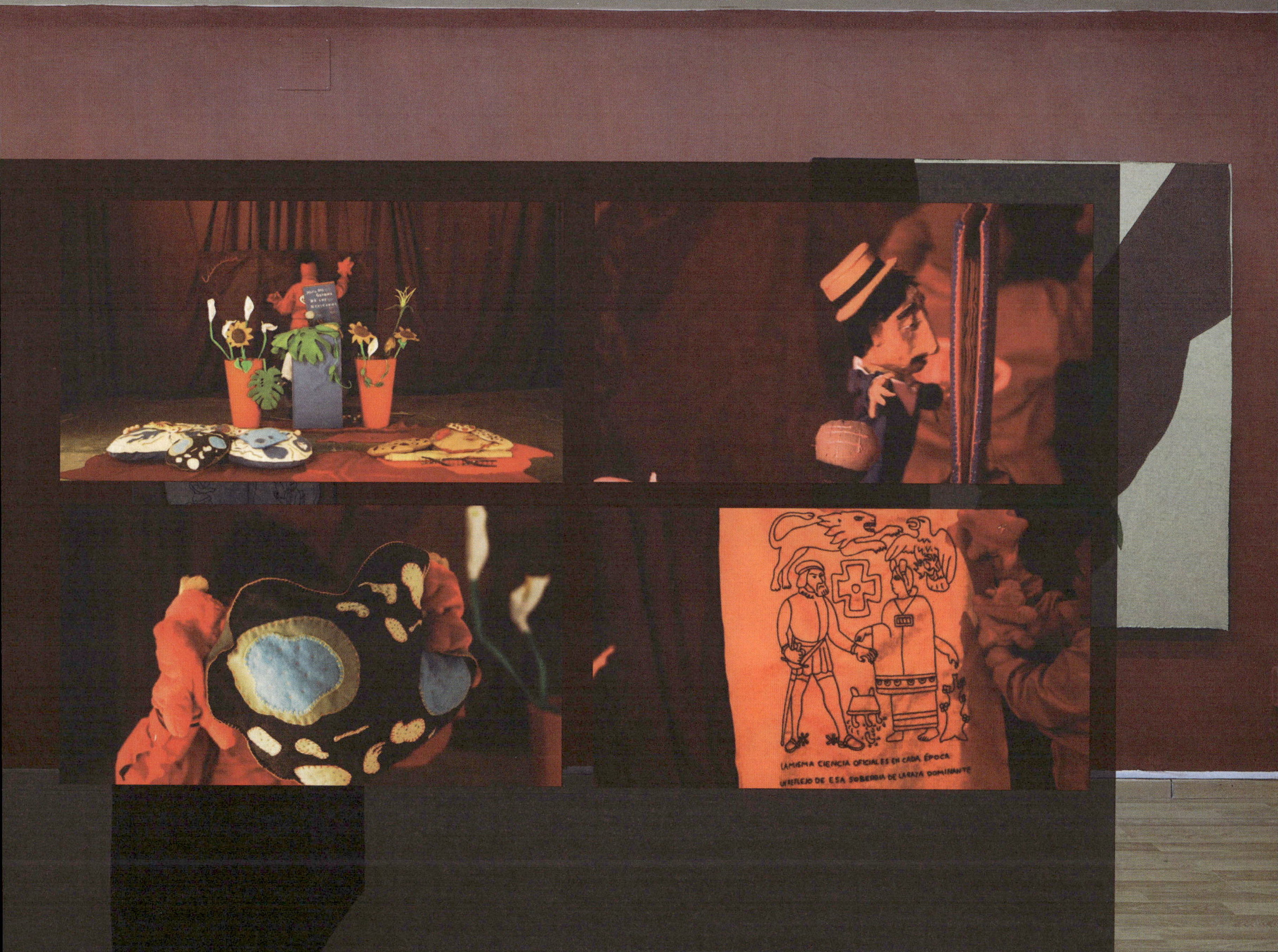
LA MISMA CIENCIA OFICIAL ES EN CADA ÉPOCA
UN REFLEJO DE ESA SOBERBIA DE LA RAZA DOMINANTE

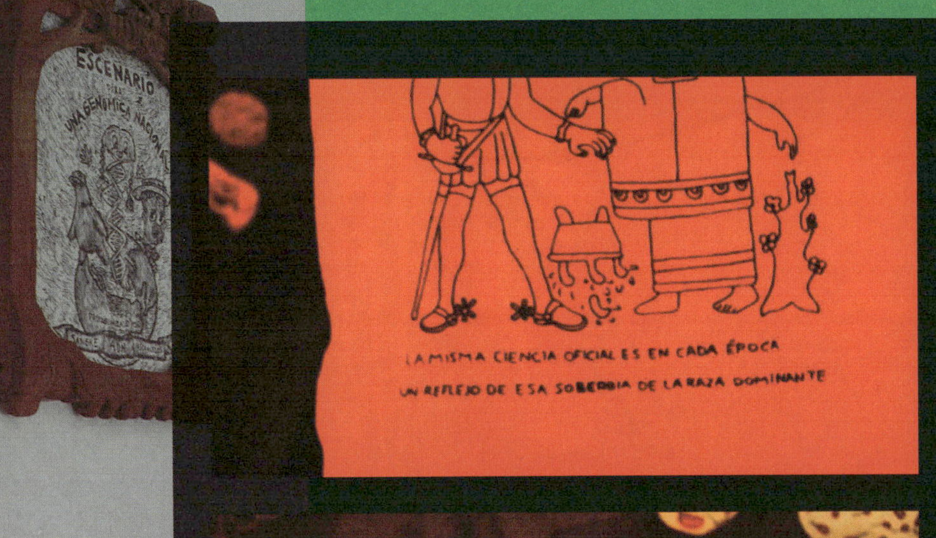
LA MISMA CIENCIA OFICIAL ES EN CADA ÉPOCA
UN REFLEJO DE ESA SOBERBIA DE LA RAZA DOMINANTE

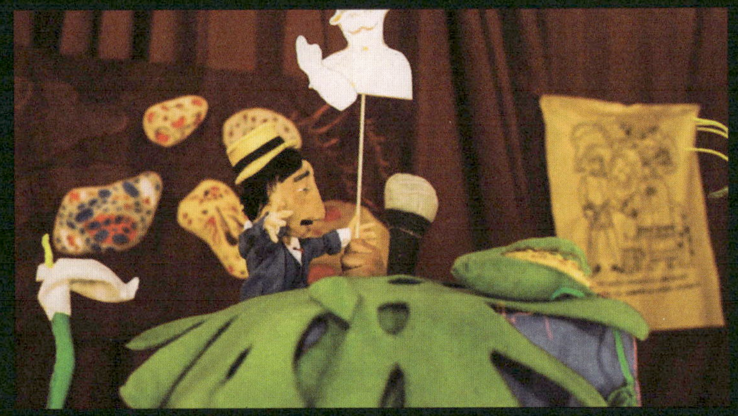

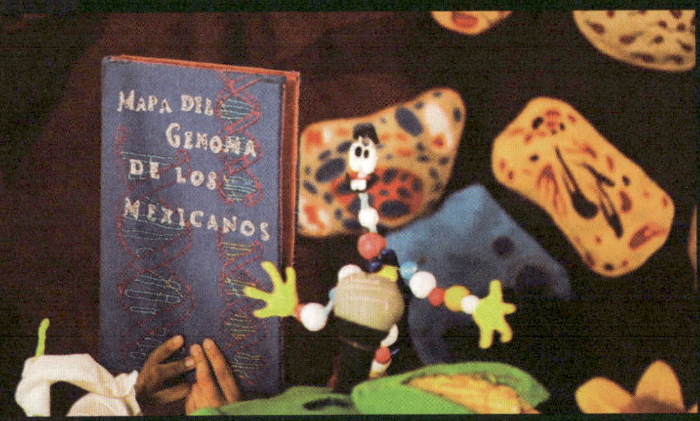
MAPA DEL
GENOMA
DE LOS
MEXICANOS

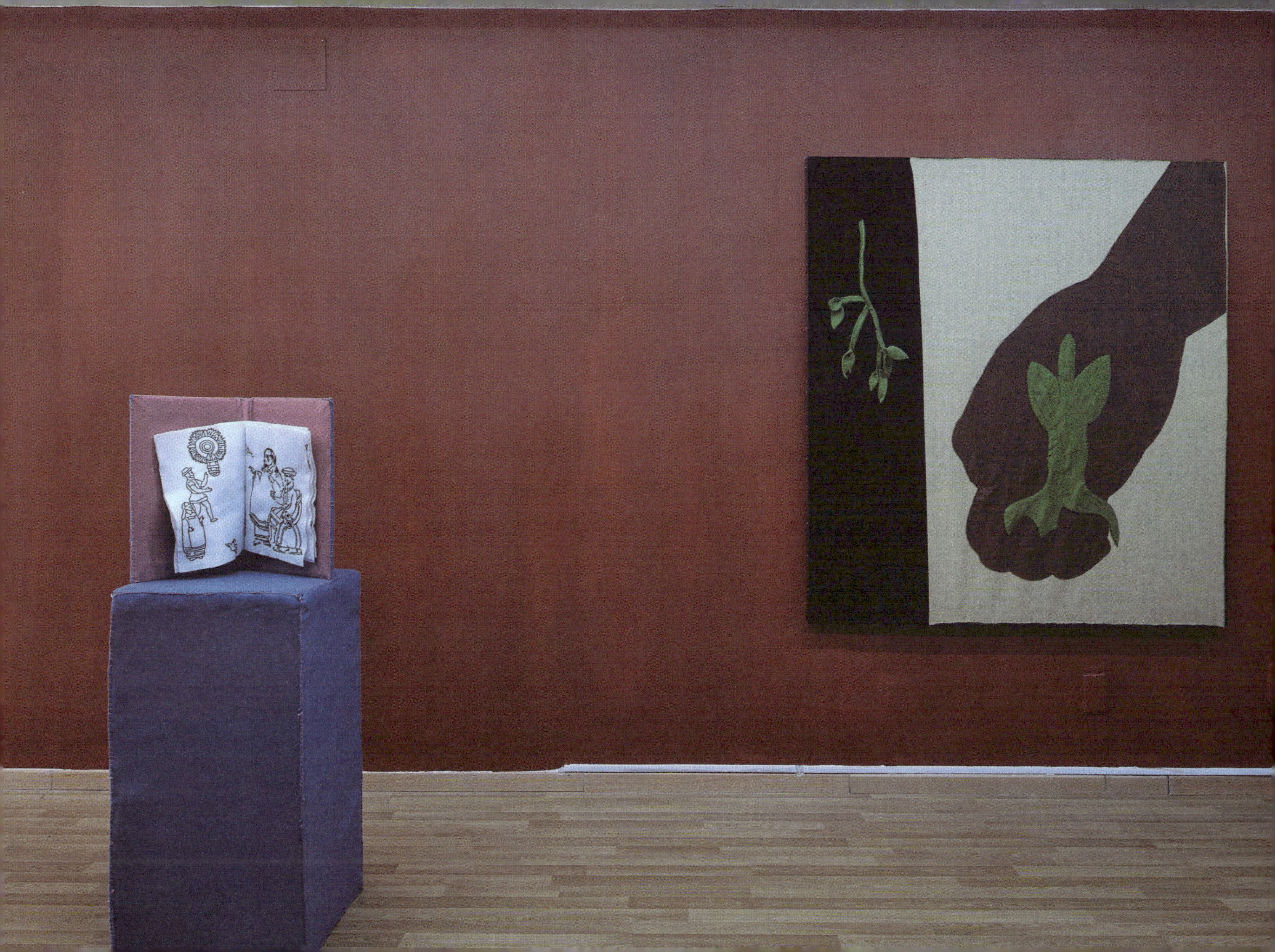

SANGRE PROLETARIA

EDUARDO RAMOS

—¡Miren todes! ¡Miren todes!
  ¡Por allá!
¡Allá a lo lejos! Son gotas.
  Pequeñas gotas rojas. Es la
  sangre proletaria.
Vienen bailando y brincando.
  Tocando sus diminutos
  tambores.

—¡Tudum, tudum! ¡Tudum, tudum!
se escuchaba—.

—¡Parece que nos cantarán una
canción!

Y acercándose con armonía,
  las pequeñas gotas rojas
  empezaron a cantar.

Lo que van a presenciar
es un acto sin igual.
José Vasconcelos por allá
y nosotros por acá.

Filósofo, escritor y también
  educador;
funcionario de educación
  pública,
dueño de un gran corazón
a todos nos conmovió.

Propulsor de la identidad
  mestiza.
Nos llamó la raza cósmica
  y sin reparo
así debemos ser nombrados.

Y con todo su esplendor
nos nombró con gran color.
Siempre habremos de brillar
como el bronce sin igual.

¿Y nosotros quiénes somos?
Somos la sangre proletaria
que viene del campo a labrar
las promesas del mañana.

Decimos mañana, aún no hemos
llegado.
Nos falta camino en este legado
que dejaron nuestros hermanos
al traernos sus presagios.

Presagios de un nuevo lenguaje,
un nuevo idioma que nos unirá
con fuerza en este pasaje.
Caminando siempre sin parar.

Don José nos nombró,
nos dijo qué ser.
Nos dio dirección
para no perecer.

Somos la sangre del pueblo
mamá malinche, papá taurino.

La sangre mestiza
mirando al futuro.

De ahí un nuevo cuerpo está
  por llegar
con nuevos dotes de salubridad.
No debemos demorar
hacia el progreso y la
  modernidad.

Nuevas formas de comunicación,
todos sabremos español.
Dejando atrás todo un pasado
hagamos ese plan a un lado.

Innovación, técnica y
  educación.
Aprendamos de estos mundos
que con justa razón
nos han traído a la nación.

Para engendrar un nuevo cuerpo,
el cuerpo del progreso.
Una raza sin igual,
un nuevo hombre ha de llegar

que creará nuevas visiones,
coherentes con esta era
de continuas mezclas y
  fusiones,
y sobre todo de inclusiones.

Todas las razas han de zarpar
en este viaje intercontinental.
Vamos ya a tomar la mar,
derechito al nuevo hogar.

Y a diestra de nuestros padres
habremos de educarnos ya,
para dejar aquellos lastres
y los campos por allá.

Sumidos en este cuerpo
pulcro, limpio y fuerte,
que a costa de dolor y hambre
sigue mirando al frente.

Por que aguantamos lo que sea
para llegar a esta nueva era,
como la madre que dio su sangre
para este nuevo linaje.

A esta mujer
habremos de alabar
como en la antigua Roma
en un pedestal.

Un útero nacional,
de ahí fuimos a brotar.
Orgullosos hay que estar
del dolor que nos vio llegar.

Porque eso es lo que somos,
hijos de padres valientes,
fusión de ingenio y destreza.
No hay que bajar la cabeza.

Forjaremos así
una nueva nación
para este mundo
en globalización.

Donde todos quepan
y haya lugar.
Nadie se puede
quedar atrás.

¡Ay, hermanos
de la periferia!
No desesperen,
estén alertas.

Ya nos vienen
a ayudar
con este hablar
tan informal.

Para aprender
del brillo y la educación
que nos hará
una gran nación.

Que nadie se quede afuera,
que todos sigan sin fin
en este mundo de a deveras
y en este cambio de matiz.

Canción de Eduardo Ramos
Texto para la exposición individual
Escenario para una genómica nacional
de Wendy Cabrera Rubio en Rectangle,
Bruselas

PROLETARIAN BLOOD

EDUARDO RAMOS

—Look everyone! Look everyone!
  Over
there! Over there in the distance! They're
drops. Little red drops. It's
  the proletarian
blood. They come dancing and
  prancing.
Beating on their tiny drums.

—Tudum, tudum! Tudum, tudum!
You could hear them

—It seems as if they were singing us
a song!

And approaching with harmony,
  the little
red drops began to sing.

What you are about to see
is an act without peer.
Jose Vasconcelos over there
and ourselves over here.

Philosopher, writer, and
  educator;
public education official,
owner of a big heart
touched all of us.

Promoter of the mestizo
  identity.
He called us the cosmic race
and without hesitation
so we must be named.

And with all its splendor
he named us with great color.
We shall always shine
like bronze without a doubt.

And who are we?
We are the proletarian blood
that comes from the field to
  till
the promises of tomorrow.

We say tomorrow, we are not
  there yet.
We still have a long way to go
  in this
legacy

left by our brothers
when they brought us their
  omens.

Harbingers of a new language,
a new idiom that will unite us
with strength in this passage.
Always walking without
  stopping.

Don José named us,
told us what to be.
He gave us direction
so as not to perish.

We are the blood of the people
mama malinche, papa taurino.

Mestizo blood
looking to the future.

From there a new body is about
  to
arrive
with new endowments of
  healthiness.
We must not delay
towards progress and modernity.

New forms of communication,
we will all know Spanish.
Leaving behind a whole past
let's put that plan aside.

Innovation, technology, and
  education.
Let us learn from these worlds
that have rightly
have brought us to the nation.

To engender a new body,
the body of progress.
A race without equal,
a new man is to come

that will create new visions,
coherent with this era
of continuous mixtures and
   fusions,
and above all, of inclusions.

All races are to set sail
on this intercontinental trip.
Let's go take the sea,
straight to the new home.

And to the right of our parents
we will have to educate ourselves now
to leave those burdens
and the fields over there.

Submerged in this body
pure, clean and strong,
that at the cost of pain and
   hunger
continues to look to the front.

Because we endure whatever it
   takes
to reach this new era,
like the mother who gave her
   blood
for this new lineage.

This woman
we shall praise
as in ancient Rome
on a pedestal.

A National womb,
that's where we sprouted from.
We should be proud
of the pain that saw us arrive.

Because that's what we are,
children of brave parents,

a fusion of ingenuity and
   skill.
We must not lower our heads.

We will thus forge
a new nation
for this world
on globalization.

Where everyone fits
and there is room.
No one can
be left behind.

Oh, brothers and sisters
of the periphery!
Do not despair,
stay alert.

They are already coming
to help us
with this speech
so informal.

To learn
from the brilliance and
   education
that will make us
a great nation.

Let no one be left out,
that all may continue without
   end
in this world of truth
and in this change of nuance.

Song by Eduardo Ramos
Text for the solo show *Escenario para
una genómica nacional* by Wendy
Cabrera Rubio at Rectangle, Brussels.

Eduardo Ramos, *Sangre proletaria* [Proletarian
Blood], 2021. Ilustración digital Digital illustra-
tion. Medidas variables Variable dimensions.
Cortesía del artista Courtesy of the artist

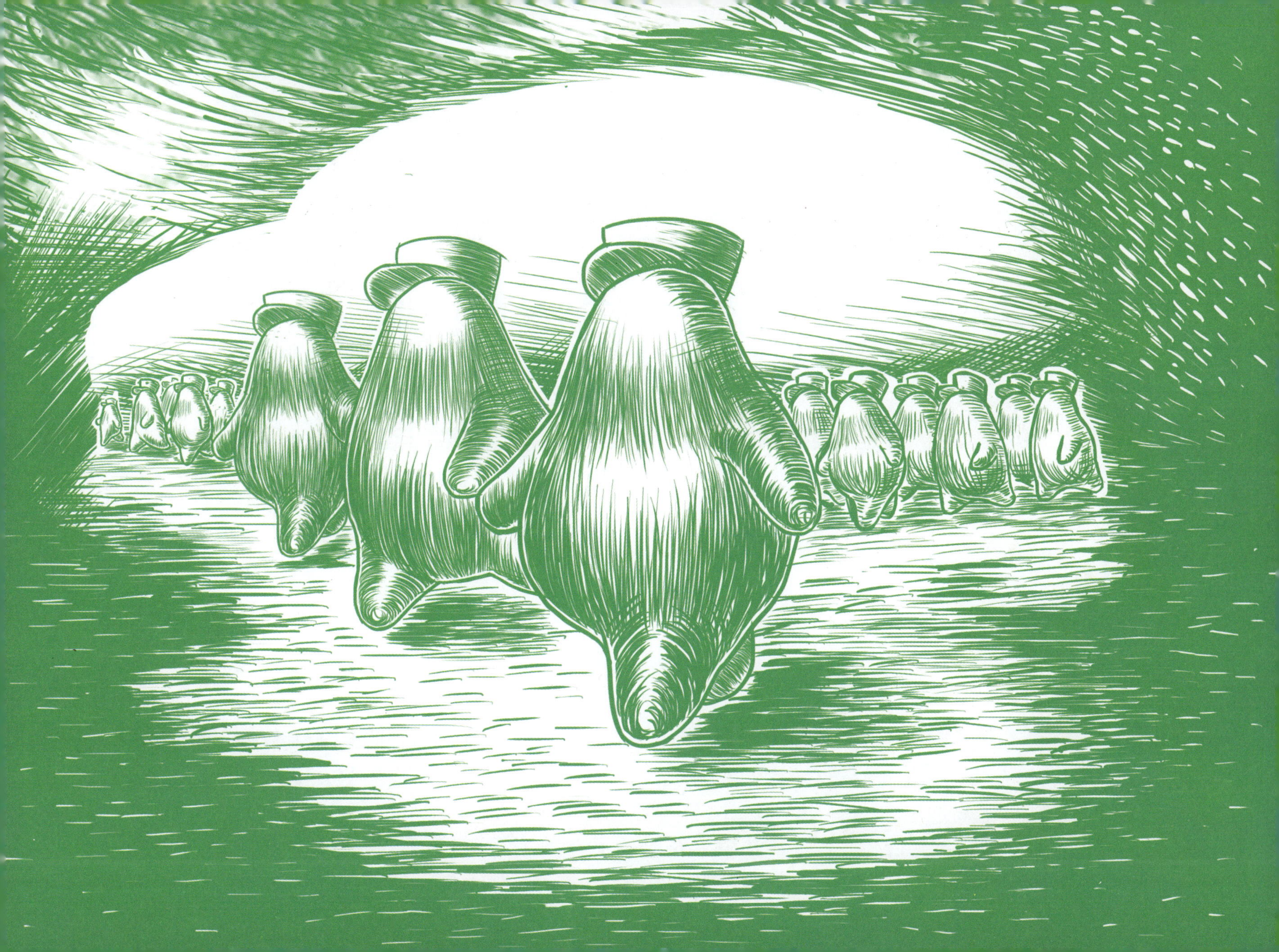

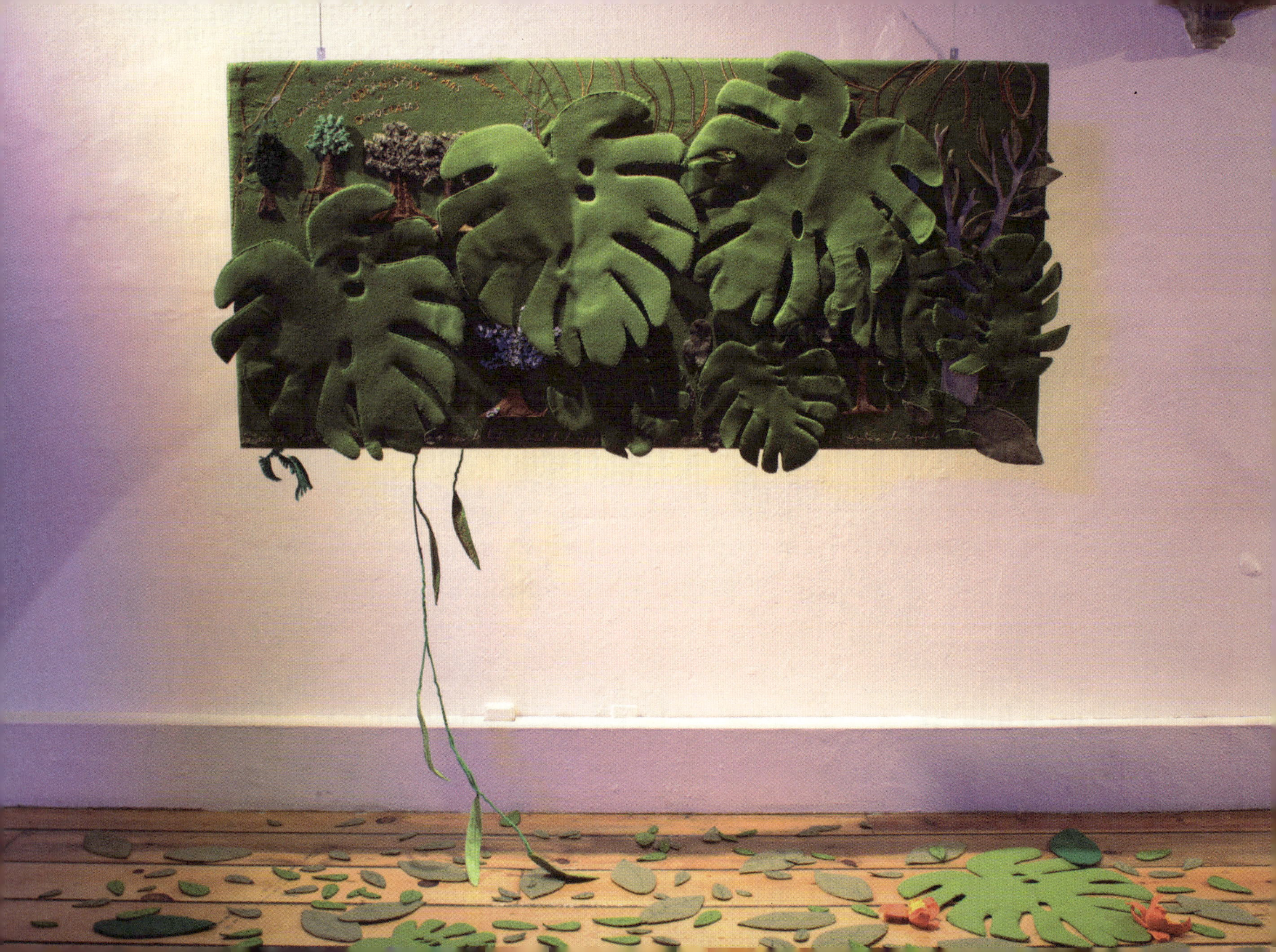

REPRESENTACIÓN DEL MUNDO NATURAL

GEMMA ARGÜELLO

La curaduría de prácticas procesuales y participativas es un reto que implica estar alerta a las contingencias y estar abiertx ante la posibilidad de que aparezca el error. Lo mismo sucede para lxs artistas que realizan prácticas performativas rozando lo participativo, como es el caso de Wendy Cabrera Rubio.

Dentro de un programa/exposición/encuentro llamado *Tod+s, Otr+s, Nosotr+s*, que se desarrolló entre 2019 y 2022 y que curé en colaboración con Dante Ayala, se apeló a la introducción de prácticas participativas, comunitarias y procesuales en la programación del Laboratorio Arte Alameda (LAA), teniendo como foco la historia, la memoria colectiva y las prácticas cotidianas alrededor de la Alameda Central de la Ciudad de México. En ese marco, Wendy Cabrera Rubio desarrolló *La representación del mundo natural*, que consistió en tres procesos y una pieza derivada de los mismos. Los procesos se desarrollaron dentro del ciclo "Ecosistemas Urbanos" en el que la artista exploró la interacción entre la historia de la flora del lugar y cómo sus cambios están permeados por las políticas públicas, económicas y la estructura social en distintos periodos. Los primeros dos procesos que desarrolló consistieron en sesiones participativas-pedagógicas. La primera se trató de un taller de dibujo y estudio visual e histórico de las representaciones pictóricas

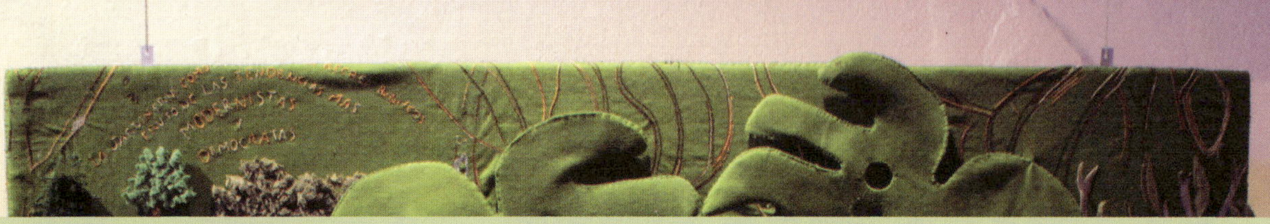

de la flora de la Alameda Central, llevado a cabo en el Museo Nacional de Arte (MNA) en colaboración con Carmen Mendoza Chávez, en el que lxs participantes analizaron pinturas como *La Alameda de México* (1866) de José María Velasco. La segunda, que también consistió en un taller de dibujo de observación directa, esta vez en colaboración con José Eduardo Barajas, utilizó como estrategia el trabajo colaborativo alrededor de la inspección de los detalles del mural *Sueño de una tarde dominical en la Alameda Central* (1947) de Diego Rivera, que se encuentra en el Museo Mural del artista en la Plaza de la Solidaridad, a un costado de la Alameda. Finalmente, en un tercer momento, se desarrolló una acción cercana al teatro callejero inspirada en las sesiones pedagógicas, la cual consistió en una serie de esculturas vivientes vestidas como plantas elaboradas con fieltro sintético, colocadas en distintos puntos de la Alameda que recitaban monólogos teatrales.

Representación del mundo natural, como pieza, es una síntesis de todos los procesos. Recupera la materialidad de la acción, así como de muchas de las piezas de Wendy Cabrera Rubio, reinterpretando la historia natural de la Alameda Central —el jardín público más antiguo del continente—, a partir de un formato bidimensional que se desbordó en el espacio retomando la flora como un elemento fundamental de la historia de los jardines.

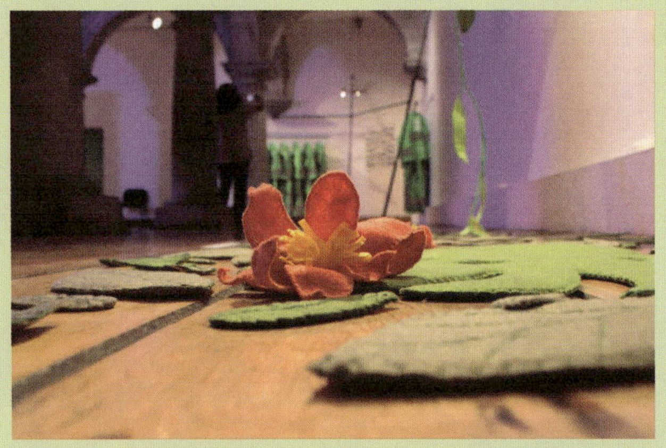

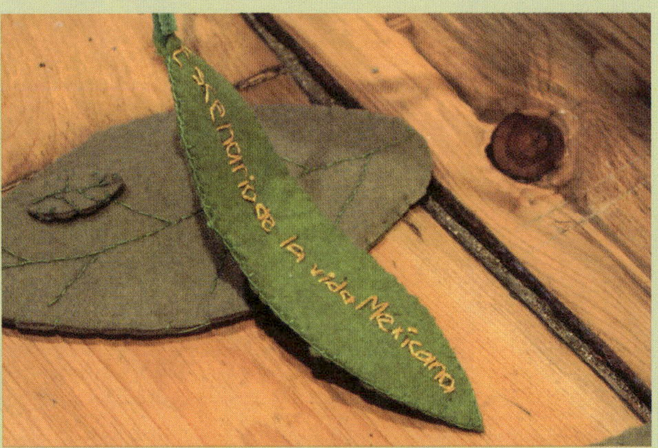

REPRESENTATION OF THE NATURAL WORLD

GEMMA ARGÜELLO

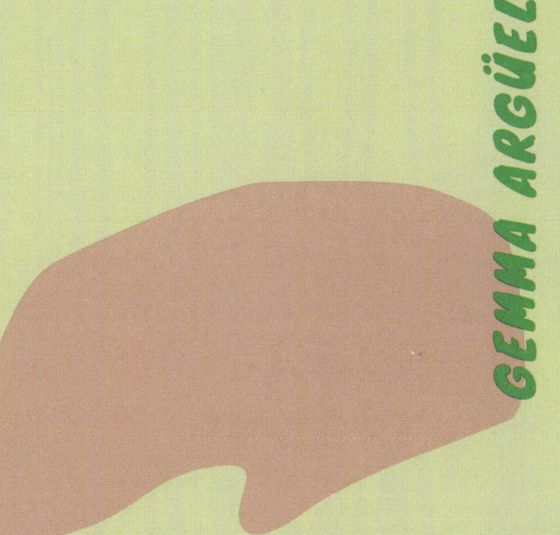

Curating a process-based and participatory practice is a challenge that requires one to be attentive to contingencies and to be open to the possibility of making mistakes. The same is true for artists that engage in performative practices that border on the participatory, as in the case of Wendy Cabrera Rubio.

Within the context of a program/exhibition/event called *Tod+s, Otr+s, Nosotr+s*, which I curated in collaboration with Dante Ayala between 2019 and 2022, an appeal was made to introduce participatory, communal, and process-based practices in the programming of the Laboratorio Arte Alameda. We sought to focus on the history, collective memory, and everyday practices around the Alameda Central in Mexico City. Within this framework, Wendy Cabrera Rubio developed *Representación del mundo natural* [Representation of the Natural World], which consisted of three artistic processes and a piece derived from them. The artistic processes were developed in accordance with the "Urban Ecosystems" cycle, through which the artist explored the interaction between the history of the local flora and how its changes are permeated by public politics, economic factors, and social structure of different periods. The first two artistic processes consisted of participatory-pedagogical sessions. The first involved a drawing workshop as well as a visual and historical study

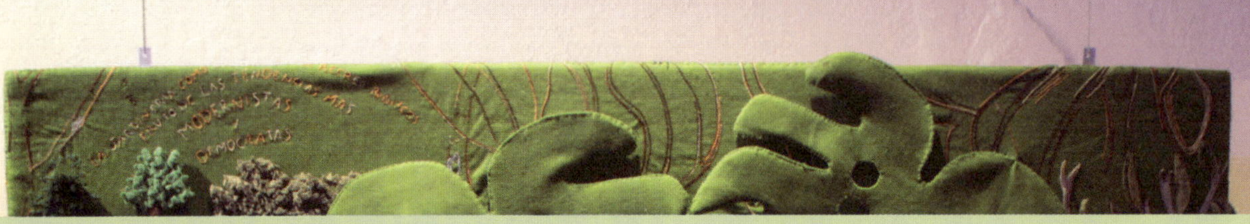

of the pictorial representations of the flora at the Alameda Central. The workshop was held at the Museo Nacional de Arte in collaboration with Carmen Mendoza Chávez. In this workshop, participants analyzed paintings like *La Alameda de México* [The Mexico City Alameda] (1866) by José María Velasco. The second event also consisted of a live drawing workshop, this time in collaboration with José Eduardo Barajas. It used collaborative work as a strategy for closely examining *Sueño de una tarde dominical en la Alameda Central* [Dream of a Sunday Afternoon in Alameda Park] (1947), a mural by Diego Rivera, located in his Mural Museum at the Plaza de la Solidaridad, which is next to the Alameda. Finally, in a third moment, the artist developed an intervention inspired by the pedagogical sessions reminiscent of the street theater. This action consisted of a series of living sculptures dressed as plants made of synthetic felt and placed in different points around the Alameda to recite theatrical monologues.

As a piece, *Representation of the Natural World* is a synthesis of all these processes. It recuperates the materiality of action, like much of Wendy Cabrera Rubio's work, reinterpreting the natural history of the Alameda Central—the oldest public garden on the continent—from a two-dimensional format into one that overflowed into the space. In doing so, she reclaimed the flora as a fundamental element within the history of the gardens.

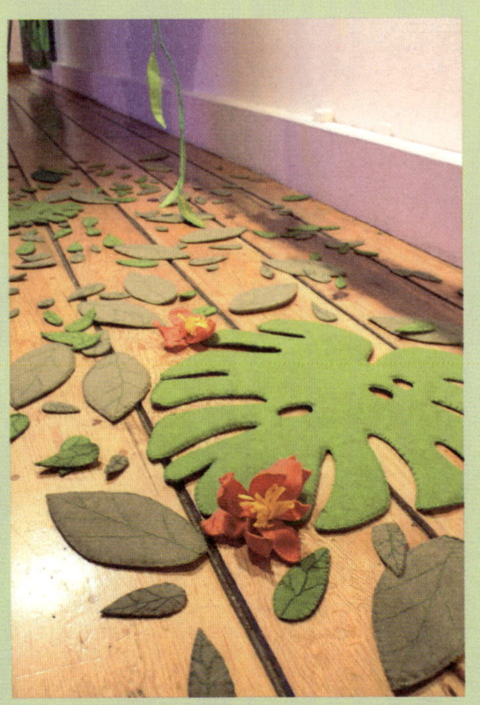

pp. 98 *Representación del mundo natural* [Representation of the Natural World], 2021. **Vista de instalación** Installation view *TIANGUIS: OTR+S, TOD+S, NOSOTR+S*, **Laboratorio Arte Alameda (LAA), Ciudad de México** Mexico City

pp. 100, 102, 103 *Representación del mundo natural* [Representation of the Natural World] **(detalle** detail**), 2021. Fieltro sintético cosido a mano y velcro sobre terciopelo** Hand-stitched synthetic felt and velcro tape on synthetic velvet

FOTOGRAFÍAS PHOTOGRAPHS: Fabián Espinosa Luna. **Cortesía de** Courtesy of LAA

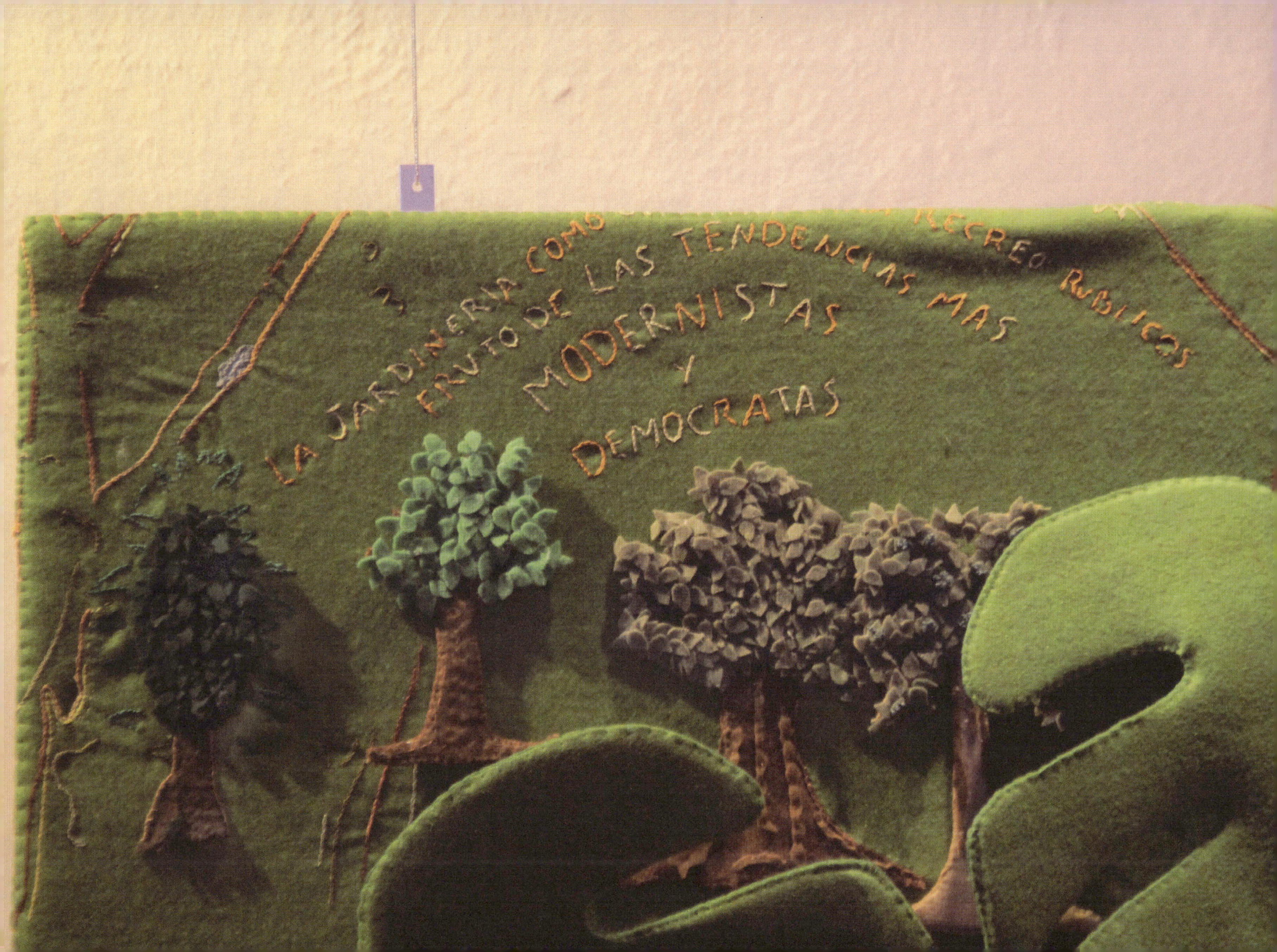
LA JARDINERIA COMO ... RECREO PUBLICOS
FRUTO DE LAS TENDENCIAS MAS
MODERNISTAS
Y
DEMOCRATAS

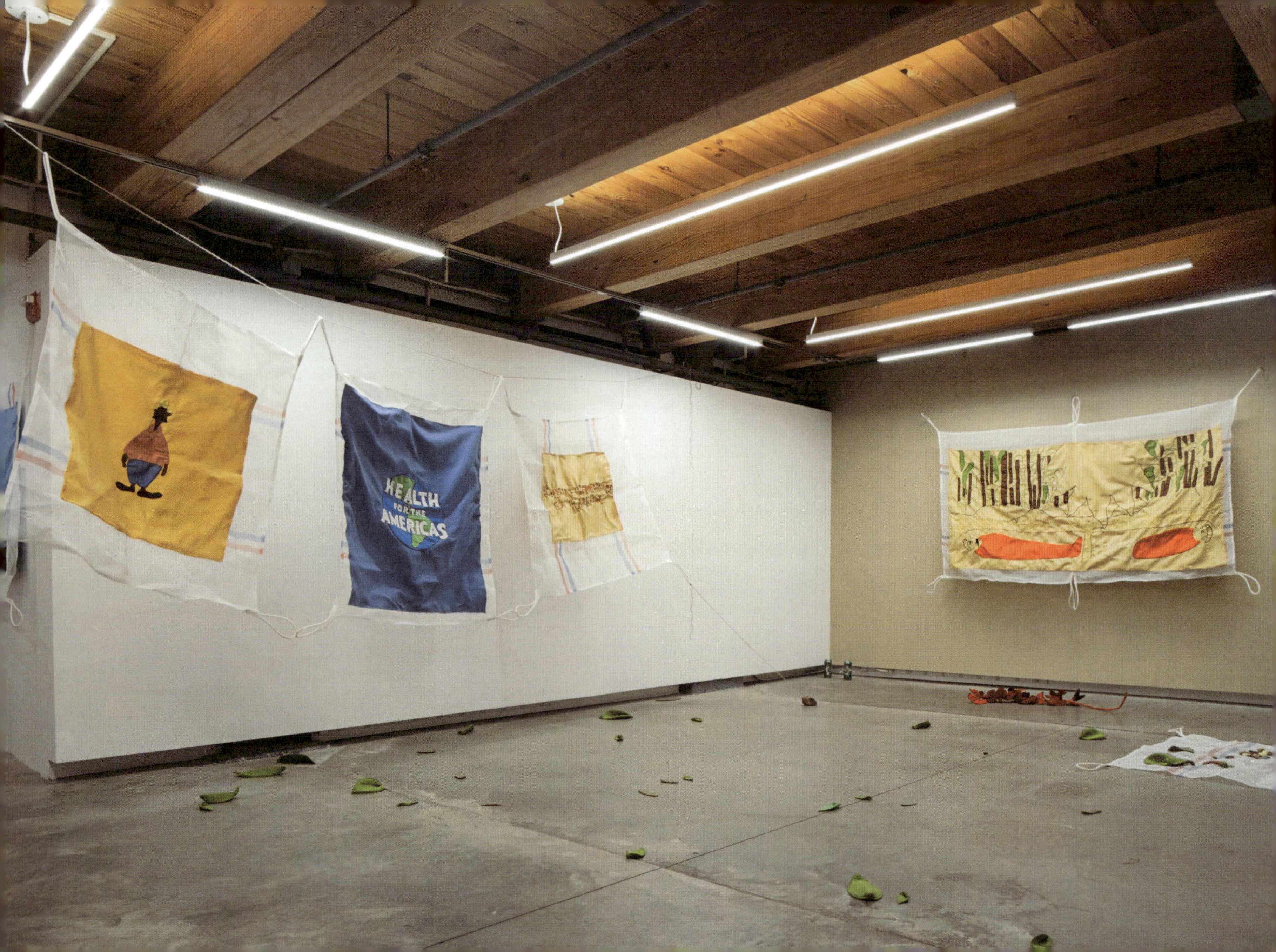

EL CUERPO DEL CONQUISTADOR

GUSTAVO CRUZ

El cuerpo del conquistador toma la escena y disecciona un cadáver frente a mí. En diez actos me cuenta su historia, sus pesares y tribulaciones. En diez ayates, el cuerpo del conquistador guarda los frutos y cosechas de la tierra nueva. De su bolsillo toma los granos y carnes que trajo de su mundo. El cuerpo del conquistador hace teatro de vanguardia y panto-mima popular; encarna una didáctica de la ocupación del paladar para que mi cuerpo entienda cómo es que acogió en su seno al cuerpo del conquistador; para que entienda los lugares que me fueron asignados en la mesa y el tipo de comensal que puedo ser. El cuerpo del conquis-tador acerca su rostro al mío, pasa su mano por mi mejilla y me susurra al oído. Me pide moverme de cierta manera, la suya; me pide que mas-tique al ritmo de un cuerpo específico, el suyo. El cuerpo del conquistador se frota contra el mío, su fricción es una promesa que nunca se cumple, su sudor es agrio, añejo: me encanta.

El cuerpo del conquistador me recuerda, con su dulce performance, el día que nos conocimos. Sufría. El calor del clima ecuatorial oprimía al cuerpo del conquistador, le impedía florecer. Le ofrecí comida fresca, abundante, tropical. *No puedo aceptarlo*, me dijo el cuerpo del conquis-tador, *si como lo que comes dejaré de ser lo que soy. Seré como tú, mi cuerpo será el cuerpo del conquistado.* Pasó el tiempo y el cuerpo del conquistador logró traer de su mundo el alimento que le da forma, el que mantiene tupida su barba, claros sus ojos, dorados sus cabellos, blanca

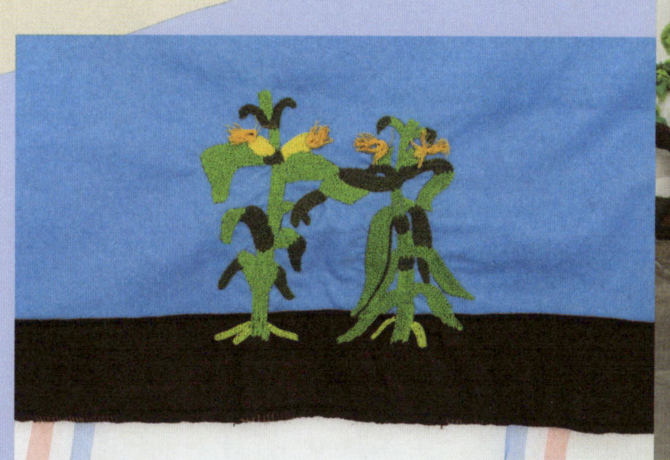

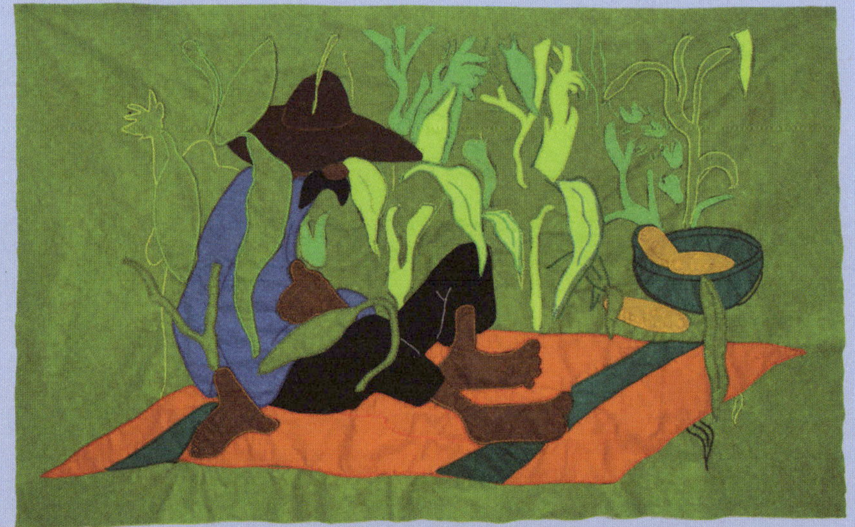

su piel. Su espalda se irguió, la ira le dio un brillo punzante a su mirada y con nuevos bríos me enseñó, al ritmo de su fusta, lo que es la belleza. El cuerpo del conquistador es divino, es todo lo que yo no soy.

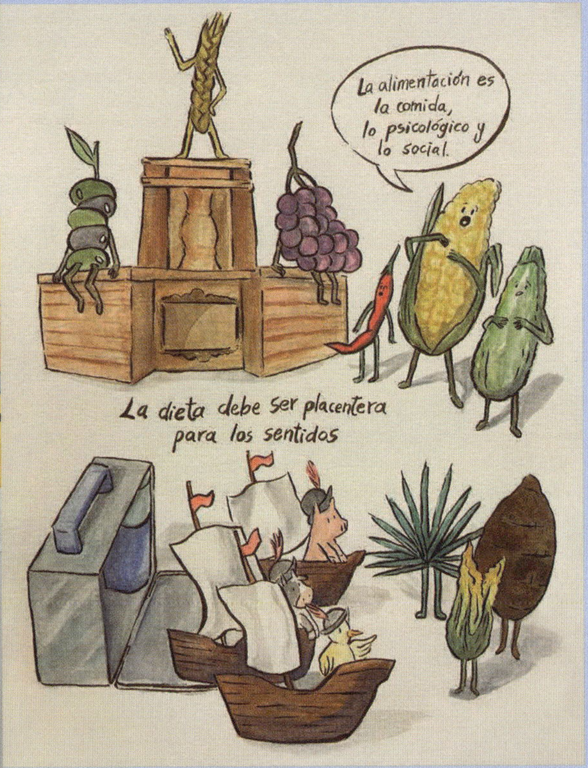

Pero es sabio el cuerpo del conquistador. Tomó mi comida y le quitó el lodo y la mugre. La emplató como su Dios manda, le bajó el picor, la hizo digna de sus historias y carretes. La hizo arte y la repartió entre los suyos en un amasijo crítico, generando con ella una experiencia comunal. Hoy, mi comida es tan bella como el cuerpo del conquistador, y me doy cuenta de que el camino que he de seguir, he de andarlo masticando; que no llegaré a ningún lugar sin antes remojar mis labios en los sabores que pruebo de los labios del cuerpo del conquistador.

THE BODY OF THE CONQUISTADOR

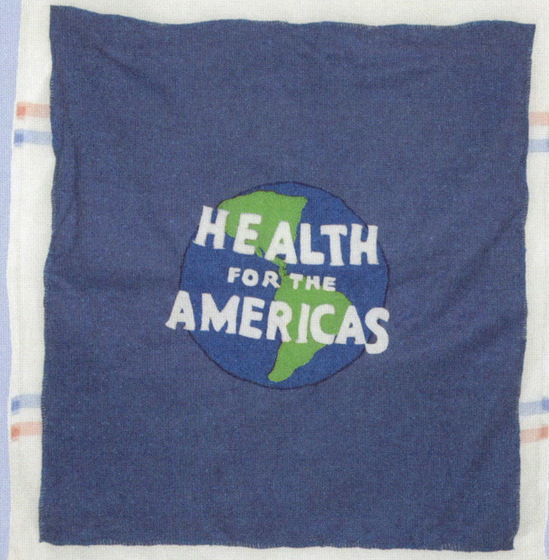

GUSTAVO CRUZ

[1] Cloth made from spun agave fiber.

The body of the conquistador takes the scene and dissects a cadaver in front of me. In ten acts, it tells me its story, its sorrows, and its tribulations. In ten *ayates*,[1] the body of the conquistador stores the fruits and crops of the new land. From its pockets, it takes out the grains and meats it brought from its world. The body of the conquistador makes avant-garde theater and folk pantomime; it embodies the didactic role of the palate, so that my body understands how it can welcome the body of the conquistador into my bosom; so that it understands the seat that I have been assigned at the dinner table, and the type of guest I am allowed to be. The body of the conquistador brings its face close to mine, runs its hand across my cheek, and whispers into my ear. It requests that I move a certain way—its way; it requests that I chew to the rhythm of a specific body—itself. The body of the conquistador rubs against mine; its friction is a promise that is never fulfilled. Its sweat is sour and stale; I love it.

The body of the conquistador reminds me, with its sweet performance, of the day we met. It suffered. The heat of the equatorial climate oppressed the body of the conquistador and prevented it from flourishing. I offered it fresh, abundant, and tropical food. *I can't accept it*, the body of the conquistador said to me, *if I eat what you eat, I will no longer be who I am. I will be like you. My body will become a conquered body.* Time passed and the body of the conquistador managed to bring from its world the food that shapes it, the one that keeps its beard thick, its eyes light-colored, its hair

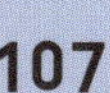

107

golden, its skin white. Its back straightened and its anger imparted a piercing gleam in its gaze. With a newfound vigor, it taught me the rhythm of the whip and what beauty is. The body of the conquistador is divine. It's everything that I am not.

But the body of the conquistador is wise. It took my food and washed the mud and grime off it. It plated it as its God commanded, it made it less spicy, and made it worthy of its stories and reels. It made art out of it and distributed it among its own, achieving a critical mass and generating with it a communal experience. Today, my food is as beautiful as the body of the conquistador, and I realize that I must walk by chewing the path I must follow. I won't get anywhere without first soaking my lips in the flavors I taste through the lips of the body of the conquistador.

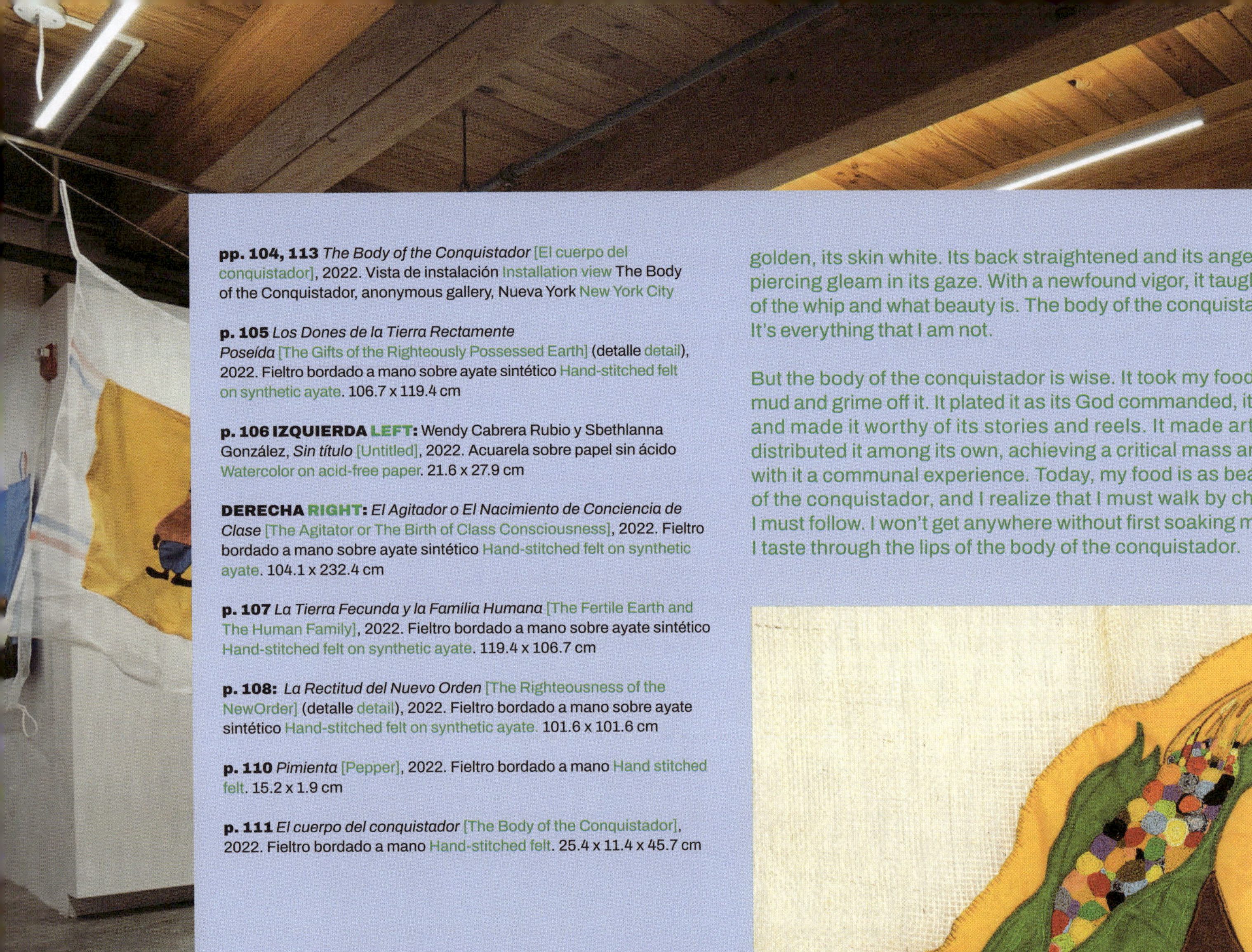

LAS FRONTERAS ATRAVIESAN NUESTROS CUERPOS O *THE BODY OF THE CONQUISTADOR* DE WENDY CABRERA RUBIO SIN WENDY

Para la primera exposición individual de Wendy Cabrera en Nueva York, diseñamos juntos una pieza escénica sobre las prácticas culturales alrededor de la comida: del maíz, de la milpa y de la introducción al continente del cerdo y el cordero.

Nuestro plan era colocar en escena discusiones sobre los efectos coloniales en la alimentación, en la producción de cuerpos y en la representación de los mismos en los discursos pictóricos sobre lo mexicano, desde las relatorías novohispanas, pasando por el muralismo y hasta las caricaturas de Disney. Pero, durante el proceso, encaramos una frontera inevitable: la embajada estadounidense había rechazado de nuevo la solicitud de Wendy para obtener la visa. Wendy no formaría parte ni de su inauguración, ni del performance. No podía atravesar la frontera, quizás su arte sí —muy bienvenido— pero su cuerpo, no.

La alimentación —como la frontera— funciona como un dispositivo colonial que organiza los cuerpos, las poblaciones y los flujos de riqueza entre los territorios. Si nuestra pieza trataba del cuerpo y la colonialidad, entonces, el cuerpo ausente de Wendy fue el vestigio que activó la escena.

HELGA Y LA ESCULTURA DE COLÓN

Joseph Henrikson, de anonymous gallery, entendió la potencia del cuerpo de Wendy en la reformulación que estábamos proponiendo. Helga Hansen —artista, actriz, fotógrafa y modelo—, nacida en República Dominicana y residente de Nueva York desde hace diez años, fue el perfil ideal para *The Body of the Conquistador* [El cuerpo del conquistador]. Le conté que habíamos preparado un delicioso final para la pieza: jericallas. Estos magníficos postres que Pati, la mamá de Wendy, nos enseñó y ayudó a preparar, son tradicionales de Guadalajara y despliegan una serie de significados aterradores.

TRADUCIR ES TRAICIONAR

La pieza escénica se llevó a cabo en el centro de la galería, lo que dispuso al público contra las paredes como si corriera algún tipo de riesgo físico. Confiábamos en que la subjetividad angloparlante extraviaría varios significados cuando escucharan nuestros relatos en español. La imposibilidad que representa la frontera entre las lenguas, nos ofrecía un fenómeno de expectación ansioso, confundible. Preferíamos que se supieran excluides de la comunicación franca, explícita, confiable. En algunos momentos, coordinamos con Helga una traducción simultánea.

Helga armó un taco de fieltro: de flor de calabaza de fieltro y frijoles de fieltro. Luego, compartió una cátedra del taco y dialogó con la escultura de Colón. Después, dialogó con la escultura de Colón. Santo Domingo tiene en su centro la Plaza Colón y el Alcázar de Colón, desde donde Diego Colón gobernó La Española, el territorio isleño donde comenzó la colonización de América —luego articulada en Haití y República Dominicana—, y donde también nacieron las resistencias cimarronas. Helga le contó al conquistador que cuando visita República Dominicana aprovecha

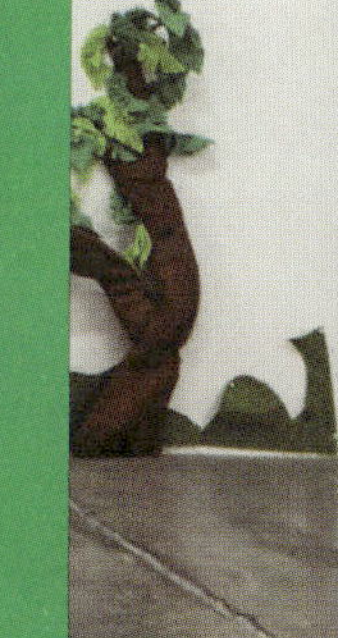

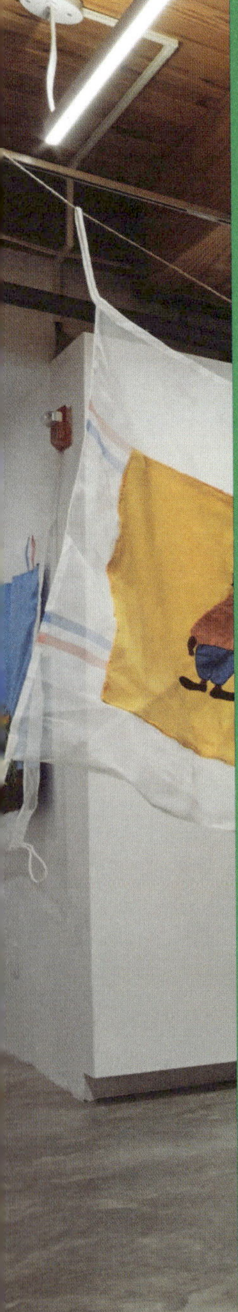

para narrar la historia de los Colón y sus crímenes.

Wendy, ausente, narró su investigación sobre cómo las monjas tapatías, preocupadas por la crisis de malnutrición que veían en los cuerpos de les niñes indígenas, inventaron este postre —que contenía grandes cantidades de leche, huevo y azúcar— durante el virreinato. Elles estaban acostumbrades a comer quelites, calabazas, maíz y frijol, productos de la milpa que, a ojos criollos, no nutrían a los cuerpos en desarrollo.

En la historia de la jericalla se sintetizó más de una frontera. Por un lado, el borde con efecto patologizante que produce cuerpos enfermos a partir del criterio de la alimentación territorializada; y por otro lado, Guadalajara —la ciudad que vio nacer este postre—, que conservó hasta la década de 1980 una división con traza colonial, dividiéndola en sectores obreros e industriales y sectores residenciales asociados con la riqueza y el desarrollo. Esas fronteras persisten en las dinámicas espaciales de la ciudad.

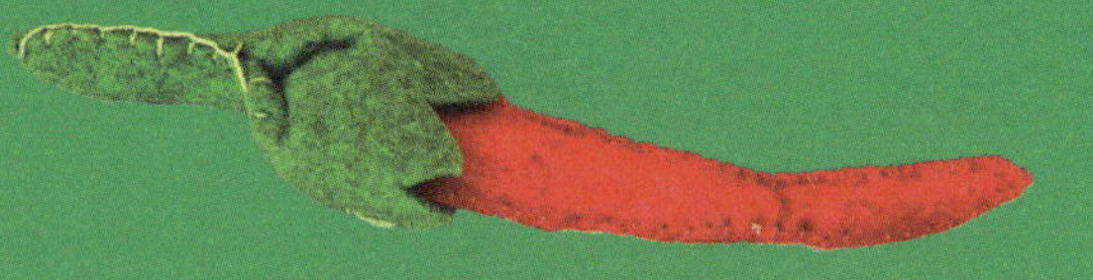

La ausencia de Wendy determinó la organización discursiva de la pieza. A lo largo de nuestras colaboraciones, su cuerpo ha ido ganando presencia en la escena y esta pieza fue una provocación potente. La obra de Wendy Cabrera Rubio suscita cruces fronterizos entre lo escénico y lo plástico, entre la caricatura y la brutalidad.

THE BORDERS THAT RUN THROUGH OUR BODIES OR *THE BODY OF THE CONQUISTADOR,* BY WENDY CABRERA RUBIO WITHOUT WENDY

For Wendy Cabrera's first solo exhibition in New York, we designed a performance piece about cultural practices centered around food such as corn and the milpa, as well as the introduction of lamb and pork to the continent.

Our plan was to stage discussions about the colonial effects on food, on the production of bodies, and on their representations in pictorial discourses concerning Mexicanness. We sought to achieve this through stories from New Spain spanning from Muralism to Disney cartoons, but during this process, we were confronted by an inevitable boundary: the US Embassy had rejected Wendy's visa application again. Wendy would not be part of the opening or the performance. She couldn't cross the border. Though her art was very welcome to cross, her body was not.

Food—like the border—functions as a colonial mechanism to administer bodies, populations, and flows of wealth between territories. If our piece was about the body and coloniality, then Wendy's absent body was the vestige that activated our performance.

HELGA AND THE COLUMBUS SCULPTURE

Joseph Henrikson, from Anonymous Gallery, understood the power of Wendy's body in our proposed reformulation. Helga Hansen—an artist, actress, photographer, and model—, born in the Dominican Republic and residing in New York for the past ten years, was the ideal candidate for *The Body of the Conquistador.* I told her that we had prepared

a delicious ending for the piece: *jericallas*. Pati, Wendy's mom, taught us how to make them and helped us prepare these magnificent desserts. Traditionally from Guadalajara, they carry a series of terrifying meanings.

TO TRANSLATE IS TO BETRAY

The performance piece took place in the center of the gallery, with the audience standing against the walls, as if they were being shielded from some type of physical harm. We were confident that an English-speaking audience would misinterpret a variety of signs when they heard our stories in Spanish. Faced with the impossibility of crossing a border between languages, we were presented with a scenario in which we expected to encounter anxiety and confusion. We preferred our audience to be aware of their exclusion from open, explicit, and reliable communication. At some points, we coordinated a simultaneous translation with Helga.

Helga assembled a felt taco with felt squash blossoms and felt beans, and then she shared a taco lectureship. Afterwards, she engaged in a dialogue with the Columbus sculpture. In the center of Santo Domingo are Columbus Plaza and the Citadel of Columbus, from where Diego Columbus governed Hispaniola. This island territory where the colonization of America began —eventually divided into Haiti and the Dominican Republic—, and where the Maroon resistance was born. Helga told the conquistador that when she visits the Dominican Republic, she takes the opportunity to tell the story of the Columbus family and their crimes.

An absent Wendy narrated her research about how the nuns of Guadalajara invented a dessert made with large quantities of milk, eggs, and sugar, because they were concerned about the malnourished Indigenous children during the reign of the viceroyalty. The Indigenous people were accustomed to eating quelites, squash, corn, and beans—products grown from the milpa—which in the eyes of the criollos, were insufficient to nourish developing bodies.

The history of the jericalla synthesized more than one border. On the one hand, there is the pathologizing border that distinguishes sick bodies from healthy ones, based on the criteria of territorialized food. On the other hand, there is the city of Guadalajara, the birthplace of this dessert, which until the 1980s preserved a colonial division between the working-class and industrial sectors and the residential sectors associated with wealth and development. These boundaries persist in the spatial dynamics of the city.

Wendy's absence determined the discursive organization of the piece. Throughout our collaborations, her body has been gaining presence on the scene and this piece was a powerful provocation. Wendy Cabrera Rubio's work presents border crossings between theater and the visual arts, between caricature and brutality.

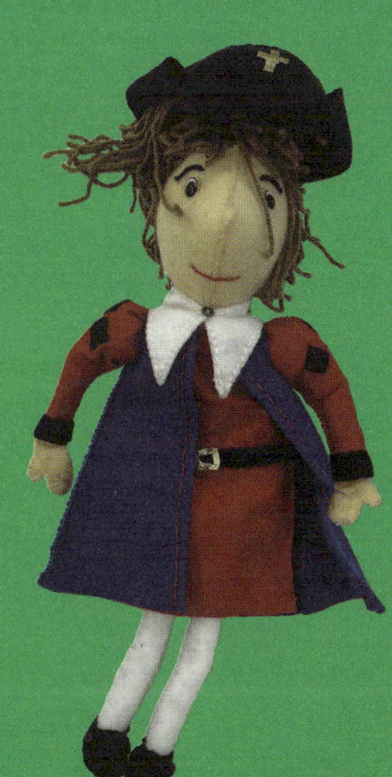

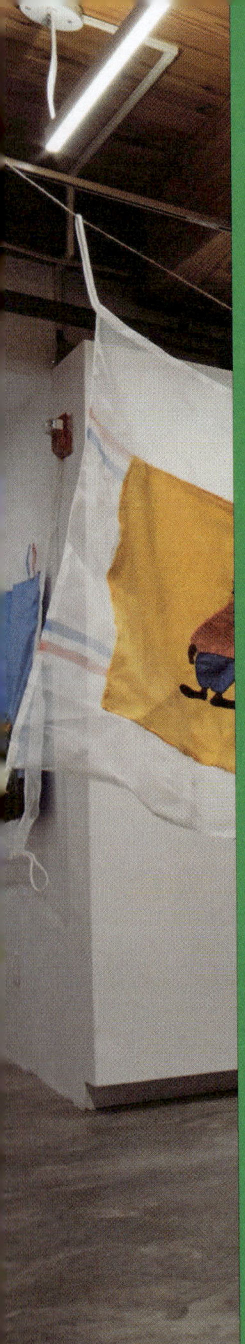

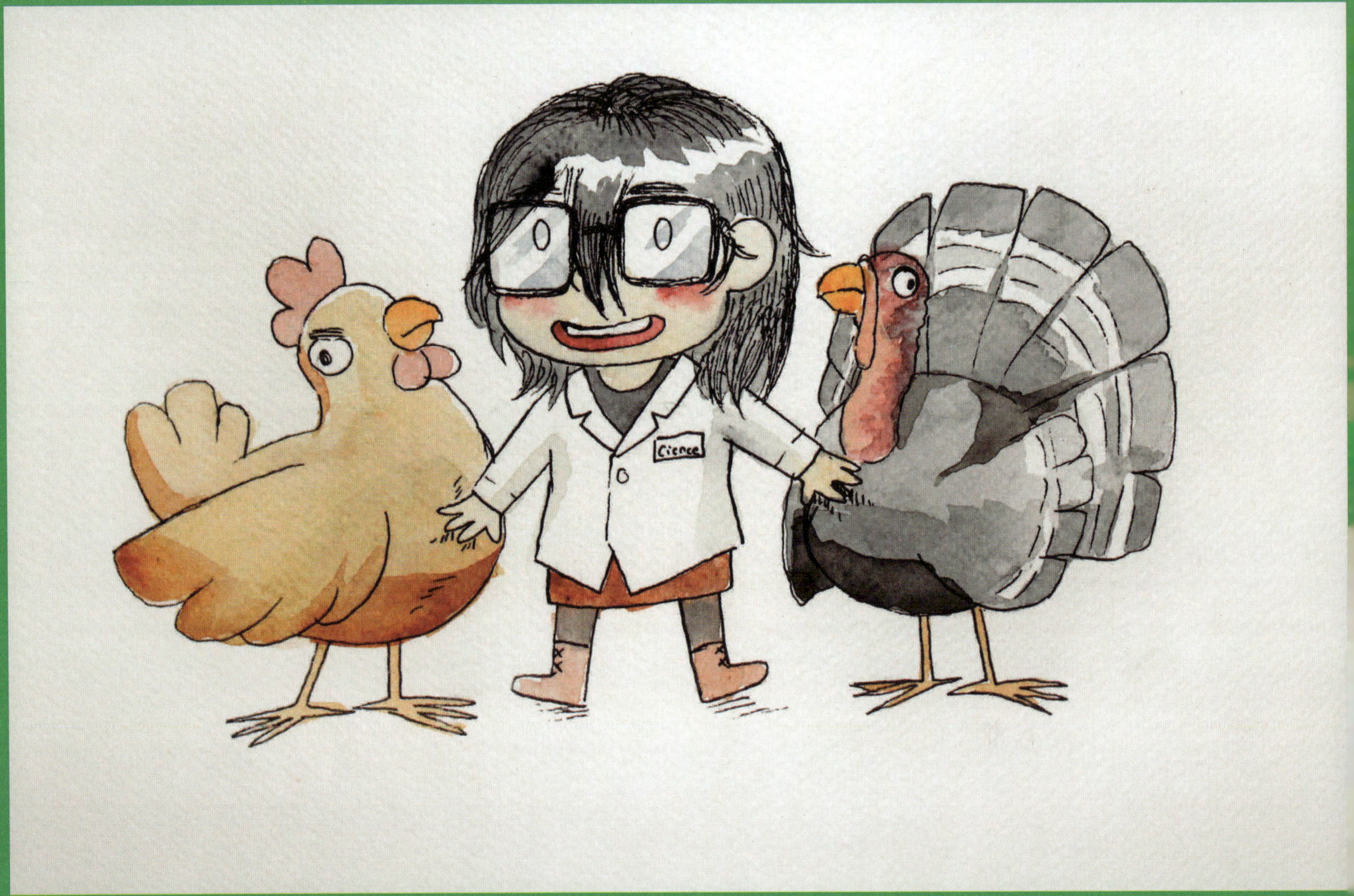

Yanalí Cruz, *Just You and Two Friends (Portrait)*
[Sólo tú y dos amigos (Retrato)], 2022.
Acuarela con tinta Watercolor with ink. 20 x 27
cm. Cortesía de la artista Courtesy of the artist

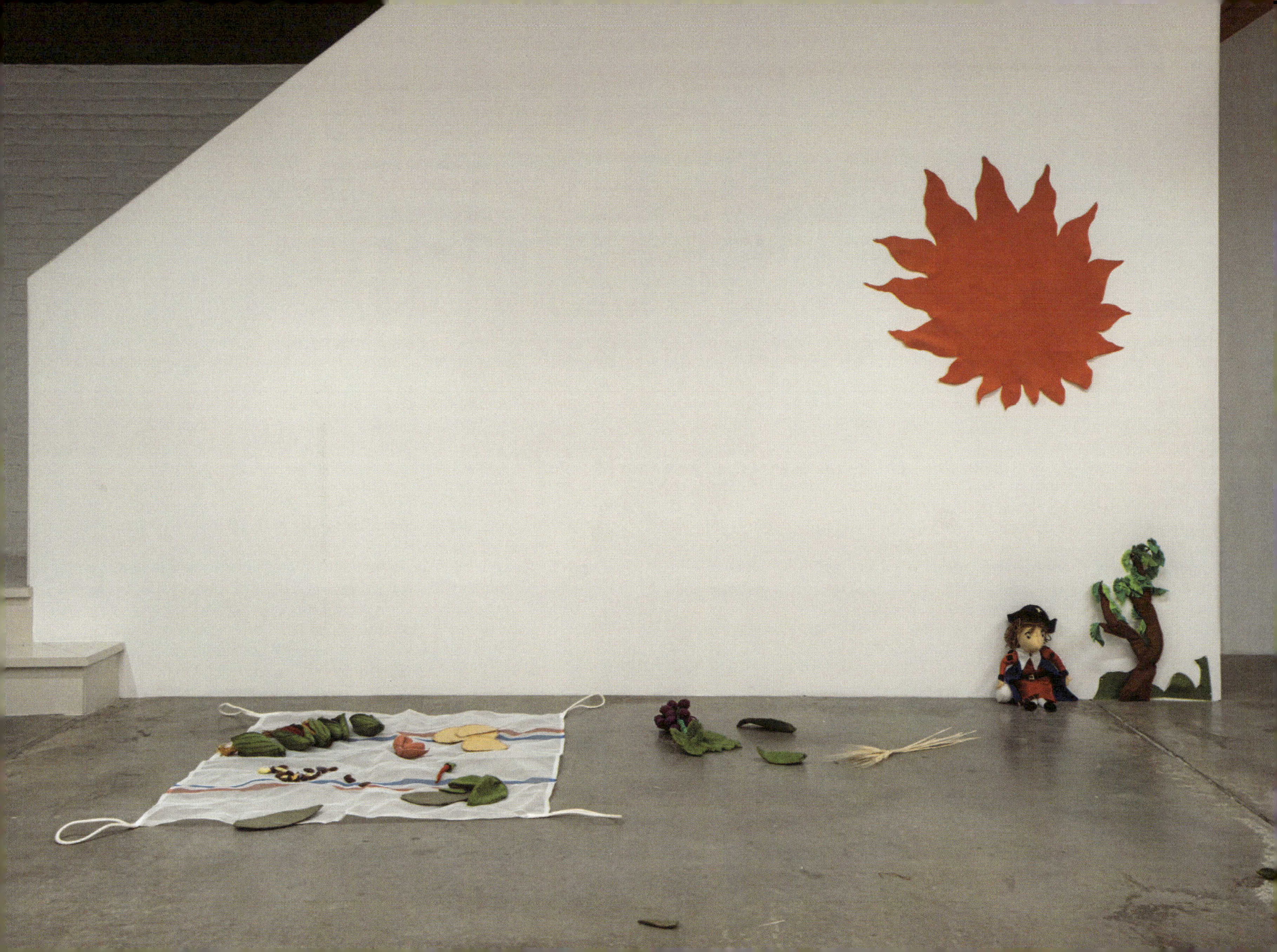

JAVIER FRESNEDA

APUNTES SOBRE CARICATURA POLÍTICA EN LA OBRA DE WENDY CABRERA RUBIO

Me gusta pensar que la obra de Wendy Cabrera Rubio muestra historia sin recurrir a la historicidad, revisando el pasado y sus implicaciones actuales de acuerdo a formas que han sido liberadas de deudas representacionales con sus archivos. Su trabajo recurre frecuentemente a modos de exhibición divulgativos y elocuentes, y a su incombustible actividad como facilitadora y comunicadora.

Su universo expresivo y conceptual participa tanto de imaginarios económicos muy precisos, como de un conciso repertorio visual en donde las historias se ficcionan e idealizan, portando una autenticidad que busca en el goce un nuevo orden de la realidad. Sólo Cabrera Rubio puede rescatar del sopor las implicaciones estéticas de la Guerra Fría en sus manifestaciones caricaturescas Disney o conducirnos, desde su fascinación sensorial por la flora y la fauna, a las implicaciones geo- y bio-políticas en la eugenesia, la gastronomía y la ciencia, por nombrar sólo algunas.

A diferencia de las revisiones conformistas y nostálgicas de algunos de sus imitadores más recientes, las obras de Cabrera Rubio modulan y tejen imágenes casi siempre sujetas a su instrumentalidad; a su capacidad de ser accesibles al tacto o poseer partes intercambiables, de comportarse como objetos de ventriloquía, teatralización, descanso y reposo. La suavidad con que envuelve la crítica no debilita a esta última, sino que lanza provocaciones a quienes nos aproximamos a sus obras, en donde la importancia del contenido existe en proporción inversa a su presunta solemnidad material. Así, bajo la aparente inocencia de pingüinos y tortugas bordadas, personajes históricos versionados como marionetas o visitas guiadas a sus exposiciones, encontramos el compromiso de la artista por dilucidar y clarificar aspectos clave de la sociedad poscolonial en la que vivimos.

Esta interacción entre las fuentes históricas, la representación visual y el análisis crítico configura las coordenadas de la caricatura política, la sátira social, el periodismo iconográfico y ciertas modalidades de tira cómica.[1] En lo que sigue, me interesa desplegar ciertas relaciones entre la «caricatura política» y el trabajo reciente de Cabrera Rubio, con énfasis en el planteamiento conceptual de sus temas de trabajo, la materialización de los mismos y el afán divulgativo y comunicacional de sus presentaciones performativas.

Proponer el trabajo de Cabrera Rubio como informado por un medio prevalentemente masculino[2] permite no sólo comprender sus procesos de trabajo de forma más amplia, sino atender al potencial de la caricatura política como motor narrativo y formal vigente en las prácticas artísticas contemporáneas. Quien me lee debe considerar que la presencia de Cabrera Rubio en el panorama artístico nacional es llamativa, puesto que es de las pocas artistas de su generación con un cuerpo de obra reconocible y de gran visibilidad, a pesar de condicionantes impuestos por el medio, que en ocasiones apelan a perpetuar expectativas de clase social, género e identidad racial herederas del discurso supremacista blanco moderno.

***

Toda caricatura tiene un afán: provocar un posicionamiento por parte de quien la lea. Así, una caricatura es una representación, bien simbólica o figurativa, cuya existencia se justifica en la reacción que quiere provocar. Veo en esta instrumentalidad el vínculo entre la emergencia de la clase artesana mexicana de finales del siglo XIX y la influencia recibida por la caricatura política, fundamentada en arquetipos liberales y conservadores masculinos como el charro, el sacerdote, el tendero gachupín o el negociante gringo.

JAVIER FRESNEDA

NOTES ON THE POLITICAL CARTOONS IN WENDY CABRERA RUBIO'S WORK

I like to think that Wendy Cabrera Rubio's work shows history without resorting to historicity, revisiting the past and its current implications according to forms that have been freed from representational debts to their archives. Her work often employs modes of display that are as accessible as they are eloquent, drawing upon an relentless energy as an artist who is both a facilitator and communicator.

Her expressive and conceptual universe participate both in very precise economic imaginaries and in a concise visual repertoire where stories are fictionalized and idealized, bearing an authenticity that seeks a new order of reality in enjoyment. Only Cabrera Rubio can rescue from slumber the aesthetic implications of the Cold War in its manifestation as Disney cartoons. And through her sensorial fascination with flora and fauna, she leads us to the geo- and bio-political implications inherent in eugenics, gastronomy, and science, to name just a few.

Unlike the conventional and nostalgic revisions by some of Cabrera Rubio's most recent imitators, her work modulates and weaves images that are almost always subjected by their instrumentality; not only are they accessible as objects that can be touched, but they also possess interchangeable parts that behave as objects of ventriloquism, theatricalization, rest, and relaxation. Her ability to deftly engage with criticism does not debilitate her capacity to achieve the latter. Rather, the instrumentality of her objects inspires those that approach her work, and the significance of the work's contents exists in inverse proportion to its material majesty. In this way, concealed beneath the apparent innocence of embroidered penguins and tortoises, of historical figures depicted as puppets, or of guided tours of her exhibitions, we find an artist's commitment to elucidating and clarifying fundamental aspects of the postcolonial society we live in.

This overlap between historical sources, visual representation, and critical analysis form the coordinates of political cartoons, social satire, iconographic journalism, and certain modalities of the comic strip.[1] In what follows, I'm interested in expanding upon the relationship between "political cartoons" and Cabrera Rubio's recent work, with an emphasis on the conceptualization of themes in her work, its materialization, and the popularizing and communicative zeal of her performative presentations.

If we presume that Cabrera Rubio's work is informed by a primarily male-dominated medium,[2] this allows us not only to understand her process in a more expansive way, but also to pay more attention to the fact that political cartoons, through their formal and narrative potential, can serve as relevant agents of change in the realm of contemporary artistic practice. Readers should consider Cabrera Rubio's notable presence within the national landscape of artists, especially because she is among the few artists of her generation who has managed to produce a recognizable and widely exhibited body of work despite the conditions imposed by her chosen medium, which on occasion reify hierarchies of class, gender, and racial identity inherited from modern white supremacist discourses.

***

All cartoons aim to provoke the reader to reflect on their positionality. Thus, a caricature is a representation, either symbolic or figurative, whose existence is justified by the reaction that it seeks to provoke. I see in this instrumentality the link between the emergence of the Mexican artisan class at the end of the 19th century and the influence of political cartoons, which were founded on liberal and conservative masculine archetypes like that of the charro, the priest, the Spanish shopkeeper, and the gringo businessman.

Así, la práctica de este arte es relativa al periodismo en tanto que su existencia depende de la realidad y la información producida por sus eventos. Aquí la fantasía sirve para refrendar lo que existe, y hacerlo verdadero mediante el guiño humorístico y cómplice. La frecuencia de temas o personajes caricaturizados indica, por alusión, el grado de relevancia del asunto en cuestión. Por ello, a mayor consolidación de alguno de sus arquetipos —personajes, deformaciones, símbolos o frases hechas—, mayor es la importancia del evento real, tornándose más vital tan pronto las relaciones entre gusto popular y conflicto se intensifican.[3] Cuanto más humorística es la caricatura, más entendemos la seriedad del asunto en cuestión.

Existe, además, un rasgo estructural de las caricaturas políticas que no puedo pasar por alto: la relación entre su imagen y su texto, que figura como subtítulo o leyenda. En esta distancia representacional y semiótica entre lo gráfico y lo textual es también donde habita la broma, el *punchline* o incluso la burla a la persona lectora; hay quien se toma la cartela literalmente en serio. En sus recientes montajes escénicos, Cabrera Rubio implementa esta estructura mediante la visibilización concreta del texto-guión; un recurso que evocaré describiendo un performance realizado por la artista en la galería Salón Silicón en septiembre de 2022,[4] pero sólo después de esbozar el contenido narrativo de su propuesta escénica.

***

Como gran parte de la producción de Wendy, este performance entronca con un estudio histórico previo que retoma las relaciones bilaterales entre México y Estados Unidos durante distintos momentos, pero que comprenden un periodo que abarcaría desde 1920 hasta finales de 1990. Concretamente, la obra que analizaremos a continuación se enmarca dentro de la Good Neighbor Policy [Política del buen vecino], impulsada por el presidente norteamericano Franklin Delano Roosevelt hacia Latinoamérica, en 1933. Una de las iniciativas fue la creación de la Oficina del Coordinador de Asuntos Inter-Americanos (OCAIA) a cargo del magnate Nelson Rockefeller, quien configuró una división de cine —que para aquel momento ya había demostrado su potencial propagandístico— liderada por el multimillonario John Hay Whitney, y contando con Francis Alstock como subdirector, quien buscaba producir películas instructivas en el ámbito latinoamericano.[5] Desde esta oficina se produjeron dos grandes proyectos, el primero titulado *Health for the Americas* [Salud para las Américas] (1945), que contó con episodios como: "Corn" [Maíz], "Human Body" [El cuerpo humano], "Winged Scourge" [La plaga alada], "Unseen Enemy" [El enemigo invisible], "Insects as Carriers of Disease" [Insectos como portadores de enfermedades] y "Water: Friend or Enemy" [El agua: amiga o enemiga]; y el segundo *Reading for the Americas* [Lectura para las Américas] (1944) que incluyó métodos audiovisuales de alfabetización y enseñanza de la lectura. Además se produjeron los filmes: *The Story of José* [La historia de José], *The Story of Ramón* [La historia de Ramón], *José Eats Well* [José come bien] y *Ramón is Sick* [Ramón está enfermo].

En el performance de Cabrera Rubio que nos ocupa, la artista incluyó el filme *Cleanliness Brings Health* [La limpieza trae salud] (1945), que establece una comparativa de dos familias mexicanas —una "feliz" y otra "infeliz"— a fin de exacerbar las virtudes de la primera, la cual cocina con un horno de ladrillo separado del piso, cercan a su ganado y mantienen hábitos básicos de higiene. En ambos casos, el filme describe un entorno irremediablemente rural y austero, en donde ambas familias —especialmente sus hijos, Tommy y Johnny— deben ser adoctrinados en cuestiones tales como lavarse las manos antes de comer.

Cabe mencionar que el proyecto piloto de *Reading for the Americas* quedó suspendido tras la retirada del comité mexicano —liderado por la arqueóloga y experta en alfabetización Eulalia Guzmán y el director de fotografía Gabriel Figueroa—, en parte por discrepancias metodológicas, y en parte por las

Wendy Cabrera Rubio, *El peso de la sangre* [The Weight of Blood], 2022. Registro de performance en Performance record at Salón Silicón, Ciudad de México Mexico City. Fotografía Photograph: Luis Vázquez, Weima Art Photography @wap_estudio. Cortesía de la artista y Salón Silicón Courtesy of the artist and Salón Silicón

In this way, the artistic practice of this genre is like journalism in that its existence depends upon the reality of an event, as well as the information produced by it. In this context, fantasy serves to validate what already exists and to make it true through a tongue-in-cheek wink. How often a theme or character is caricatured indicates, by allusion, the degree to which the topic in question is relevant. Therefore, the greater the consolidation of some of its archetypes—through characters, distortions, symbols, or ready-made phrases—the greater the importance of the real event, becoming even more vital as the relationship between popular taste and actual conflict intensifies.[3] The more humorous a caricature is, the more we understand the seriousness of the topic in question.

There is also a structural characteristic of political cartoons that I cannot gloss over: the relationship between its image and text, which figures as a subtitle or legend. The representational and semiotic distance between image and text is also where the joke, the punch line, or the joke played at the reader's expense reside; there are some who take the caption seriously. In her latest stage productions, Cabrera Rubio implements this structure through the concrete visibility of the text-script: a resource that I will recreate by describing a performance by the artist at the Salón Silicón gallery in September 2022,[4] but only after outlining the narrative contents of her proposed scene.

***

Like much of Wendy's work, this performance is linked to a previous historical study based on the bilateral relationship between Mexico and the United States throughout different points in time, but generally covering a period that spans from 1920 to the end of 1990. In particular, the work we will analyze below is part of the Good Neighbor Policy towards Latin America in 1933, promoted by US President Franklin Delano Roosevelt. One of his initiatives was the creation of the Office of the Coordinator of

Inter-American Affairs (OCAIA), under the direction of tycoon Nelson Rockefeller, who established a film division—which by that time had already demonstrated its propagandistic potential. It was led by the multimillionaire John Hay Whitney and included Francis Alstock, who served as deputy director and sought to produce instructive films for Latin America.[5] The OCAIA produced two big projects: the first was known as *Health for the Americas* (1945) with episodes such as: "Corn," "The Human Body," "The Winged Scourge," "The Unseen Enemy," "Insects As Carriers of Disease," and "Water: Friend or Enemy." The second, Reading for the Americas, included audiovisual methods to promote literacy. They also produced films such as: *The Story of José, The Story of Ramón, José Eats Well,* and *Ramón is Sick.*

In the Cabrera Rubio performance that concerns us, the artist included the film *Cleanliness Brings Health* (1945), which compares two Mexican families—a "happy" one and an "unhappy" one—to exaggerate the virtues of the former, who cooked with a brick oven that was raised off the floor, who enclosed their livestock, and who maintained basic hygiene habits. In both cases, the film describes an irredeemably rural and austere environment where the two families—and especially their children Tommy and Johnny—must be indoctrinated on matters such as how to wash their hands before eating.

It's worth mentioning that the pilot project for Reading for the Americas was suspended after the withdrawal of the Mexican committee, which was led by archaeologist and literacy expert Eulalia Guzmán and cinematographer Gabriel Figueroa, in part due to methodological discrepancies and in part due to critiques from the establishment concerning the propagandistic and imperialist tone of the films, as well as the derogatory portrayals of Mexican society.[6] These features, symptomatic of much of the American and Mexican political agenda at the time, have been examined by Cabrera Rubio

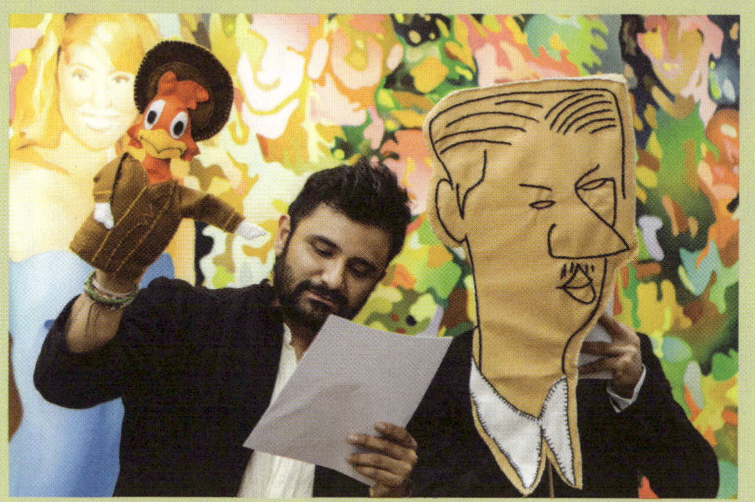

Wendy Cabrera Rubio, *El peso de la sangre* [The Weight of Blood], 2022. Registro de performance en Performance record at Salón Silicón, Ciudad de México Mexico City. Fotografía Photograph: Diego Barrenechea. Cortesía de la artista y Salón Silicón Courtesy of the artist and Salón Silicón

críticas establecidas a los filmes por su tono propagandístico imperialista y las descripciones derogatorias de la sociedad mexicana.[6] Estos rasgos, sintomáticos de gran parte de la agenda política estadounidense y mexicana de la época, han sido examinados por Cabrera Rubio en su performance; algo que advertiremos en el breve análisis que sigue de su montaje escénico vis-à-vis la estructura imagen-texto ya mencionada de la caricatura política.

En la galería encontramos las páginas del guión desparramadas por el suelo, esgrimidas y leídas por dos intérpretes en escena —Yafté Arias y Oddy Espinoza—, quienes aparecen con el mismo grado de relevancia que cualquier otro elemento de la sala. Dos marionetas y una máscara bordada en fieltro encarnan a Panchito Pistolas (Arias), al Pato Donald y al magnate estadounidense Nelson Rockefeller (Espinoza), respectivamente. Encontramos también un monitor que reproduce *Cleanliness Brings Health* y otros *props* que resultan ecualizados en importancia escénica.

Contrariamente a la consideración tradicional, que ocultaría el libreto y lo disimularía en la voz «subjetiva» de las marionetas, Wendy pone de relieve la artificialidad de la escenificación del texto: vemos a Arias y a Espinoza leyendo hojas de papel impreso, pero además percibimos claramente cómo manipulan las marionetas y la máscara, que a su vez "interpretan" el texto leído.[7] Así, la performance tiene tres niveles de representación: el primero, predominantemente visual, nos muestra obras de arte, utilería e intérpretes instalados escenográficamente; el segundo, en donde se ejecuta expresivamente la lectura del guión; y el tercero, en donde las marionetas caricaturizadas "actúan" en virtud de la ejecución visible de Arias y Espinoza. Los dos últimos niveles son enfáticamente textuales.

¿Qué supone esto? Si una caricatura de Disney incide en la realidad, pero también la "disneyfica",[8] el trabajo de Cabrera Rubio incide en la representación al mostrarnos su faceta real operativa; aquella que normalmente se ocultaría en términos escénicos para lograr la sugestión del público. Éste es un rasgo que me gustaría poner de relieve aquí: la resistencia representacional que las obras de Cabrera Rubio ofrecen dentro de los contextos expositivos que habitan.

Esta importancia conferida al guión —mostrada en su materialidad física y funcionamiento performativo al ser leído frente al público—, cobra un sentido caricaturesco al comprender que el texto pretende ser un discurso pronunciado por la imagen de Rockefeller —la máscara—, pero que resulta truncado por la errática participación de Panchito Pistolas y Arias. La burla es inherente a Rockefeller en tanto máscara imperialista pero, además, la ejecución de los intérpretes la evacúa de cualquier rastro de vida escénica, intensificando que, en última instancia, las palabras no provienen de una subjetividad del magnate-máscara, puesto que solamente es una "pantalla" de Espinoza, cuyo rostro vemos ahí mismo. Al mismo tiempo, Arias opera desde las limitaciones expresivas del acto de leer y la sujeción a las necesidades de la marioneta; interpreta a un ebrio que lee un guión y que además le presta voz a una marioneta que también está ebria. Esta distribución vuelve a quien interpreta un instrumento operativo de la marioneta o la máscara, y ambas parten del registro expresivo de la interpretación de un texto, lo que enriquece el paradójico carácter de este evento.

Si gran parte de las caricaturas necesitan del subtítulo para activar su sentido burlesco y mensaje crítico, el uso del guión en las performances de Wendy opera de forma análoga al evidenciar el texto físicamente y mostrarlo como una compleja infraestructura de la interpretación actoral; el actor que lee mientras manipula a la marioneta que habla lo que el actor lee. Tanto Rockefeller como Panchito Pistolas aparecen inertes en escena, animados por mensajes cuya subjetividad actoral nunca encontraremos, porque las voces que los manipulan y dictan tampoco tienen nada que decir fuera del acto de la lectura: leen lo que les toca leer.

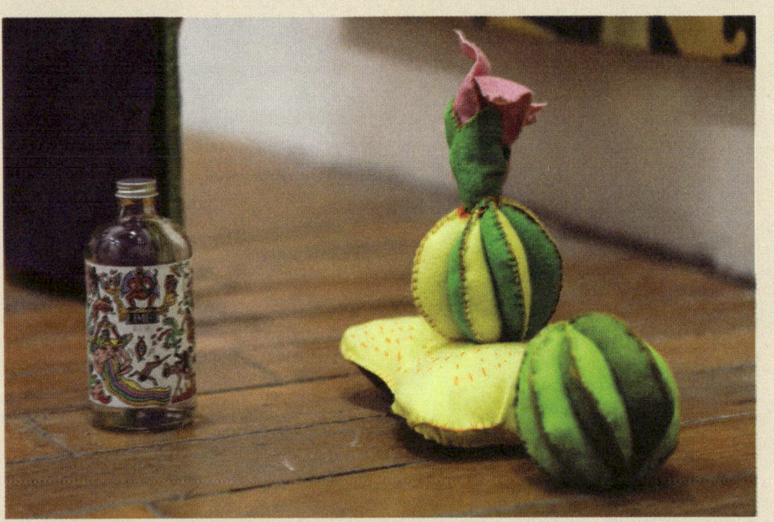

Wendy Cabrera Rubio, *El peso de la sangre* [The Weight of Blood], 2022. Registro de performance en Performance record at Salón Silicón, Ciudad de México Mexico City. Fotografía Photograph: Luis Vázquez, Weima Art Photography @wap_estudio. Cortesía de la artista y Salón Silicón Courtesy of the artist and Salón Silicón

in her performance, a fact we will revisit in the brief analysis of her staging vis-à-vis the aforementioned image-text structure of the political cartoon.

In the gallery, we find pages of the script scattered across the floor, wielded and read by two performers—Yafté Arias and Oddy Espinoza—who command just as much attention as any other element in the room. Two puppets and an embroidered felt mask embody Panchito Pistoles (Arias), Donald Duck, and the American tycoon Nelson Rockefeller (Espinoza), respectively. There is also a monitor replaying the video *Cleanliness Brings Health,* in addition to other props that are equally relevant to the scene.

Unlike conventional performances, which would attempt to hide the script and disguise it through the "subjective" voices of the puppets, Wendy highlights the very artificiality of the text's staging; we see Arias and Espinoza reading sheets of printed paper, and at the same time we also clearly perceive how they are manipulating the puppets and the mask, which in turn "interpret" the read text.[7] In this way, the performance is articulated on three levels of representation: the first, which is predominantly visual, shows us the work of art, the props, and the performers who are positioned within the scene. The second is where the performers expressively execute the reading of the script. The third is where the caricatured puppets "act" by virtue of Arias and Espinoza's performance of the script. The last two levels are emphatically textual.

What does this mean? If a Disney caricature underscores reality while also "Disneyfying" it, Wendy's work instrumentalizes the act of representation by demonstrating its real operative force: the very force that would normally be hidden in a stage production to achieve the effect of off-screen action for the viewing public. This is a feature that I would like to highlight here: the representational resistance that Cabrera Rubio's works offer within the exhibition contexts they inhabit.

The importance of the script is made apparent because it is read in front of an audience, an act that emphasizes its physical materiality and its

performative function. It becomes a caricature once we recognize that the text merely feigns to be a speech performed by the image of Rockefeller (or rather, the mask that represents him). This connection becomes severed through the erratic vacillation between Arias the performer and Arias performing as Panchito Pistoles. The mockery is inherent in Rockefeller's own presence as an imperialist mask. But the performers remove any trace of its existence on stage, intensifying the fact that the words do not come from the presumed "subjectivity" of the tycoon represented as a mask because it barely covers the performer's face. It is just a "screen" for Espinoza. At the same time, Arias exploits the expressive limitations imposed by the act of reading and subjects himself to the puppet's needs; he plays a drunk who reads a script while also lending his voice to a puppet that is also drunk. This distribution of roles makes the performer an operative instrument for the puppet and for the mask. Both split off from the expressive register that is involved in interpreting a text, which only serves to enrich the paradoxical nature of this event.

If, for the most part, cartoons need subtitles to activate the joke and the critique, the script, especially in terms of how it is used in Wendy's latest performances, operates in an analogous way. It draws attention to the physical presence of the text and demonstrates that it is a complex infrastructure of an actor's interpretation; the actor reads while manipulating the puppet that voices what the actor reads. Both Rockefeller and Panchito Pistoles appear static on stage, animated only by messages unmoored from the actor's subjectivities because the voices that manipulate and dictate them have nothing to say beyond the act of reading; they read what they are called upon to read.

This hole in the representation, made by what is real, operates as a caricature in that it produces a distortion in the representational framework of the work. And yet, the distortion in this instance only serves to reinforce its fidelity.[9] The characters distribute themselves and overlap indistinctly; that

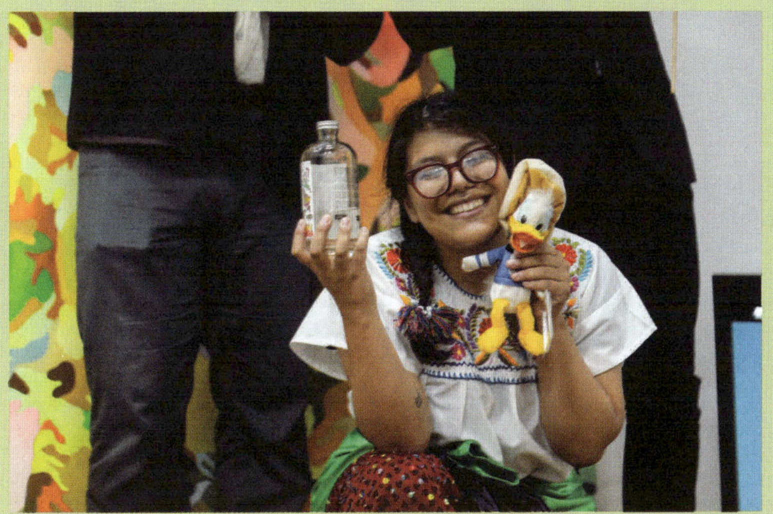

Wendy Cabrera Rubio, *El peso de la sangre* [The Weight of Blood], 2022. Registro de performance en Performance record at Salón Silicón, Ciudad de México Mexico City. Fotografía Photograph: Diego Barrenechea. Cortesía de la artista y Salón Silicón Courtesy of the artist and Salón Silicón

Esta perforación de la representación hecha por lo real funciona caricaturescamente en tanto que produce una distorsión en el tejido representacional de la obra, y sin embargo, la distorsión aquí no hace sino reforzar la presencia de fidelidad.[9] Los personajes se distribuyen y solapan indistintamente, es así que entendemos la Unión Panamericana, o cómo hablan los héroes tapatíos del escuadrón 201 en Filipinas; el guión se descoyunta en una secuencia de mediaciones y préstamos miméticos, y es así que advertimos la obscena vigencia del discurso político que esta obra excava. Todo personaje que participa en la performance de Cabrera Rubio eventualmente se convierte en *prop*,[10] y entonces asumimos la personalidad de los personajes. De esta forma, comprendemos las historias que Cabrera Rubio nos comparte desde las fisuras y deficiencias producidas en la representación por la suplementación de lo real, revelándose nítidamente funcional, explícito e implacable.

***

Inserta en esta estrategia creativa —que vincula instalación escénica y conceptos de la caricatura política—, debo añadir que Cabrera Rubio participó en su propia performance en Salón Silicón interpretando al personaje-*prop* llamado La China Poblana Filipina.[11] Esta entidad habita un intersticio liminal; es un cuerpo humano como los de Arias y Espinoza, pero no lee, ni manipula ninguna marioneta, ni usa una máscara, aunque porta la del Pato Donald como pectoral. Su rol parece limitarse a sostener y servir tequila al público, a los intérpretes y a Panchito Pistolas, a tocar la marimba, a traer objetos a escena —como una piñata—, y a soportar los frecuentes avances del briago Pistolas. Sin una sola línea de diálogo, La China cumple la labor para la que ha sido concebida, y que expondré así: además de las características que he esbozado, la caricatura política permite la identificación de quien se hace caricaturista; como si la labor de analizar, representar y deformar personajes públicos y arquetípicos repercutiera con mayor nitidez en la autopercepción.[12] Hay por tanto un elemento simpatético en el acto de caricaturización: representar a la otredad es también autoconstruirse. Esto no equivale a decir que Cabrera Rubio —orgullosa oriunda del Estado de México— se piense realmente como china o poblana, sino que su infiltración en la realidad de la representación cambia la jerarquía actoral. Cabrera Rubio emerge en la obra no como un personaje llamado La China, sino como Wendy Cabrera Rubio caricaturizada como La China; parece un personaje, pero continúa siendo ella. Así, la persona ocupa al arquetipo, pero lo hace apareciendo como su propia envoltura. Sin personaje que interpretar, La China es lo que le ocurre a una obra de Cabrera Rubio cuando Wendy la visita.

[1] Véase: Rafael Carrasco, *La caricatura en México* (Ciudad de México: Imprenta Universitaria de México, 1953); Manuel González Ramírez, *La caricatura política* (Ciudad de México: FCE, 1955); José Guadalupe Zuno, *Historia de la caricatura en México* (Guadalajara: Universidad de Guadalajara, 1961); José Luis Sáez, *Apuntes de periodismo iconográfico* (Santo Domingo: Universidad Autónoma de Santo Domingo, 1986); Rius, *El arte irrespetuoso: historia incompleta de la caricatura política según Rius* (Barcelona: Grijalbo, 1998); Salvador Pruneda, *La caricatura como arma política* (Ciudad de México: Instituto Nacional de Estudios Históricos de la Revolución Mexicana, 2003).

[2] Un repaso rápido a este detalle ofrece un repertorio menospreciado y escaso repertorio: conocemos tan sólo una caricatura de Ema Best (1985), considerada pionera del género; Palmira Garza (1937) fue la única mujer de la Sociedad Mexicana de Caricaturistas en su época y fue forzada a retirarse debido a malas condiciones laborales; las declaraciones de Cintia Bolio (1969) —alusivas a la falta de denuncia sobre la opresión a las mujeres—, o de Cecilia Pego (1967) —respecto a la falta de pertinencia de la crítica política—, dan cuenta del ámbito marginal ocupado por las mujeres caricaturistas y de su desmoralización profesional. Agustín Sánchez, investigador del Centro Nacional de Investigación, Documentación e Información de Artes Plásticas (CENIDIAP) especializado en historia de la caricatura en México, registra un total de quince mujeres caricaturistas en el país. Véase: Gabriela Jiménez Bernal, "El humor: vocación universal", *El Universal* (23 de junio de 2003): https://archivo.eluniversal.com.mx/cultura/29102.html.

[3] W. A. Coupe, "Observations on a Theory of Political Caricature", *Comparative Studies in Society and History*, Vol. 11, No. 1 (1969), 80.

[4] La pieza formó parte de la exhibición colectiva *Why are you still so obsessed with me?* realizada en Salón Silicón el 8 de septiembre de 2022 en Ciudad de México.

[5] Véase: José Luis Ortiz y Alma Delia Zamorano, "Los medios audiovisuales como instrumento de enseñanza y alfabetización: El experimento de Walt Disney en México (1943–1946)", en Elsa Margarita Ramírez (coord.), *La enseñanza de la lectura en la universidad*, (Ciudad de México: Universidad Nacional Autónoma de México, 2017), 173–188.

[6] Los cortometrajes de la serie de *José y Ramón*, "[...] presentaban a sus protagonistas como modelos culturalmente antagónicos. José era representado como fuerte, alerta y exitoso en su comportamiento, claramente era el estadounidense. Mientras que Ramón, encarnaba al hombre perdedor, débil, con complejo de inferioridad, materializando al estereotipo latinoamericano". Ortiz y Zamorano, *ibid.*, p. 184.

[7] No puedo dejar de indicar la similitud entre esta distribución escénica del texto y sus "intérpretes" con la práctica religiosa de los "maestros cantores" perteneciente al culto de la Cruz Parlante, activo durante la Guerra de Castas (1847–1901) y con sede en Chan Santa Cruz (actualmente el municipio Felipe Carrillo Puerto en el estado de Quintana Roo). Véase: Nelson Reed, *The Caste War of Yucatán* (Redwood City: Stanford University Press, 1964), p. 161.

is how we understand the Pan American Union, or how the Guadalajaran heroes of the 201st Fighter Squadron in the Philippines are voiced; the script is disjointed in a sequence of mediations and mimetic borrowings, and this is how we are made aware of the obscene validity of the political discourse that this work excavates. Every character that participates in Cabrera Rubio's performance eventually becomes a prop,[10] and this is how we adopt the characters' personalities. In this way, we understand Cabrera Rubio's stories through the fissures and deficiencies of their representations, produced by the elaboration of what is real, clearly revealing itself as functional, explicit, and implacable.

***

As a part of this creative strategy, which provides the link between scenic installations and the concept of the political cartoon, I should add that Cabrera Rubio participated in her own performance at Salón Silicón by performing as a character-prop called La China Poblana Filipina.[11] This entity inhabits a liminal space; it is a human body like those of Arias and Espinoza, but it does not read. Nor does it manipulate any puppets or any masks (although it wears the Donald Duck mask as a breastplate). Her role seems to be restricted to holding and serving tequila to the audience, to the performers, and to Panchito Pistoles, playing the marimba, bringing objects on stage (such as a piñata), and tolerating frequent advances from a drunk Pistoles. Without a single line of dialogue, La China fulfills the task for which she was conceived: in addition to the characteristics that I have just outlined, the political cartoon allows for the caricaturist to assume their identification of becoming a caricaturist. It's as if the task of analyzing, representing, and distorting public and archetypal characters could bring about a greater clarity of self-perception.[12] There is, therefore, a sympathetic element in the act of creating a caricature; to represent alterity is also an act of imagining oneself. In no way does this imply that Cabrera Rubio—proudly from the State of Mexico—actually thinks of herself as La China or as a Poblana. Rather, the penetration of reality in the representation transforms the hierarchy of the actors. Cabrera Rubio appears in the play not as a character named La China, but as Wendy Cabrera Rubio caricatured as La China; she looks like a character but remains herself. Thus, the person performs the archetype, but does so by appearing in its own cover. Without a character to perform, La China is what happens to a Cabrera Rubio play when Wendy comes to visit.

[1] Rafael Carrasco, *La caricatura en México* (Mexico City: Imprenta Universitaria de México, 1953); Manuel González Ramírez, *La caricatura política* (Mexico City: FCE, 1955); José Guadalupe Zuno, *Historia de la caricatura en México* (Guadalajara: Universidad de Guadalajara, 1961); José Luís Sáez, *Apuntes de periodismo iconográfico* (Santo Domingo: Universidad Autónoma de Santo Domingo, 1986); Rius, *El arte irrespetuoso: historia incompleta de la caricatura política según Rius* (Barcelona: Grijalbo, 1998); Salvador Pruneda, *La caricatura como arma política* (Mexico City: Instituto Nacional de Estudios Históricos de la Revolución Mexicana, 2003).

[2] A quick investigation into this fact offers merely a scant and undervalued catalog: We know only of one caricature by Ema Best (1985), considered a pioneer of the genre; Palmira Garza (1937) was the only woman in the Sociedad Mexicana de Caricaturistas during her time and was forced to retire due to poor working conditions; Cintia Bolio's (1969) statements alluding to the lack of denouncement against women's oppression and Cecilia Pego's (1967) comments on the ineffectual nature of political critique allow us to perceive the professional demoralization women cartoonists experienced, as well as the marginal social position they occupied. Agustín Sánchez, a researcher from CENIDIAP specializing in the history of caricature in Mexico, registered a total of 15 women political cartoonists in the entire country. Gabriela Jiménez Bernal, "El humor: vocación universal," *El Universal*, June 23, 2003: https://archivo.eluniversal.com.mx/cultura/29102.html.

[3] W. A. Coupe, "Observations on a Theory of Political Caricature," *Comparative Studies in Society and History* 11, no. 1 (1969): 80.

[4] The piece was part of a collective exhibition called *Why are you still so obsessed with me?*, performed at Salón Silicón on September 8, 2022, in Mexico City.

[5] José Luis Ortiz and Alma Delia Zamorano, "Los medios audiovisuales como instrumento de enseñanza y alfabetización: El experimento de Walt Disney en México (1943–1946)," autora (ed.), Elsa Margarita Ramírez, *La enseñanza de la lectura en la universidad* (Mexico City: Universidad Nacional Autónoma de México, 2017), 173–188.

[6] The short film series *José and Ramón*, for example, "[...] presented its protagonists as culturally opposing models. José, whose behavior was portrayed as strong, alert, and successful, was clearly American. Meanwhile, Ramón embodied the underdog: weak, with an inferiority complex, materializing the stereotypical Latin American." Ortiz and Zamorano, ibid., 184.

[7] I can't help but note how the scenic relationship between the text and its "interpreters," with their religious practice, resembles the "master singers" of the cult of the Cruz Parlante and their religious practice. They were active during the Caste War of Yucatán (1847-1901) and based in Chan Santa Cruz (which is currently the municipality of Felipe Carrillo Puerto in the state of Quintana Roo). Nelson Reed, *The Caste War of Yucatán* (Redwood City: Stanford University Press, 1964), 161.

[8] Un ejemplo clásico lo encontramos en *Der Fuehrer's Face* (1943) en donde se parodian las tribulaciones del Pato Donald en la metrópolis fascista "Nutzi Land". Véase: John Wills, *Disney Culture* (Nueva Jersey: Rutgers University Press, 2017), p. 17.

[9] Coupe, *Op. cit.*, p. 85.

[10] Una cuestión que valdría la pena desarrollar más, puesto que conecta con un antiguo estrato de la caricatura: "Las xilografías de Rabelais transformaron utensilios en seres humanos. Los Carracci transformaron los retratos de sus amigos en ollas, farolillos o barriles. Ninguno de estos chistes, relatados por biógrafos confiables, se conserva; pero podemos imaginar fácilmente cómo se veían desde el medio favorito de metamorfosis." En Ernst Gombrich y Ernst Kris, "The Principles of Caricature", en *British Journal of Medical Psychology*, Vol. 17, 1938, 319-342. Traducción del autor.

[11] Tal y como aparece en el guión de la obra, amablemente cedido por la artista. Wendy Cabrera Rubio (9 de octubre de 2022), comunicación personal.

[12] Pienso aquí en José Guadalupe Posada y en la construcción de su identidad nacional mediante su actividad como caricaturista. Véase: Víctor Alba, "The Mexican Revolution and the Cartoon", en *Comparative Studies in Society and History*, Vol. 9, No. 2 (1967), 121–136.

[8] A classic example can be found in *Der Fuehrer's Face* (1943), where Donald Duck's trials and tribulations are parodied in the fascist metropolis "Nutzi Land." John Wills, *Disney Culture* (New Jersey: Rutgers University Press, 2017), 17.

[9] Coupe, op. cit., 85.

[10] A question that is worth developing further, given that it connects to an old stratum of caricatures. "The Rabelais woodcuts transformed implements into human beings. The Carracci transformed portraits of their friends into pots, lanterns, or barrels. None of these jokes, related by reliable biographers, are extant; but we can easily imagine what they looked like from the favorite means of metamorphosis, the transformation of man into animal." In Ernst Gombrich and Ernst Kris, "The Principles of Caricature," *British Journal of Medical Psychology* Vol. 17, 1938, 319-342.

[11] As it appears in the script, which was kindly provided by the artist. Wendy Cabrera Rubio, personal communication, October 9, 2022.

[12] I am thinking here of José Guadalupe Posada and the construction of his national identity through his activity as a caricaturist. See: Víctor Alba, "The Mexican Revolution and the Cartoon, in "*Comparative Studies in Society and History*, Vol. 9, no. 2 (1967): 121–136.

Svethlanna González,, *Hacer Noche*, 2021-2023. Acuarela Watercolor. 20 x 27 cm. Cortesía de la artista Courtesy of the artist

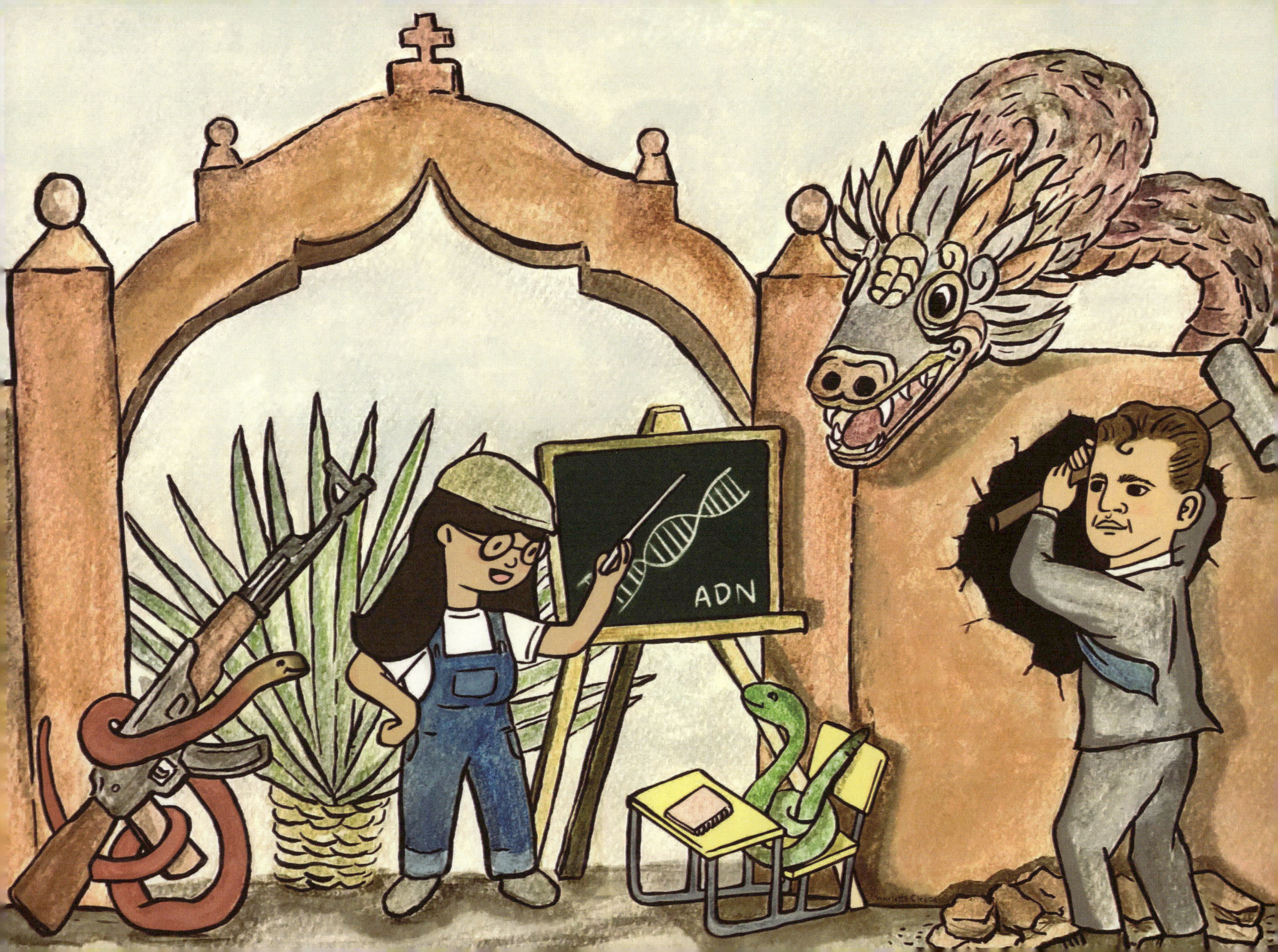

ADN

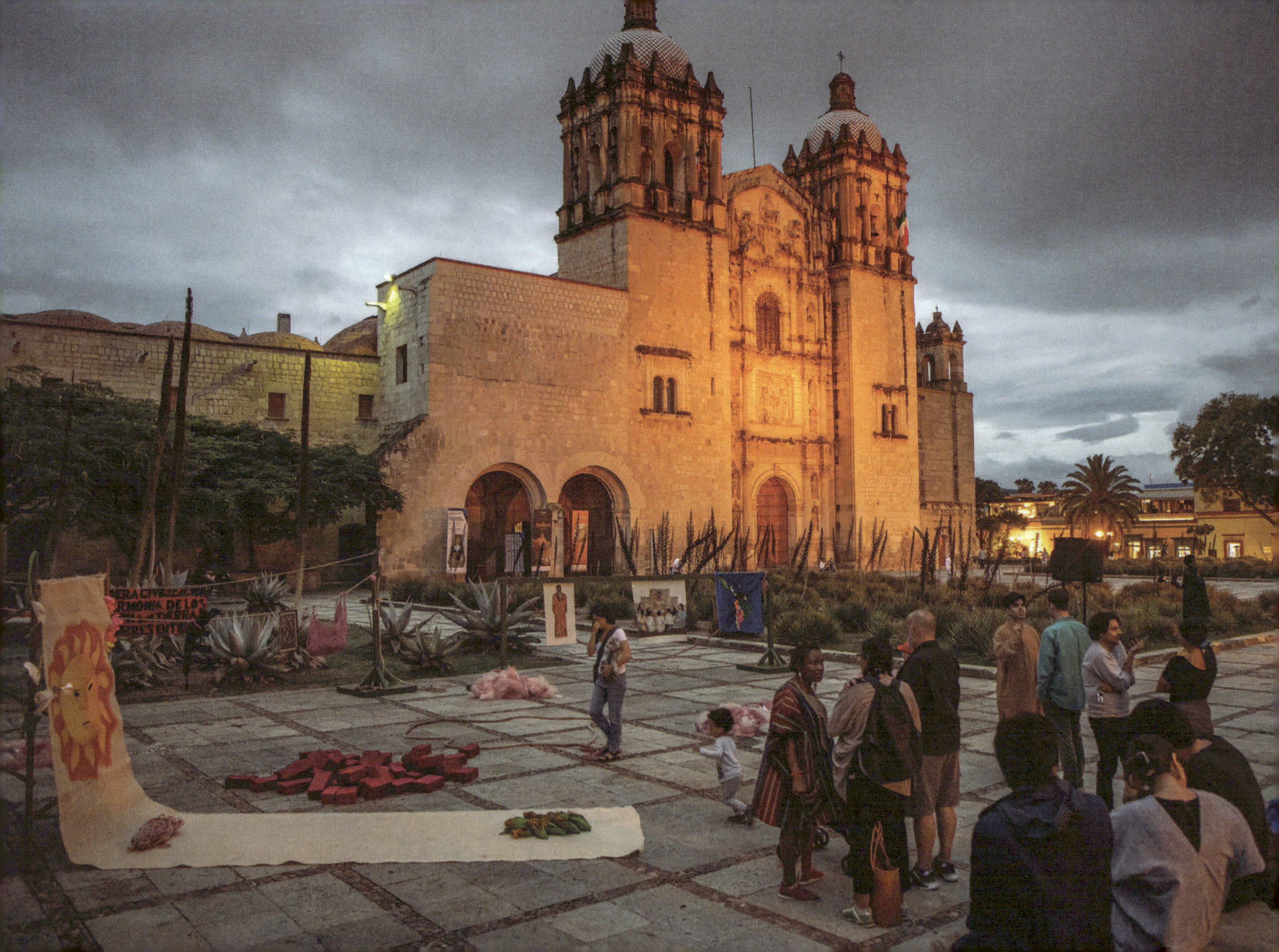

EL QUE QUIERA COMER QUE TRABAJE

El que quiera comer que trabaje es una pieza concebida y producida por Wendy Cabrera Rubio en colaboración con Manuela García y Manuel Delgado para el festival internacional de arte contemporáneo, *Hacer Noche: Promised Land* (2022) en Oaxaca. Como si se tratara de una retroexcavadora, la obra —que pretendía ser una clase de arte total: instalación, escultura, teatro, coreografía y poesía— tomó el momento histórico de 1919 y cavó un pozo *transeccional* en una suerte de microhistoria de la ciencia en escena. La pervivencia de los principios de la eugenesia en el espíritu de las nuevas instituciones posrevolucionarias es uno de los ejes principales del guión, en donde se entrecruzan otros temas como la turistificación, el nacionalismo, el poder y el sacrificio. En este encuentro, grandes cuestiones fueron lanzadas al aire: ¿cuáles son los límites del cambio social? ¿Por qué y cómo persiste el conservadurismo? ¿Cuáles son las constantes del proceso histórico? ¿Es la misma gata, pero revolcada?

La pieza en su llamado a la labor creativa post Covid fue ya un triunfo. El equipo se enfrascó en un proceso de escritura que a la vez derivó en la experimentación material con la grana cochinilla, la fibra y distintos tejidos de henequén. Del mismo modo, todo este recargado bagaje referencial debía de ser primero desplegado en el pasillo principal del Ex-Convento de Santo Domingo, para después adecuarse al Patio de los Naranjos del mismo recinto. Sin embargo, la pieza ocupó el espacio de manera parcial y atropellada por única vez el día 3 de septiembre de 2022

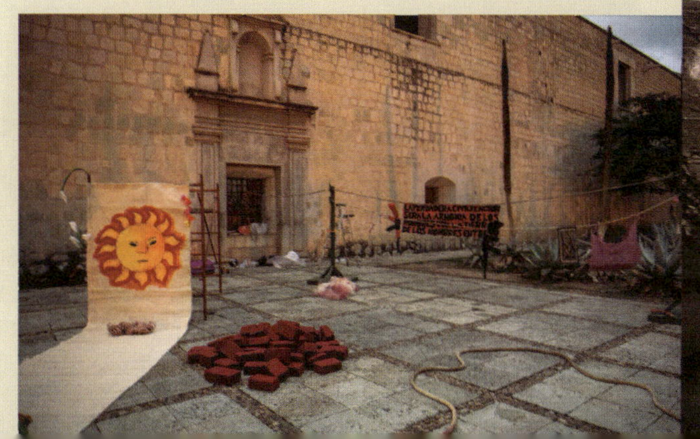

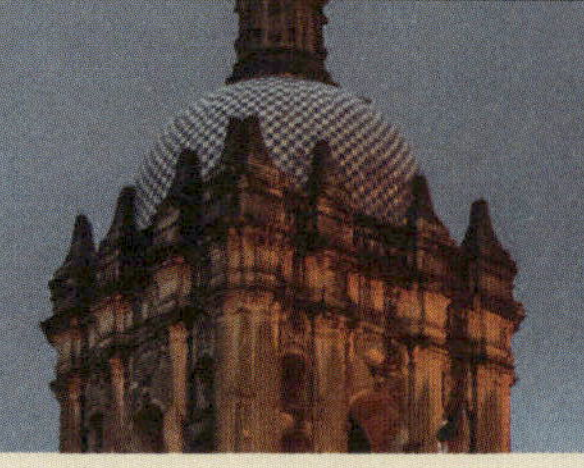
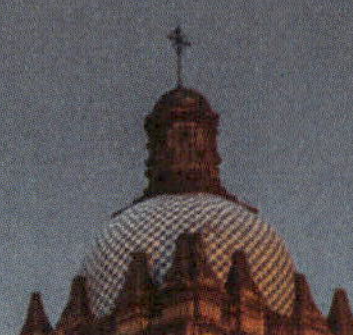

en el atrio de la Iglesia de Santo Domingo, una hora más tarde de lo programado para dejar pasar una calenda nupcial.

La pieza lanzó otras cuestiones que resultan más cercanas a la labor artística y menos generales al devenir nacional. ¿Es el carácter disruptivo y contingente del performance suficiente para justificar las limitaciones productivas? Si una obra no se ejecuta como se planeó, ¿realmente es la *obra*? ¿Cuál es la relación entre performance, *happening* y obra teatral? ¿Cuál es el sentido de todo? Quizás aquí sea donde la pieza anterior y posterior a la inauguración de *El que quiera comer que trabaje* tengan más en común y la diferencia entre plan y ejecución sea menor, pues en realidad, como otras obras de Cabrera Rubio, ésta es un tratado rabioso, encabronado y viperino de la naturaleza humana, la cercana y la lejana.

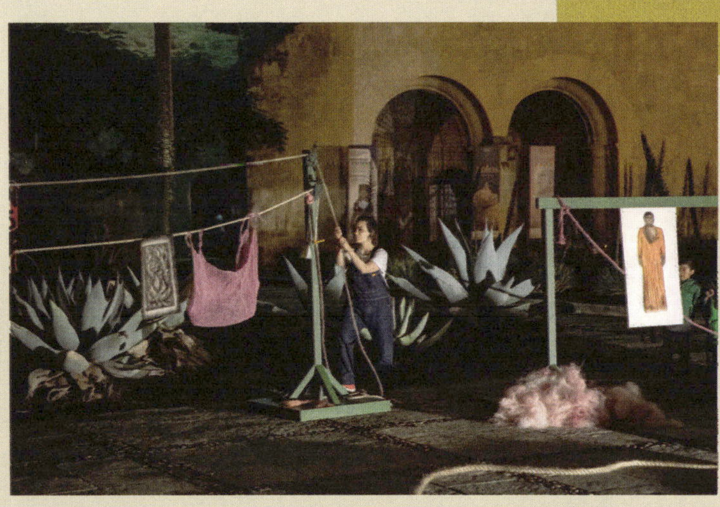

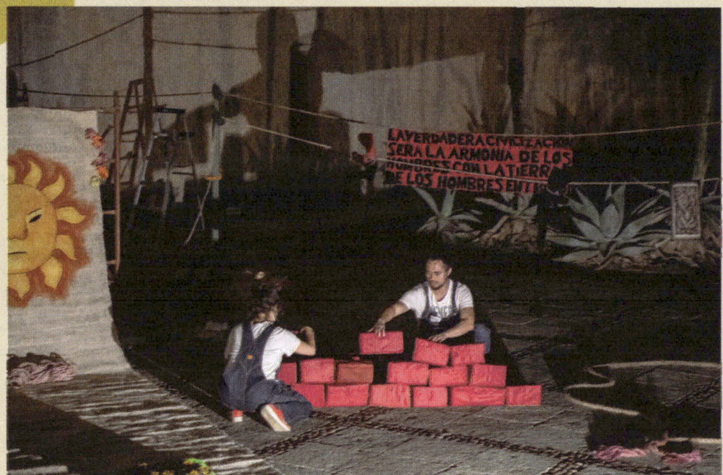

WHOEVER WANTS TO EAT, SHOULD WORK

El que quiera comer que trabaje [Whoever wants to eat, should work] is a piece conceived and produced by Wendy Cabrera Rubio in collaboration with Manuela García and Manuel Delgado for the international contemporary art fair *Hacer Noche: Promised Land* (2022) in Oaxaca. The piece aspired to be a total work of art: installation, sculpture, theater, choreography, and poetry. And as if it were a backhoe, it isolated a historical moment from 1919 and dug a trans-sectional hole to allow us to witness something like a micro-history of science on stage. One of the main ideas of the script was the enduring influence of eugenics in newly founded post-revolutionary institutions, especially where themes like touristification, nationalism, power, and sacrifice intertwine with one another. The event raised some major issues: What are the limits of social change? Why and how does conservatism endure? What are the constants of the historical process? *¿Es la misma gata, pero revolcada?*[1]

In its appeal to creative work post-Covid, the piece was already a triumph. The team immersed itself in a writing process that led to experimenting with materials such as cochineal, fiber, and various henequen textiles. Along the same lines, the heavy weight of its referential baggage had to be displayed first in the hallway of the Ex-Convento de Santo Domingo, so that it could later be adapted for the Patio de los Naranjos in the same compound. Nevertheless, the piece partially occupied the space just once, and it was hastily taken down on September 3, 2022, one hour after it was

[1] Mexican saying that means: Same song, different tune.

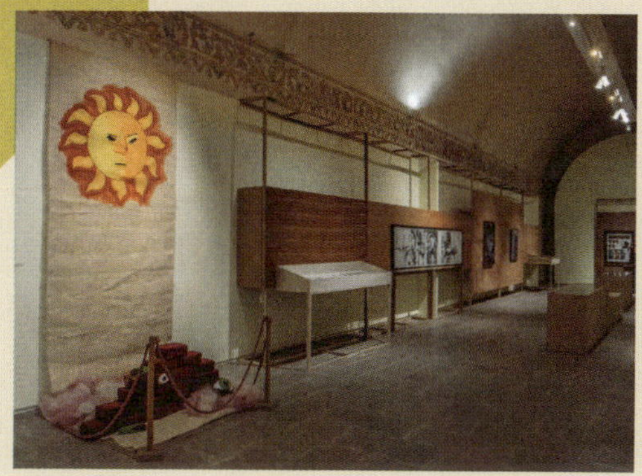

"

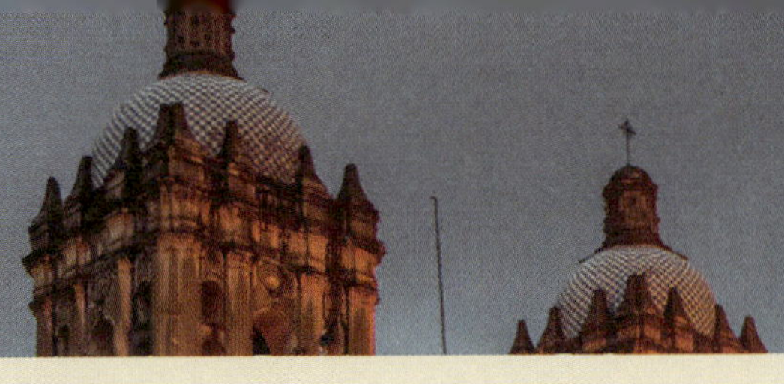

pp. 124, 125, 127, 128 Pablo Arredondo Vera, Wendy Cabrera Rubio, Manuel Delgado Plazola y Manuela García, *El que quiera comer que trabaje* [Whoever Wants to Eat, Should Work], 2022. Vista de instalación Installation view *El que quiera comer que trabaje*, Festival *Hacer Noche: Promised Land*, Museo de las Culturas de Oaxaca, Oaxaca

pp. 126, 129 Pablo Arredondo Vera, Wendy Cabrera Rubio, Manuel Delgado Plazola y Manuela García, *El que quiera comer que trabaje*, 2022. Registro de performance en el Performance record at Centro de las Artes San Agustín Etla, Oaxaca

FOTOGRAFÍAS PHOTOGRAPHS: Jalil Olmedo.
Cortesía de la artista Courtesy of the artist

Este proyecto fue realizado con el apoyo del This project was supported by the Centro de las Artes San Agustín Etla

scheduled to be debuted, to allow a wedding in the atrium of the Santo Domingo Church.

The piece raised other issues that had more to do with the implications of artistic labor and had less to do with the national development. Is the disruptive and contingent nature of performance enough to justify its productive limitations? If a work is not executed in the way it was originally planned, is it truly a *work of art*? What is the relationship between the genre of performance, happening, and theater? What is the point of it all? Perhaps the piece as it existed before and after the opening of *Whoever wants to eat should work* has more in common within this context, and perhaps there is less of a difference between a plan and its execution. This piece, like Cabrera Rubio's other work, is an impassioned, furious, and acerbic treatise on human nature, both near and far.

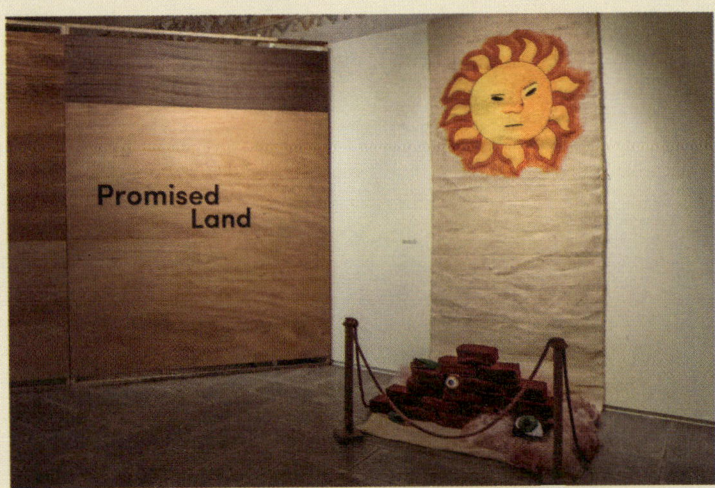

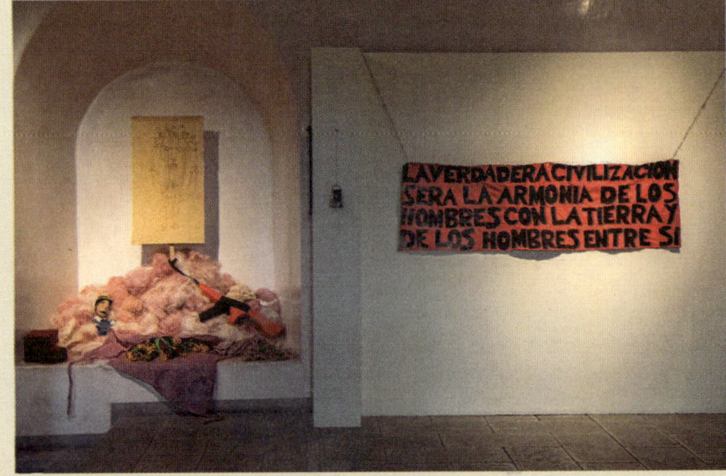

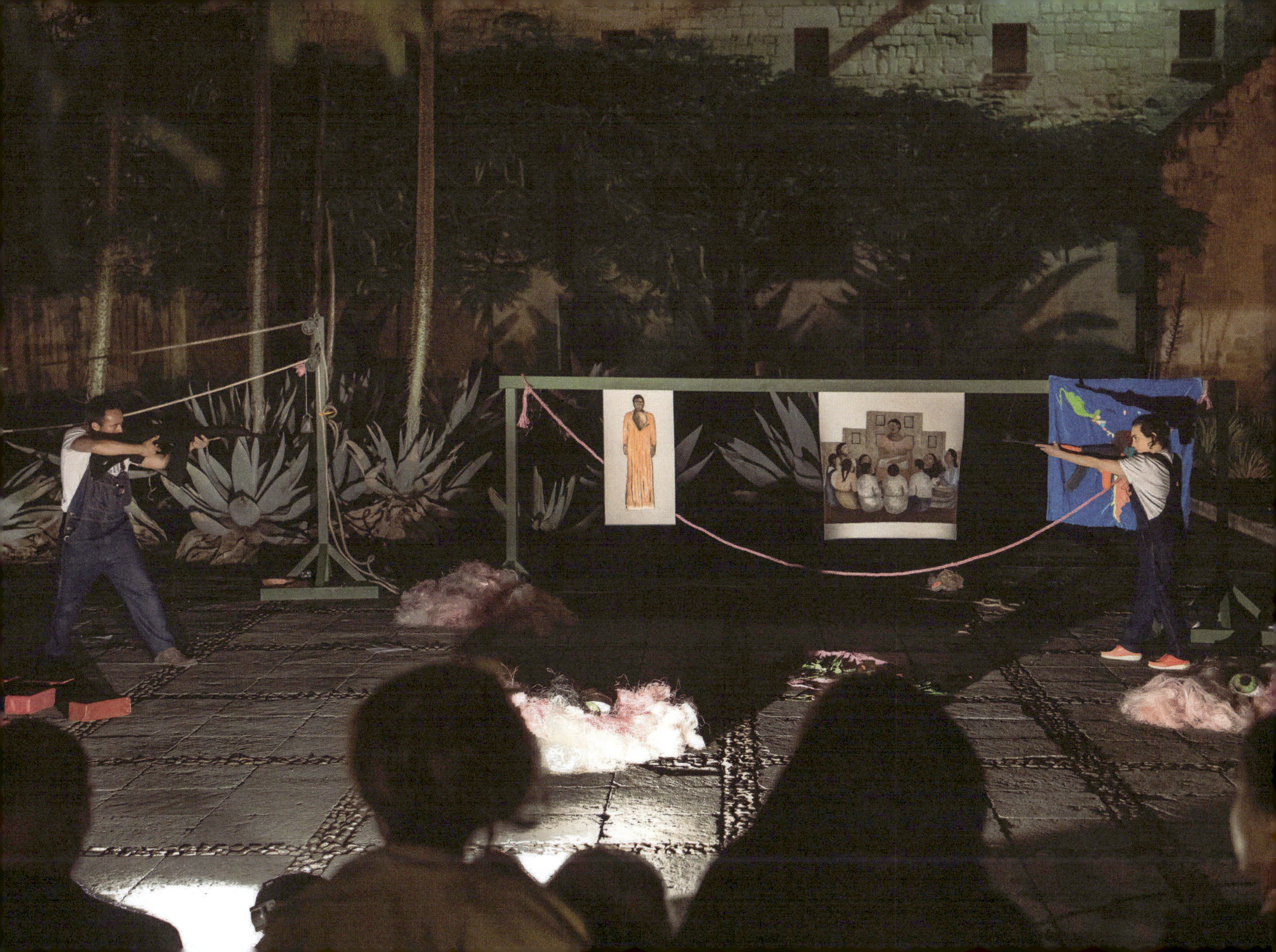

Andrés García, *Estudio y reinterpretación del plano del Museo Experimental el Eco por Luis Barragán: Tres obreros ponen en vertical los bloques de lo que era una antigua pirámide horizontal para la realización de la nueva obra magnánime moderniste del Maestro Mathias Goeritz* [Study and Reinterpretation of Luis Barragan's Architectural Plan for the Museo Experimental el Eco: Three Workers Vertically Set the Blocks of What Was an Old Horizontal Pyramid for the Realization of the New Magnanimous Modernist Work of the Master Mathias Goeritz], 2023. **Lápiz sobre papel** Pencil on paper. **21.59 x 27.94 cm.**
Cortesía del artista Courtesy of the artist

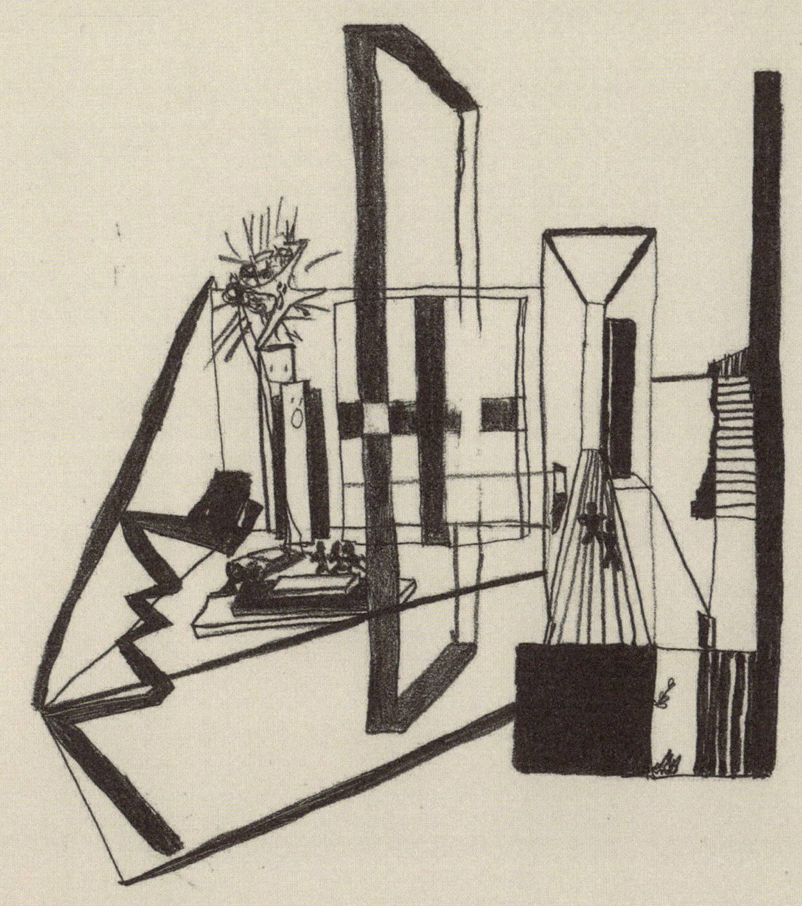

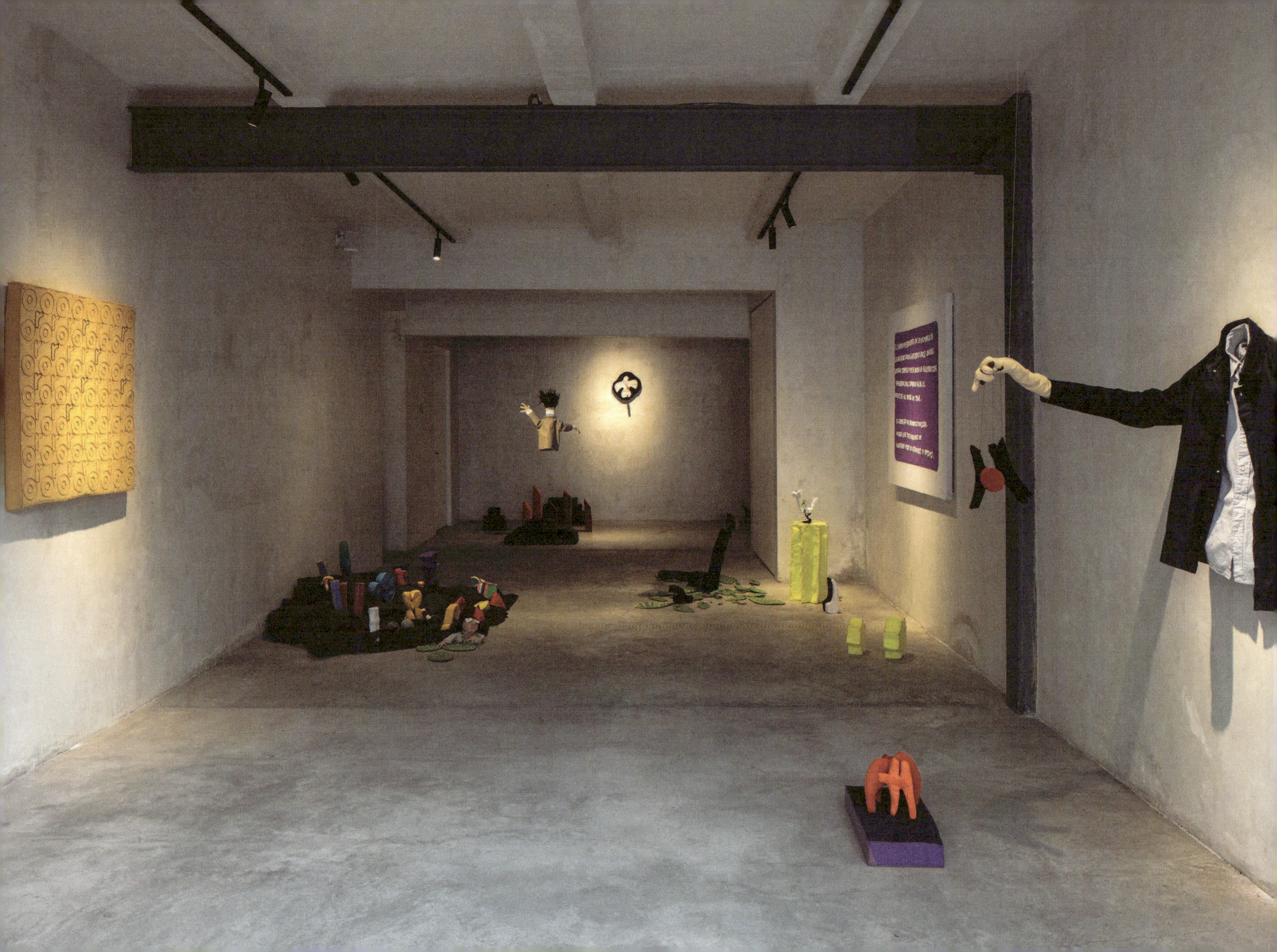

CRÍTICA A LA PIRÁMIDE

Esta exposición incorpora un sueño premonitorio, ése que tal vez alguien tuvo en los años sesenta tras la designación de la ciudad anfitriona de los Juegos Olímpicos de 1968. Como cualquier sueño, está poblado de cosas averiadas: palabras que corren en círculos, rostros acartonados, habitaciones improbables, conversaciones interrumpidas. Sin embargo, al tratarse de un sueño de vaticinio, toda esta pedacería termina por sumarse para revelar lo que en realidad se está soñando, lo cual es, por supuesto, monstruoso. En esta realidad onírica se levantan tres reinos superpuestos; el primero de ellos resplandece hasta lastimar los ojos y se nombra a sí mismo "Próspera Utopía", a ser consagrado cuando se celebren los Juegos; el segundo, "Lúgubre", consiste en la maquinaria humana de la modernización que edifica y sostiene esa supuesta bonanza; el tercero se llama "Tlatelolco".

Crítica a la pirámide muestra también a dos personajes soñándose mutuamente: un arquitecto de la corte y un artista extranjero. El primero, Pedro Ramírez Vázquez, es un dignatario que sirve a "la patria", a veces junto con el gobierno, otras con el gran capital. El otro, Mathias Goeritz, irrumpe histriónicamente a mitad del siglo en el país como una suerte de prestidigitador de lo nuevo. Ambos son caras de una monumentalidad internacionalista, conspiradora de la Guerra Fría; proveen a la nación versiones actuales del túmulo y la pirámide. En sus obras, todo debe ser

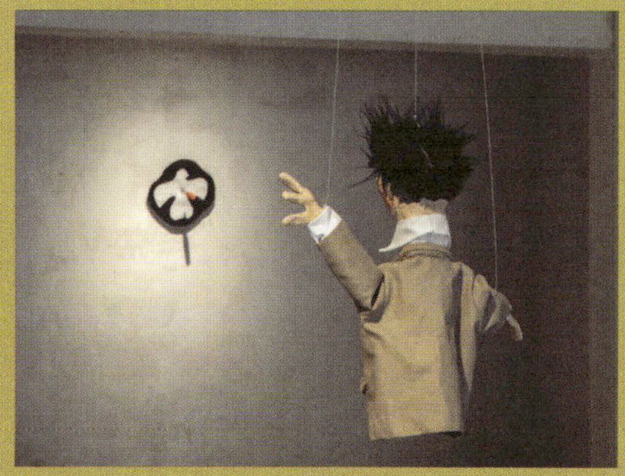

demostrado hasta la saciedad. Con un solo trazo abstracto —y gigantesco— ha de expresarse la dirección de millones de seres.

La exposición contiene, por último, un sueño dentro de un sueño. Es y no es el que Antonio "El Corcito" Ruiz imaginó para la Malinche, en este caso sobre las sábanas de un lujoso hotel inaugurado en 1968, semanas antes de la masacre y de los Juegos. La violencia contra una mujer —la artista— como antigua metáfora terrible de la "posesión de lo nacional" potencializa la reflexión sobre las numerosas violencias de estas modernidades dolientes, en específico la arquitectónica y urbana que controla los cuerpos. A través de las elegantes celosías del hotel, hoy de estética envejecida, podemos entrever la pesadilla histórica que hemos de soñar una y otra vez (pues todo sueño está, por fuerza, incompleto) con la esperanza de que alguna vez podamos dormir.

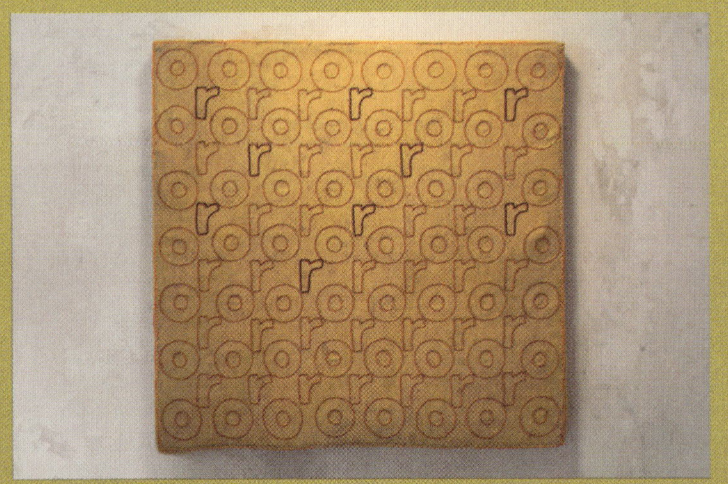

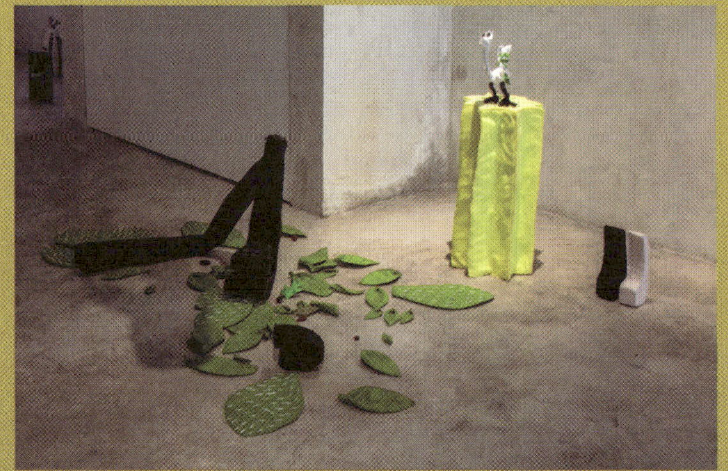

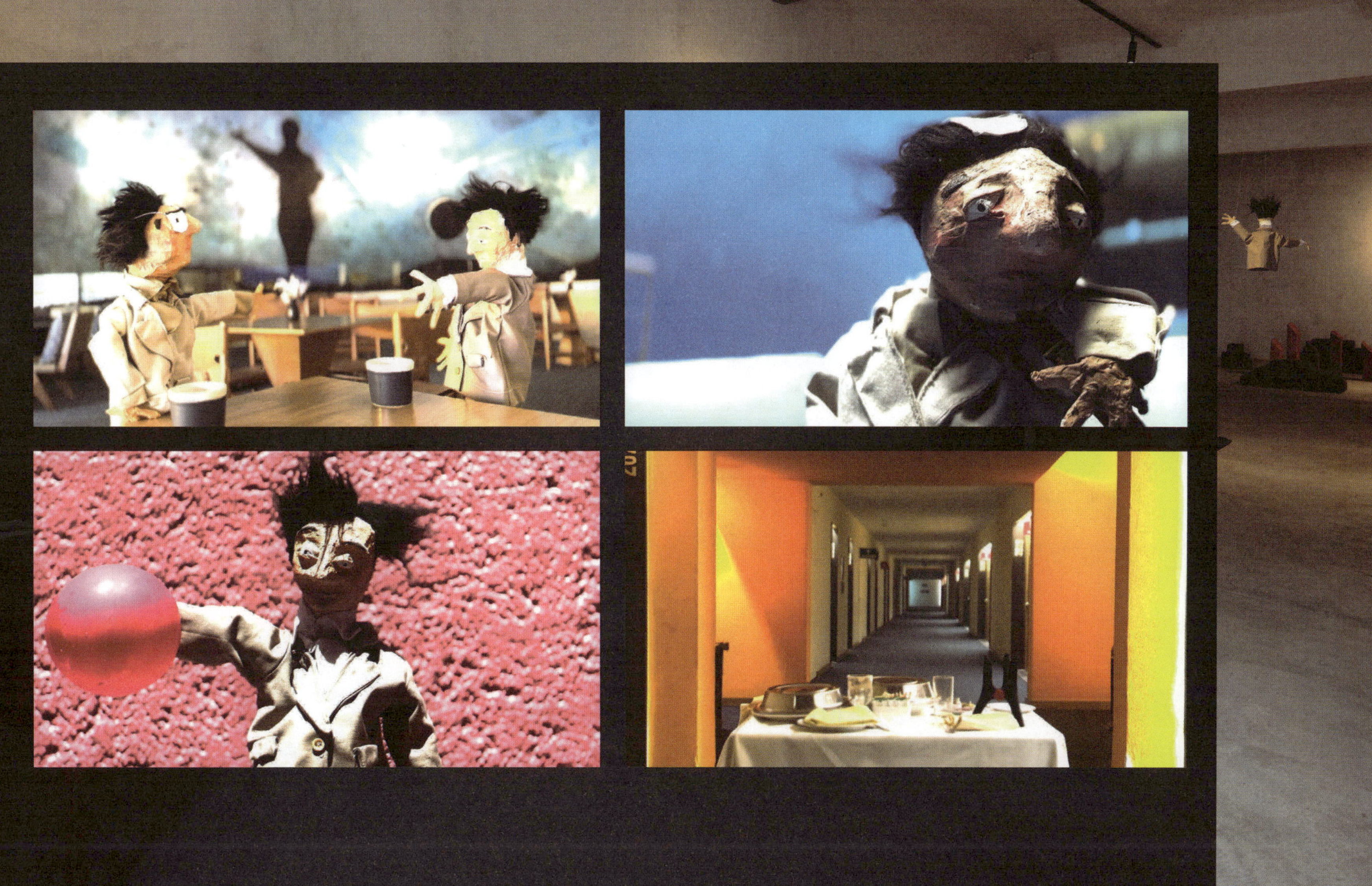

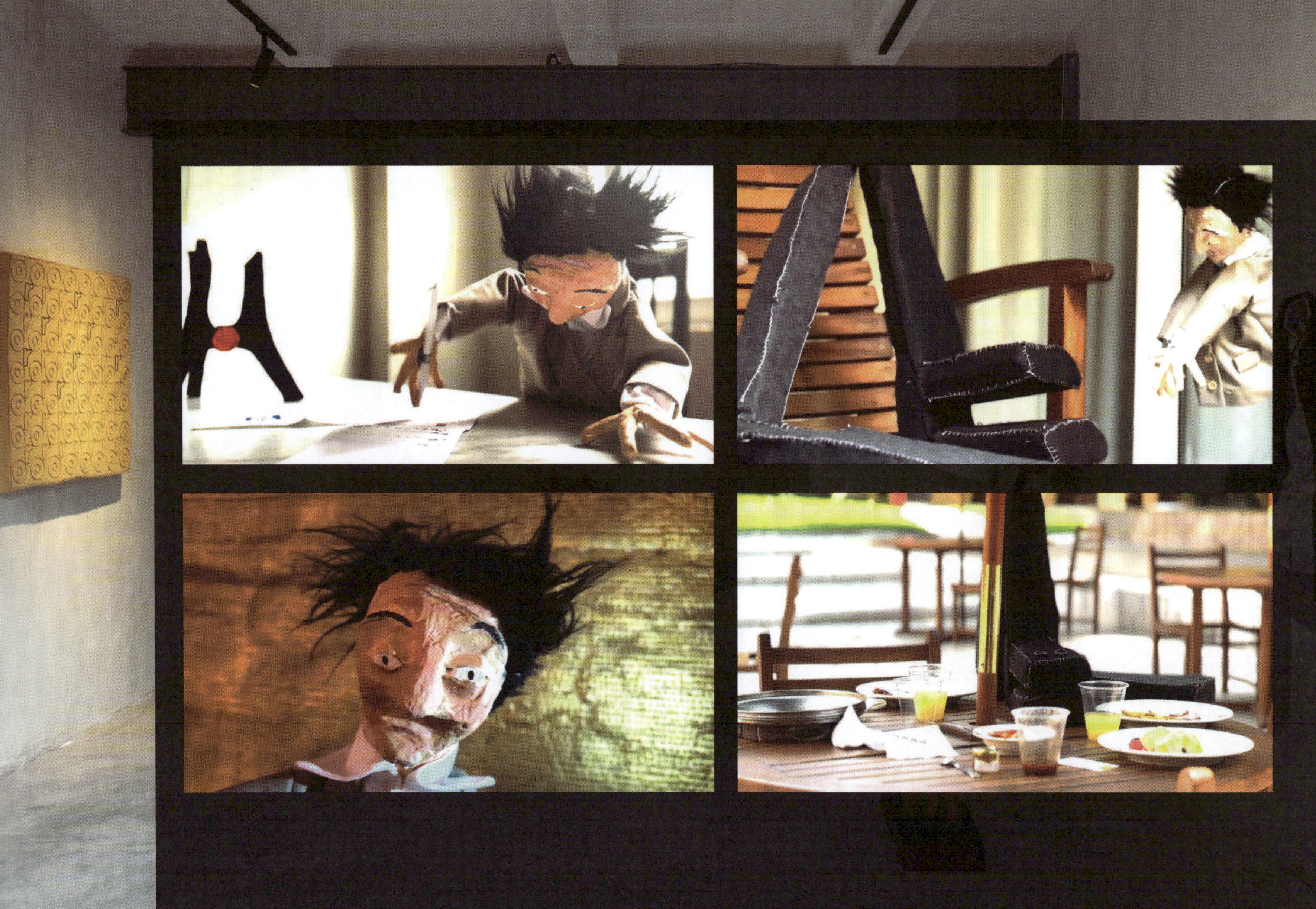

A CRITIQUE OF THE PYRAMID

DANIEL ESCOTO

This exhibition subsumes an ominous dream, one that someone may have had in the 1960s after Mexico City was designated as the host for the 1968 Olympic Games. Like any dream, it's made up of broken things: words that run in circles, faces stiff as cardboard, rooms that are improbably configured, and interrupted conversations. However, since it is a prophetic dream, all these bits and pieces add up to reveal what is actually being dreamt—naturally, something monstrous. In this oneiric reality, there are three superimposed realms: the first one calls itself Prosperous Utopia. It shines so bright it makes you squint, and it will be consecrated once the Games are held. The second realm, Gloom, is comprised by the modern human machinery meant to build and sustain this presumed bonanza. The last one is called Tlatelolco.

Crítica a la pirámide [Criticism of the Pyramid] also features two characters that are dreaming in concert with one another: an architect of the court and a foreign artist. The first, Pedro Ramírez Vázquez, is a dignitary serving his country, sometimes in collaboration with the government and at other times with Big Capital. The other, Mathias Goeritz, makes a histrionic entrance into the country mid-century as a sort of an illusionist of all that is new. Both are representatives of an internationalist monumentality, a conspirator of the Cold War. They provide the nation with current versions of the ancient burial mound and the pyramid. Their works need to assert themselves to the point of satiation. The direction of millions of beings is to be expressed through just one gigantic, abstracted stroke.

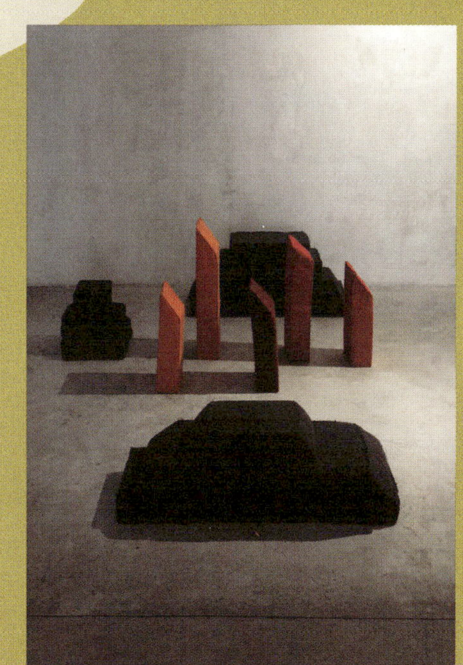

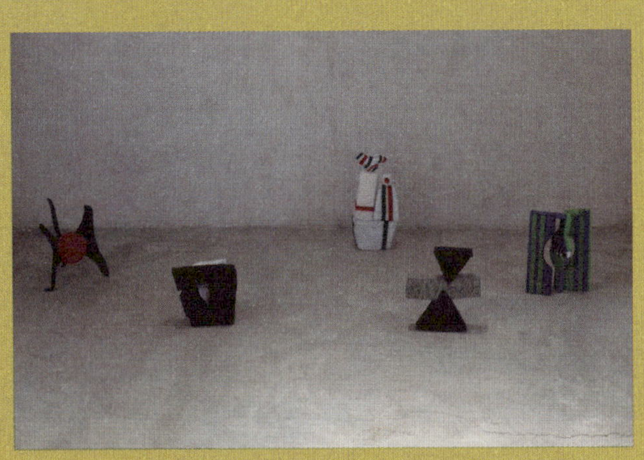

Lastly, the exhibition contains a dream within a dream. It is and it isn't what Antonio "El Corcito" Ruiz imagined for La Malinche—in this case, over the sheets of a luxurious hotel opened in 1968, just weeks before the massacre and the Olympic Games. The violence committed against a woman—the artist—is a terrible ancient metaphor for the *possession of the national*. It induces a reflection on the numerous violent acts of these ailing modernities, specifically the architectonic and urban violence that polices bodies. Through the elegant lattices of the hotel, which appear today as a relic of the past, we can glimpse the historical nightmare that we have to dream over and over again (because every dream is, by its very nature, incomplete) in the hope that we will finally be able to sleep one day.

pp. 132, 133, 139 Wendy Cabrera Rubio, Manuel Delgado Plazola, Andreas García, Fer Gress y Antonio Ponce, *Crítica a la pirámide* [A Critique of the Pyramid], 2023. Vista de instalación Installation view Crítica a la pirámide, N.A.S.A.L., Ciudad de México Mexico City

p. 134 IZQUIERDA LEFT: Wendy Cabrera Rubio, *Modern Art and Architecture in Cold War Mexico (El Corno Emplumado)* [Arte y arquitectura moderna en el México de la Guerra Fría (El Corno Emplumado)], 2023. Fieltro y esponja sintética Felt and synthetic sponge. 90 cm x 90 cm x 5 cm

DERECHA RIGHT: Wendy Cabrera Rubio, *El sueño de la Malinche o serpiente bicéfala* [The Dream of La Malinche or Bicephalous Serpent], 2023. Fieltro, tablero de espuma, alambre galvanizado, esponja sintética Felt, foamboard, galvanized wire, synthetic sponge

p. 137 Wendy Cabrera Rubio, Andrés García & Fer Gress, *Talud y tablero* [Slope and Board] (detalle detail), 2023. Escultura de fieltro sintético Synthetic felt sculpture

p. 138 DERECHA RIGHT: Wendy Cabrera Rubio, Manuel Delgado Plazola, Andreas García, Fer Gress y Antonio Ponce, *Aspects of Mexican Civilization* [Aspectos de la civilización mexicana], 2023. Conjunto de 22 esculturas de fieltro sintético Set of 22 synthetic felt sculptures

FOTOGRAFÍAS PHOTOGRAPHS: Ramiro Chávez. Cortesía de Courtesy of N.A.S.A.L.

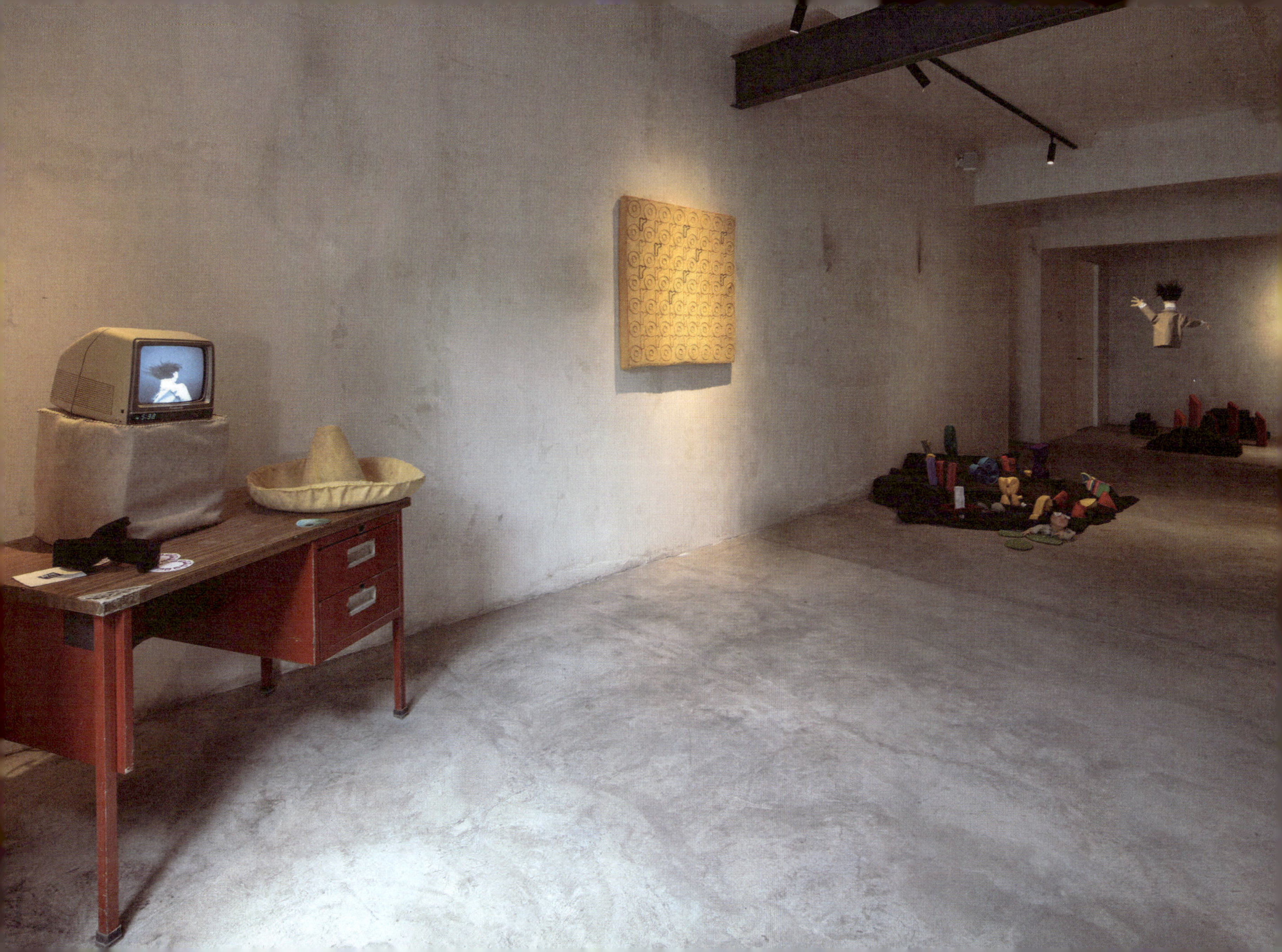

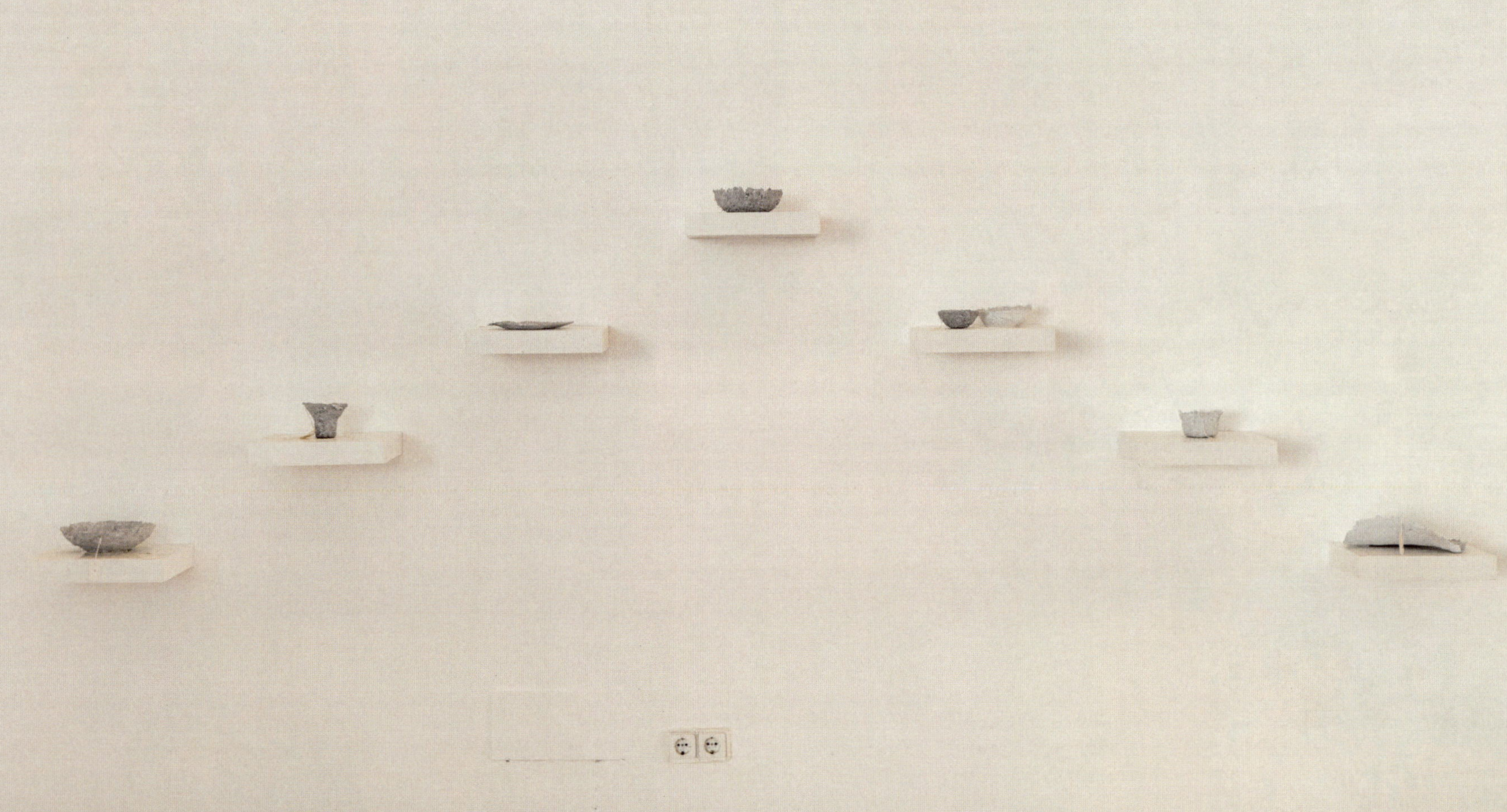

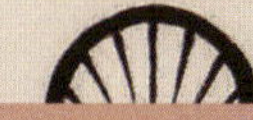

MAMÁ, QUEREMOS SER ARTISTAS

BEGOÑA MARTÍNEZ

En medio de la fiebre institucionalizada por el derecho al acceso a la cultura —dentro de la cual nunca se matiza que es a su consumo—, Wendy Cabrera Rubio nos hace preguntarnos por el derecho a su producción, pues no siempre resulta evidente la distinción entre la concepción del tiempo libre real y la práctica creativa. Muchxs de lxs implicadxs en los relatos articulados por la curadora tienen otros empleos a los que deben aferrarse por pura supervivencia. Los medios con los que dialogan están atravesados por una revolución que no trajo ni tanto progreso, ni tanta libertad. Artistas en plataformas de petróleo, artistas en el sector de los servicios. A veces, el ejercicio pirata de "profesiones liberales".

Los ensambles curatoriales de la artista no son una mera representación de esta precariedad, sino una puesta en diálogo que emerge de aquello que la provoca. Los procesos desalienantes expuestos incomodan por los testimonios que traen consigo, liberados mediante una actividad elegida a voluntad: la práctica artística. Se sienten como un arrojo, pues, aunque puedan ser adquiridas, contienen verdades que no pueden dominarse. Desde la desposesión se despierta el deseo de quienes tienen acceso a todo. Tal vez sea esto lo más radical y bello que encierra la muestra que Cabrera Rubio curó en mayo de 2023 en Andratx, un pueblo de Mallorca en el que no es extraño encontrarse palos de golf en los contenedores de basura.

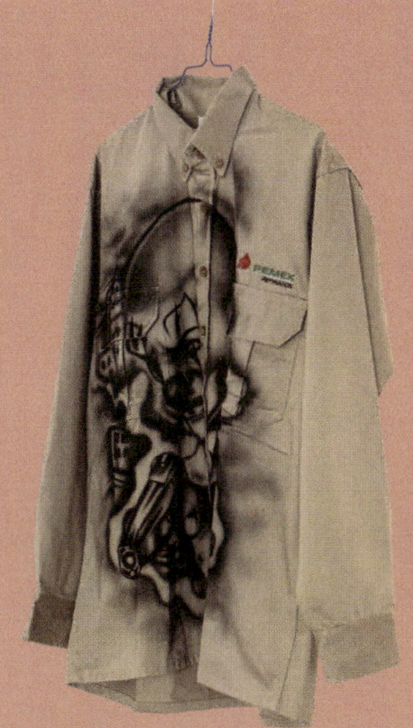

¹ Alejo Carpentier, *Tientos y diferencias* (La Habana: Unión de Escritores y Artistas de Cuba, 1966).

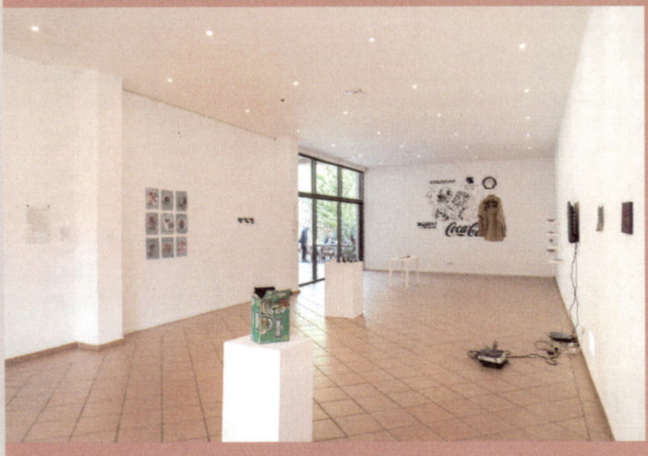

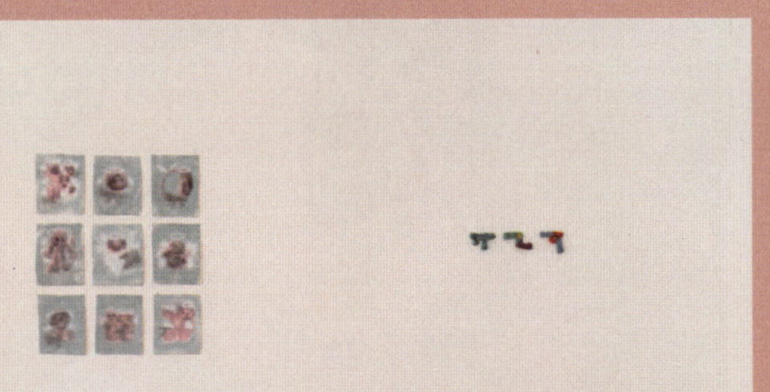

La práctica curatorial de la artista es una actividad discursiva como no lo es cualquiera; sus formas narrativas son las de la picaresca. Las piezas sobre las paredes parece que llaman y dicen *mírenme, miren de dónde vengo*. Algunas de éstas son pequeñas, otras efímeras, ajenas al tiempo o estropeadas por el mismo, así como el paso de las personas que quedan fuera de la historia. Nos hablan desde los bordes de la periferia. Una apelación que se inicia nada más con atravesar el lindar de la puerta. También se puede oír un *miren bien, miren lo que yo he visto. Aquí están mis verdades y mi crónica*. Como decía Alejo Carpentier, el barroco consiste en nombrar las cosas nuevas.¹ Ahora bien, el neobarroco practicado por Cabrera Rubio es el de señalar las consecuencias del uso y abuso de esas cosas.

Las herramientas y los lenguajes utilizados son instrumentos cotidianos, domésticos si cabe: la computadora, el papel, el meme. En todos ellos se despierta el giro lingüístico operado cada día frente a nuestras pantallas, esa burla que plegamos sobre nosotrxs mismxs cuando no hay tiempo para el autocompadecimiento. Plegada y devuelta a carcajadas, la moralidad también cabe en la risa.

Incluso las propuestas más sofisticadas tienen mucho de *afterwork*: se reciclan los residuos de un archivo en el que se trabaja, archivos que atraviesan y son atravesados por historias privadas en aras de su conservación. Transformados en objetos monumentales y elevados sobre peanas, nos dicen: *el arte habrá perdido su sentido simbólico, pero no así la historia*.

MOM, WE WANT TO BE ARTISTS

BEGOÑA MARTÍNEZ

While institutions clamor over the right to cultural access, never quite making explicit the fact that it is destined for consumption, Wendy Cabrera Rubio makes us reflect upon our right to produce culture—especially since the distinction between free time and creative practice is not always evident. Many of the people who are a part of the curator's stories have other jobs they must hold onto to survive. The mediums that they converse in are transfixed by a revolution that failed to bring progress and freedom. Artists on oil rigs, artists in the service sector. Sometimes, even, the cosplay of "liberal professions."

The artist's curatorial assemblages are not merely representations of this precarity, but rather a dialogue that emerges from that which provokes it. The de-alienating processes exposed make people uncomfortable due to the testimonies they bring with them, liberated through a chosen activity at will: artistic practice. It seems reckless. Because even though art can be acquired, it contains indomitable truths. Out of dispossession, a desire is awakened—the desire of those who have access to everything. Perhaps this is the most radical and beautiful thing about the exhibition that Cabrera Rubio curated in May 2023 in Andratx, a town in Mallorca where it is common to find golf clubs in trash cans.

The artist's curatorial practice is a discursive activity unlike any other; its narrative forms are those of the picaresque. The pieces on the walls seem to call out and say: *Look at me. Look where I come from.* Some of them are

p. 140 Mayra Vineya, *La gota de leche* [The Milk Drop], 2022. Papel maché hecho de archivos de investigación triturados, agua y pegamento escolar, leche materna Papier mâché made of shredded research archives, water, and school glue, breast milk. Medidas variables Variable dimensions

p. 141 Mariana Ledesma, *Sanabria*, 2022. Uniforme de Petróleos Mexicanos (PEMEX) intervenido con aerógrafo por Mexican oil worker's uniform airbrushed by Martin Miranda

p. 142 ARRIBA UP: Vista de instalación Installation view *La guerra de las imágenes* [Images at War], Centre Art Contemporani Andratx (CCA), Sa Coma, España Spain
ABAJO DOWN: Andrés García, *Arcangel Ametralladora #12-20* [Archangel Machine Gun #12-20], 2023. Glock, políptico, grana cochinilla, aerosol sobre lino Glock, polyptych, cochineal red, aerosol on linen María José Ordóñez, Réplicas suaves de prototipos sólidos de foami moldeable [Soft replicas of solid prototypes made of moldable foamy], 2022. Tres piezas de felting, reinterpretación y ejecución por *Three felting pieces* [Three pieces of felting], reinterpreted and performed by Sandra Monroy Mandujano Marek Wolfryd (en colaboración con in collaboration with Mr. Zhang & Donghai Yiqi Crystal Products Co., Ltd.), *Objetos místicos y eternos de fascinación y deseo; los 12 elementos que componen el universo: fuego, tierra, hielo, luz, espacio, planta, agua, viento, electricidad, oscuridad, tiempo y metal* [Mystical and Eternal Objects of Fascination and Desire: The 12 Elements That Compose the Universe - Fire, Earth, Ice, Light, Space, Plant, Water, Wind, Electricity, Darkness, Time, and Metal], 2021. Doce esculturas labradas en piedras semipreciosas: obsidiana caoba, aventurina verde, fluorita, fluorita índigo, cuarzo rosa, obsidiana negra, cuarzo transparente, cuarzo ahumado, amatista violeta, aventurina azul, aventurina roja y ópalo artificial Twelve sculptures carved in semiprecious stones: mahogany obsidian, green aventurine, fluorite, indigo fluorite, rose quartz, black obsidian, transparent quartz, smoky quartz, violet amethyst, blue aventurine, red aventurine and artificial opal

small, others ephemeral, alien to time or damaged by it, just like the passage of people who are left out of the story. They speak to us from the edges of the periphery, as an appeal that begins simply by walking through the doorway. We can also hear: *Look closely. Look at what I have seen. Here are my truths and the annals of my history.* As Alejo Carpentier used to say, the baroque consists of naming new things.[1] In this case, Cabrera Rubio's neo-baroque gesture is to point out the consequences of the use and abuse of these things.

The tools and languages that she uses are everyday instruments—perhaps one could even say they are domestic: the computer, the piece of paper, the meme. All of them are awakened by the linguistic turn that takes place every day in front of our screens, a kind of mockery that we succumb to when there is no time for self-pity. Crumpled up and spit out with a guffaw, morality also accommodates in laughter. Even the most sophisticated proposals require a lot of afterwork: the residues of a consulted archive are recycled, archives that are sifted through and archives that are traversed by private histories for the sake of their preservation. Transformed into monumental objects and elevated on pedestals, they tell us: *Art may have lost its symbolic meaning, but history has not.*

p. 143 Carlos Martínez, *Antes del paraíso (solo un jardín)* [Before Paradise (Just a Garden)], 2021. Bajo relieve en placa de estuco, chapopote Low relief on stucco plaque, asphalt. 20 x 23 x 5 cm

p. 145 Leonardo Ascencio, *Nuevo Mundo (1492-????)* [New World (1492-????)], 2018. Pintura acrílica sobre muro Acrylic painting on wall. Dimensiones variables Variable dimensions

FOTOGRAFÍAS PHOTOGRAPHS: Grimalt de Blanch. Cortesía de la artista Courtesy of the artist

[1] Alejo Carpentier, *Tientos y diferencias* (Havana: Unión de Escritores y Artistas de Cuba, 1966).

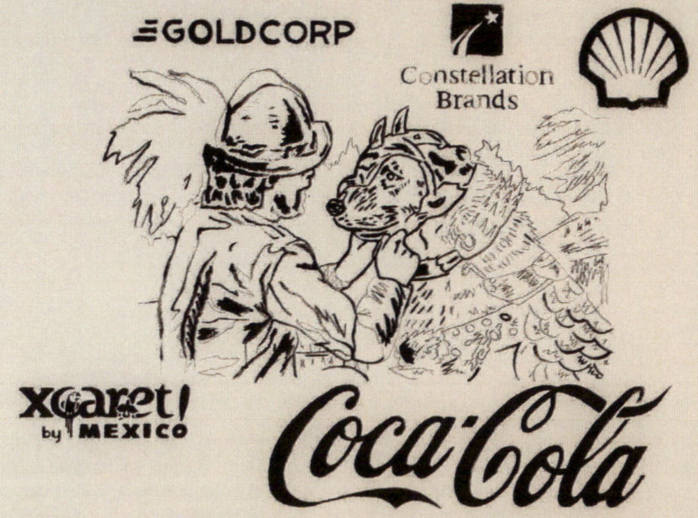

GOLDCORP
Constellation
Brands
Xcaret!
by MEXICO
Coca-Cola

BIOGRAFÍAS BIOGRAPHIES

DANIEL AGUILAR RUVALCABA (LEÓN, 1988)

Artista visual, escritor independiente y patafísico. Cursó estudios en el programa educativo de SOMA y es fundador y co-director del espacio de exposiciones Biquini Wax EPS. Ha publicado textos en medios como *La Tempestad*, *Horizontal*, *Blog de Crítica* y *Arquine*. Ha exhibido su trabajo en la galería kurimanzutto, en el Museo Universitario del Chopo, la Sala de Arte Público Siqueiros (SAPS) y Ladrón Galería. Participó como ponente en la XIII edición del SITAC. Trabaja con dibujo, collages, videos, escultura y otras cosas.

Visual artist, independent writer and pataphysicist. He studied at SOMA's educational program and is the founder and co-director of the exhibition space Biquini Wax EPS. He has published texts in media such as *La Tempestad*, *Horizontal*, *El blog de crítica* and *Arquine*. He has exhibited his work at kurimanzutto gallery, Museo Universitario del Chopo, the Sala de Arte Público Siqueiros (SAPS) and Ladrón Galería. He participated as a lecturer in the XIII edition of SITAC. He works with drawing, collages, videos, sculpture and other stuff.

NEIL MAURICIO ANDRADE (VERACRUZ, 1990)

Profesor de filosofía, escritor e investigador independiente radicado en Cuernavaca. Estudió Historia del Arte en la UNAM y es maestro en Estudios de Arte y Literatura por la UAEM. Se especializa en cine experimental, pedagogía, teoría crítica y movimientos sociales en México. Con Biquini Wax EPS expuso en *City Prince/sses* en Palais de Tokyo y en *TEOR/éTica*. Fue coeditor de *Anatomía de la imagen. Notas de Teo Hernández* (2019). Escribe en la *Revista de la Universidad de México*, *Kunstlicht*, *Ambulante*, *Campo de Relámpagos* y *diSONARE*. Actualmente colabora en la plataforma editorial independiente tumbalacasa y co-dirige Como en Feria (de Artes). Es adherente a la Sexta Declaración de la Selva Lacandona.

Philosophy professor, writer, and independent researcher based in Cuernavaca. He studied Art History at UNAM and holds a Master's degree in Art and Literature Studies by the Universidad Autónoma del Estado de México (UAEM). He specializes in experimental cinema, pedagogy, critical theory, and social movements in Mexico. With Biquini Wax EPS, he exhibited at *City Prince/sses* at the Palais de Tokyo and at *TEOR/éTica*. He is co-editor of *Anatomía de la imagen. Notas de Teo Hernández* (2019). He writes for *Revista de la Universidad de México*, *Kunstlicht*, *Ambulante*, *Campo de Relámpagos* and *diSONARE*. Currently, he collaborates at tumbalacasa, an independent editorial platform, and co-directs Como en Feria (de Artes). He is part of the Sixth Declaration of the Lacandon Jungle.

GEMMA ARGÜELLO MANRESA (MÉXICO)

Investigadora y curadora. Ha publicado en distintas revistas, catálogos y libros en México, Holanda, Francia, Italia y Australia, entre otros países. Recientemente fue beneficiaria del apoyo de la Fundación Jumex (2021 y 2023) y de la beca del Patronato de Arte Contemporáneo AC (2022) con la investigación colectiva y libro *Coordenadas móviles: Redes de colaboración entre mujeres en la cultura y el arte (1975-1985)* (2023), así como del Programa de Apoyo a la Producción e Investigación en Arte, Medios y Discapacidad (2021) con la investigación y libro *Arquitectura hostil. Tecnologías urbanas de la exclusión* (2022).

Actualmente es curadora en la Galería Abierta para la Colección FEMSA en Monterrey, miembro del Sistema Nacional de Investigadores y junto con Erandi Gachuz dirige la Oficina de Proyectos Editoriales.

Researcher and curator. She has published in different magazines, catalogs, and books in Mexico, France, Italy, and Australia, among other countries. Recently, she has been recipient of grants by the Fundación Jumex (2021 and 2023) and by the Patronato de Arte Contemporáneo A.C. (2022), with the collective book and research *Coordenadas móviles: Redes de colaboración entre mujeres en la cultura y el arte (1975-1985)*, as well as in the Programa de Apoyo a la Producción e Investigación en Arte, Medios y Discapacidad (2021) with the research and book *Arquitectura hostil. Tecnologías urbanas de la exclusión* (2022).

Currently, she is curator at Galería Abierta for the Colección FEMSA in Monterrey, is a member of the Sistema Nacional de Investigadores, and together with Erandi Gachuz directs the Oficina de Proyectos Editoriales.

LESLIE CORTÉS ALANÍS (CIUDAD DE MÉXICO, 1994)

Artista visual. Estudió Artes Visuales en la Facultad de Arte y Diseño (FAD) de la UNAM. Su producción desarticula y produce imágenes, haciendo uso de recursos como: video, dibujo, instalación, pintura, intervención y performance, que conjugan lo cotidiano y la ficción, a partir del espacio como cuerpo o lugar, buscando cuestionar y abrir la posibilidad a múltiples sentidos.

Ha participado en exposiciones individuales y colectivas: *An Ideal City that Complicates the Real One* en Espectro Electromagnético, *Todo menos un fantasma* en el Centro de la Imagen, *Era a veces mañana* en Biquini Wax EPS, *Franziska 2020 ¿Qué hay del otro lado del tiempo?* en Lolita Pank, *Espectros pandémicos: repensando el bienestar* en Feminasty, *Reinventar el presente* en la 40 Feria Internacional del Libro Oaxaca, *Escrituras del presente continuo* en el Museo Cabañas, entre otras.

Visual artist. She studied Visual Arts at the Facultad de Arte y Diseño (FAD) of the UNAM. Her production disassembles and creates images, using sources such as video, drawing, installation, painting, intervention, and performance. These elements blend the everyday and fiction, starting from space as a body or place, aiming to question and open up the possibility for multiple meanings.

She has participated in individual and group shows: *An Ideal City that Complicates the Real One* at Espectro Electromagnético, *Todo menos un fantasma* at Centro de la Imagen, *Era a veces mañana* at Biquini Wax EPS, *Franziska 2020 ¿Qué hay del otro lado del tiempo?* at Lolita Pank, *Espectros pandémicos: repensando el bienestar* at Feminasty, *Reinventar el presente* at the 40 Feria Internacional del Libro de Oaxaca, and *Escrituras del presente continuo* at the Museo Cabañas, among others.

YURIKO CORTÉS SALCEDO (JALISCO, 1988)

Curadora, investigadora y docente. Enfoca su trabajo en torno a relatos no oficiales y procesos de producción del arte reciente. Investiga, configura y divulga el contenido de archivos artísticos locales.

Gestiona proyectos en los que se generan vínculos entre artistas jóvenes, estudiantes, artistas consolidados y personas interesadas en el arte; con el objetivo de extender y diversificar las relaciones entre creadores y comunidad que ofertan las instituciones culturales. Actualmente coordina el programa *Laboratorio de Arte Público* en Casa Taller José Clemente Orozco en Guadalajara.

Curator, researcher, and educator. She focuses her work around non-official narratives and the process of recent art production. Researches, organizes and disseminates the content of local art archives.

She manages projects in which connections between young artists, students, established artists and people interested in art are generated; with the objective of expanding and diversifying relations between creators and the community that cultural institutions offer. Currently, she coordinates the program *Laboratorio de Arte Público* at Casa Taller José Clemente Orozco in Guadalajara.

GUSTAVO CRUZ CERNA (OAXACA, 1986)

Editor, crítico y escritor. Estudió Filosofía en la UNAM. Colaboró en Biquini Wax EPS (2014-2020) y actualmente es editor en el Centro de la Imagen. Sus textos han sido publicados en medios como *Revista de la Universidad de México, Campo de Relámpagos, Blog de Crítica* y *Gatopardo*.

Editor, critic, and writer. He studied Philosophy at UNAM. He collaborated in Biquini Wax EPS (2014-2020) and is currently editor at Centro de la Imagen. His texts have been published in media such as *Revista de la Universidad de México, Campo de Relámpagos, Blog de Crítica*, and *Gatopardo*.

YANALÍ (YAN-LI) CRUZ COCA (CIUDAD DE MÉXICO)

Artista visual e ilustradora. Concluyó sus estudios en la Escuela Nacional de Pintura, Escultura y Grabado "La Esmeralda" y en la Universidad Autónoma de Chapingo. Su trabajo artístico se mezcla con la animación y otros medios y fluye en torno a la ficción y la anécdota. Su trabajo se ve fuertemente influenciado por su familia, originaria de Oaxaca. Actualmente trabaja en proyectos independientes de animación, ilustración y diseño de personajes. También es tallerista en el FARO Aragón de proyectos como 'Animación para Todos', 'Stop Motion', 'Laboratorio de Animación' y 'Pintura y Animación para niños'.

Visual artist and illustrator. She completed her studies at the Escuela Nacional de Pintura, Escultura y Grabado "La Esmeralda" and at Universidad Autónoma de Chapingo. Her artistic work blends with animation and other media, and flows around fiction and anecdote. Her work is heavily influenced by her family, whose origins are from the state of Oaxaca. Currently, she is working on independent projects in animation, illustration, and character design. She is also an educator at FARO Aragón in projects such as "Animación para Todos" [Animation for All], "Stop Motion", "Laboratorio de Animación" [Animation Lab], and "Pintura y Animación para niños" [Painting and Animation for Children].

NATALIA DE LA ROSA (CIUDAD DE MÉXICO, 1983)

Historiadora del arte y curadora. Obtuvo su doctorado en Historia del Arte por la UNAM. Fue curadora de la colección del Museo de Arte Moderno (2014 y 2016), posdoctorante asociada en la Duke University (2016-2018), becaria posdoctoral por la Coordinación de Humanidades (UNAM) para una residencia de investigación en el Instituto de Investigaciones Filológicas (IIF) (2020-2022), co-fundadora y colaboradora de Los Yacusis. Grupo de Estudios Sub-Críticos y del seminario *Despatriarcalizar el archivo*, y coordinadora del Museo Comunitario y Club de Lectura de Sierra Hermosa.

Art historian and curator. She received her PhD in Art History from UNAM. Curator of the collection of the Museo de Arte Moderno (2014 and 2016) and postdoctoral associate at Duke University (2016-2018). Postdoctoral intern by the Coordination of Humanities (UNAM) for a research residence at the Instituto de Investigaciones Filológicas [Institute of Philological Research] (2020-2022). Co-founder and collaborator of Los Yacusis. *Grupo de Estudios Sub-Críticos* and of the seminar *Despatriarcalizar el archivo* [Depatriarchalizing the archive], she coordinates the "Museo Comunitario y Club de Lectura de Sierra Hermosa" [Community Museum and Reading Club of Sierra Hermosa].

MANUEL DELGADO PLAZOLA (CIUDAD DE MÉXICO, 1992)

Artista escénico, dramaturgo, guionista y docente egresado de la UNAM. Desarrolla proyectos de arte comunitarios con personas migrantes y con personas privadas de libertad. Investiga representaciones culturales de alteridad, género, racismo, lo monstruoso o los discursos de exclusión en el arte y en la educación.

Scenic artist, playwright, scriptwriter and teacher graduated from UNAM. He develops community art projects with migrants and people deprived of liberty. Investigates cultural representations of otherness, gender, racism, the monstrous and discourses of exclusion in art and education.

DANIEL ESCOTO (CIUDAD DE MÉXICO, 1983)

Escritor e investigador. Han sido publicadas sus novelas *Mujer de pieles infinitas* (Ediciones B) y *La gran broma de Babel* (Ediciones Periféricas). Ha publicado textos en las antologías *Proporción áurea* (Libros del Marqués) y *Te guardé una bala* (Abismos), así como en *Letras Libres, Revista Icónica* y otros medios escritos. Recibió la beca Programa FONCA Jóvenes Creadores (2013-2014) en la categoría Novela.

Es maestro en Historia del Arte por la UNAM y doctor en Comunicación por la Universidad Iberoamericana. Formó parte del grupo que participó en la exposición del Museo Universitario de Arte Contemporáneo (MUAC) -UNAM, *Desafío a la estabilidad. Procesos artísticos del arte contemporáneo en México 1952-1967*. Como profesor impartió el seminario "Crítica de la razón pop" del Posgrado en Historia del Arte de la UNAM y MUAC Campus Expandido.

Writer and researcher. His novels *Mujer de pieles infinitas* (Ediciones B) and *La gran broma de Babel* (Ediciones Periféricas) have been published. He has published texts in the anthologies *Proporción áurea* (Libros del Marqués) and *Te guardé una bala* (Abismos), as well as in *Letras Libres, Revista Icónica,* and other written media. He received the grant FONCA Jóvenes Creadores (2013-2014) in the Novel category.

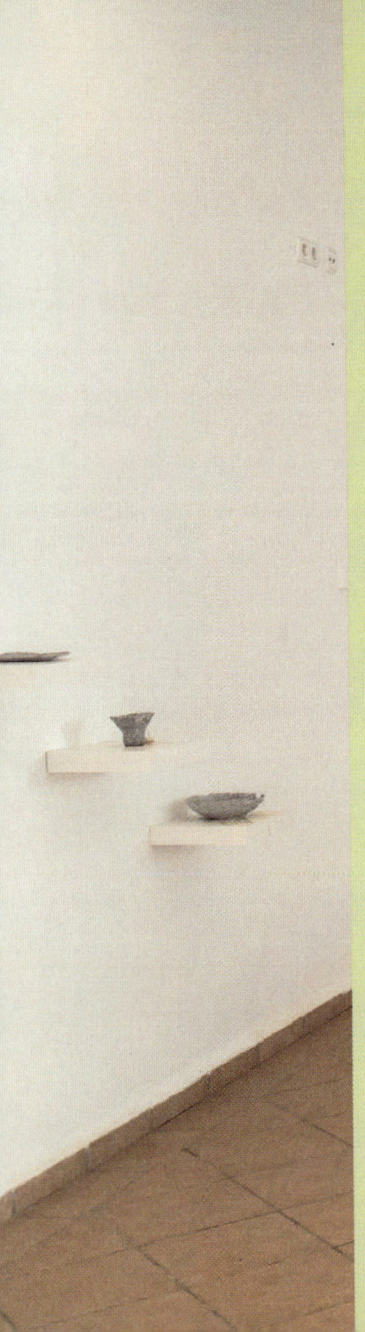

He holds a Master's degree in Art History by the UNAM and a PhD in Communication by the Universidad Iberoamericana. He was part of the group exhibition at MUAC-UNAM, *Desafío a la estabilidad. Procesos artísticos del arte contemporáneo en México 1952-1967*. As a professor he imparted the seminar "Crítica de la razón pop" at the Postgraduate Program in Art History at UNAM and MUAC Campus Expandido.

JAVIER FRESNEDA (SEGOVIA, 1982)

Artista e investigador. Su trabajo explora modelos de materialidad, espacio y patrimonio mediante la producción de prototipos, plataformas y eventos. Es doctor en Art History, Theory and Criticism (con énfasis en Art Practice) por la University of California San Diego y obtuvo su maestría en el prikograma de arte contemporáneo de la Universidad Europea de Madrid.

Su trabajo se ha expuesto en Queens Museum, Centro de Arte Dos de Mayo, Museum of Contemporary Art San Diego, Matadero Madrid, Kunsthaus Bethanien, Paralelos Manifesta 8, Bienal VentoSul, entre otros lugares. Sus proyectos editoriales han formado parte de la New York Art Book Fair en MoMa PS1, ARCO, Offprint London, entre otras. También ha recibido distinciones y becas por parte del FONCA-PROTRAD, Ministerio de Cultura de España, Rijksdienst voor het Cultureel Erfgoed, entre otras.

Artist and researcher. His work explores material models, space and heritage by creating prototypes, platforms, and events. He received his PhD in Art History, Theory and Criticism (specialized in Art Practice) by the University of California San Diego, and he holds a Master's degree in the contemporary art program at the Universidad Europea de Madrid.

His work has been exhibited at Queens Museum, Centro de Arte Dos de Mayo, Museum of Contemporary Art San Diego, Matadero Madrid, Kunsthaus Bethanien, Paralelos Manifesta 8, Bienal VentoSul, among other places. His editorial projects have been part of The New York Book Art Fair in MOMA PS1, ARCO editorial, Offprint London, among others. He has received distinctions and grants from FONCA-PROTRAD, the Ministry of Culture of Spain, Rijksdienst voor het Cultureel Erfgoed, among others.

ANDRÉS GARCÍA RANGEL (MÉXICO)

Artista multidisciplinario que trabaja instalación, pintura, dibujo, composición/producción musical, nuevos medios, cine, literatura y trabajo de archivo combinado con prácticas post-internet. Su principal interés es el estudio de la imagen como catalizador social a partir de un análisis contextual y sociocultural sobre lo que rodea a los objetos.

Al utilizar soportes que se podrían considerar como desechos, se apropia de las imágenes encontradas y las contrapone con elementos de la cultura digital contemporánea para resignificar, material y conceptualmente, las relaciones en torno a esos objetos.

Multidisciplinary artist who works with installation, painting, drawing, musical composition/production, new media, cinema, literature, and archive work blended with post-internet practices. The main interest is the study of image as a social catalyzer, from a contextual and sociocultural analysis about what surrounds objects.

By using media that may be considered as waste, Andrés appropriates the found images and contrasts with elements of digital contemporary culture to resignify the relations around these objects materially and conceptually.

CHRISTIAN GÓMEZ VEGA (CIUDAD DE MÉXICO, 1988)

Historiador del arte y comunicólogo. Desde 2010, se ha involucrado en diferentes proyectos relacionados con la escritura sobre arte y la mediación de las prácticas artísticas. Formó parte del equipo curatorial de *Mapas en construcción. Colecciones públicas de arte contemporáneo, 2009-2017* en La Tallera (2017) y editó dos números de *Arte público*, revista del Proyecto Siqueiros. Desde 2017, fue coordinador de contenidos en el Patronato de Arte Contemporáneo, A.C., donde ha desarrollado seminarios y *Nodos*, una serie de encuentros artísticos surgidos como programa de acompañamiento y descentralización del Simposio Internacional de Teoría de Arte Contemporáneo (SITAC); recientemente, los Nodos se convirtieron en un programa independiente.

Art historian and communicologist. Since 2010, he has been involved in different projects related to writing about art and mediation within artistic practices. He was part of the curatorial team *Mapas en construcción. Colecciones públicas de arte contemporáneo*, 2009-2017 at La Tallera (2017), and he edited two numbers of *Arte público*, magazine of Proyecto Siqueiros. Since 2017, he was content manager at Patronato de Arte Contemporáneo, A.C., where he has developed seminars and Nodos, a series of artistic encounters that emerged as an accompaniment and decentralization program of SITAC; recently, Nodos has become an independent program.

CHARLOTTE GLEZ (CIUDAD DE MÉXICO, 1992)

Su obra aborda investigaciones sobre el impacto del desarrollo tecnológico en pequeños gestos de la vida cotidiana y expone las transmutaciones en las nociones contemporáneas de la memoria, las interacciones humanas, el tiempo, la finitud y el lenguaje. Su trabajo se ha desenvuelto entre la producción artística, la ilustración y la curaduría, enfocándose en el dibujo, la cerámica, la pintura, el video y la instalación. Utiliza herramientas protocientíficas y estrategias narrativas para crear campos semánticos que develan lugares del imaginario colectivo expresados en la masificación digital.

Her work addresses research about the impact of technological development on simple gestures of daily life, and exposes the transmutations in the contemporary notions of memory, human interactions, time, finitude, and language. Her work has developed within artistic production, illustration, and curatorship, focusing on drawing, ceramics, painting, video, and installation. She uses proto-scientific tools and narrative strategies to create semantic fields that reveal places within the collective memory expressed in digital massification.

EDGAR ALEJANDRO HERNÁNDEZ (CIUDAD DE MÉXICO, 1977)

Editor, investigador, curador y crítico de arte. Maestro en Historia del Arte por la UNAM. Coautor de los libros *Sin límites. Arte contemporáneo en la Ciudad de México 2000-2010* y *Déjà vu. Celda Contemporánea 2004/2007*. Editor y compilador de los libros *Abuso mutuo. Ensayos e*

intervenciones sobre arte postmexicano 1992-2013, de Cuauhtémoc Medina y *El arte de mostrar el arte mexicano. Ensayos sobre los usos y desusos del exotismo en tiempos de globalización (1992-2007)*, de Olivier Debroise, y fue co-productor de la película *El No Me Mires* (2015) de Carlos Amorales. Ha impartido clases y conferencias en la UNAM, Universidad de Guadalajara, Universidad Autónoma de Aguascalientes, entre otras. Ha publicado en medios como *Reforma, Excélsior, Deutsche Presse-Agentur* (DPA)*, Letras Libres, Revista de la Universidad de México, Vice, Artishock, Terremoto*, entre otros. Dirige la revista *Cubo Blanco*.

Editor, researcher, curator, and art critic. He holds a Master's degree in Art History by UNAM. He is co-author of the books *Sin límites. Arte contemporáneo en la Ciudad de México 2000-2010* and *Déjà vu. Celda Contemporánea 2004/2007*. Editor of the books *Abuso mutuo. Ensayos e intervenciones sobre arte postmexicano 1992-2013*, by Cuauhtémoc Medina and *El arte de mostrar el arte mexicano. Ensayos sobre los usos y desusos del exotismo en tiempos de globalización (1992-2007)*, by Olivier Debroise. He was co-producer of the film *El No Me Mires* (2015) by Carlos Amorales. He has taught and given lectures at UNAM, Universidad de Guadalajara, Universidad Autónoma de Aguascalientes, among other institutions. He has been published in different media such as *Reforma, Excélsior, the Deutsche Presse-Agentur* (DPA)*, Letras Libres, Revista de la Universidad de México, Vice, Artishock, Terremoto*, etc. He directs *Cubo Blanco* magazine.

BEGOÑA MARTÍNEZ (LIMA, 1995)

Es investigadora y gestora cultural. Graduada en Historia del arte y Máster en Estudios Latinoamericanos por la Universidad de Granada, sus prácticas se posicionan entre la identidad diaspórica y la agencia territorial e intercultural, desde donde acompaña a centros culturales y artistas independientes. Actualmente se encuentra desarrollando una tesis doctoral en la Universidad de las Islas Baleares sobre la relación entre colonialismo e identidad cultural en la isla de Mallorca. Colabora habitualmente con *Los Experimentos*, plataforma de crítica de cine latinoamericano.

Researcher and cultural manager. She studied Art History and holds a Master's degree in Latin American Studies from the Universidad de Granada. Her practice is situated between the diasporic identity and territorial and intercultural agency, from where she accompanies cultural centers and independent artists. She is currently working on a doctoral dissertation at the Universidad de las Islas Baleares about the relation between colonialism and cultural identity on the island of Mallorca. She regularly collaborates with *Los Experimentos*, a platform for Latin American film criticism.

M.S. YÁNIZ (CIUDAD DE MÉXICO, 1994)

Crítico y curador especulativo. Cursa el Posgrado de Historia del Arte en (UNAM) y Filosofía Crítica en The New Centre for Research & Practice. Se especializa en los cruces de poéticas materiales y su relación con lo político y el futuro. Ha curado exhibiciones en galerías y espacios independientes. Coordinó el dossier *40 años de Mil Mese* sobre políticas aceleracionistas y realismo especulativo. Tradujo el libro inédito de Mark Fisher, *Comunismo ácido* publicado por Herring Publisher en 2020.

Critic and speculative curator. He is a graduate student in Art History (UNAM) and Critical Philosophy at The New Centre for Research & Practice. He specializes in the crossovers of material poetics and its relation with politics and the future. He has curated exhibitions in galleries and independent spaces. He coordinated the dossier for *40 Years of A Thousand Plateaus* and on accelerationist politics and speculative realism. He translated the unreleased book by Mark Fisher, *Acid Communism*, published by Herring Publisher in 2020.

MÓNICA RAMÍREZ BERNAL (CIUDAD DE MÉXICO, 1988)

Escritora, investigadora y crítica de arte. Actualmente cursa un doctorado en el Departamento de Latin American and Iberian Cultures en Columbia University, en donde estudia las posibilidades creativas de la cartografía artística. Es Maestra en Historia del Arte por la UNAM. Es autora del libro *El Océano como Paisaje. Pageant of the Pacifics: la serie de mapas murales de Miguel Covarrubias* (Instituto de Geografía UNAM-IGG, 2018).

Writer, researcher, and art critic. Currently, she is pursuing a PhD in the Department of Latin American and Iberian Cultures at Columbia University, where she studies the creative possibilities of artistic cartography. She holds a Master's degree in Art History from UNAM. She is the author of the book *El Océano como Paisaje. Pageant of the Pacifics: la serie de mapas murales de Miguel Covarrubias* (Instituto de Geografía UNAM-IGG, 2018).

EDUARDO RAMOS (CULIACÁN, 1990)

Artista visual que centra su investigación en la exploración conceptual de la animación, interesado en la experimentación formal y el estudio de su sintaxis, en conjunto con el análisis de las tecnologías y los procesos industriales que determinan su producción.

En 2022 realizó el proyecto *Qué bonito es ser un fotograma* en el Centro Cultural de España en México (CCEmx), en colaboración con Bernardo Nuñez, bajo la curaduría de Casiopea. Igualmente, realizó la curaduría de la exposición *ZIG ZAG The Animation Show*, como parte del ANIMASIVO.

Actualmente imparte la materia de Semiótica en la Escuela Superior de Cine, y dirige *Dilatado Animación*, un proyecto enfocado en la investigación y experimentación de la animación, donde complementa su trabajo con la docencia y la curaduría.

Visual artist who focuses his research in the conceptual exploration of animation, interested in the formal experimentation and the study of its syntaxis, within technological analysis and the industrial processes that determine his production.

In 2022, he carried out the project *Qué bonito es ser un fotograma* at the Centro Cultural de España en México (CCEmx), in collaboration with Bernardo Núñez, under the curatorship of Casiopea. Likewise, he curated the exhibition *ZIG ZAG The Animation Show*, as part of ANIMASIVO.

He currently teaches Semiotics at the Escuela Superior de Cine, and directs *Dilatado Animación*, a project focused on research and experimentation in animation, where he complements his work with teaching and curatorship.

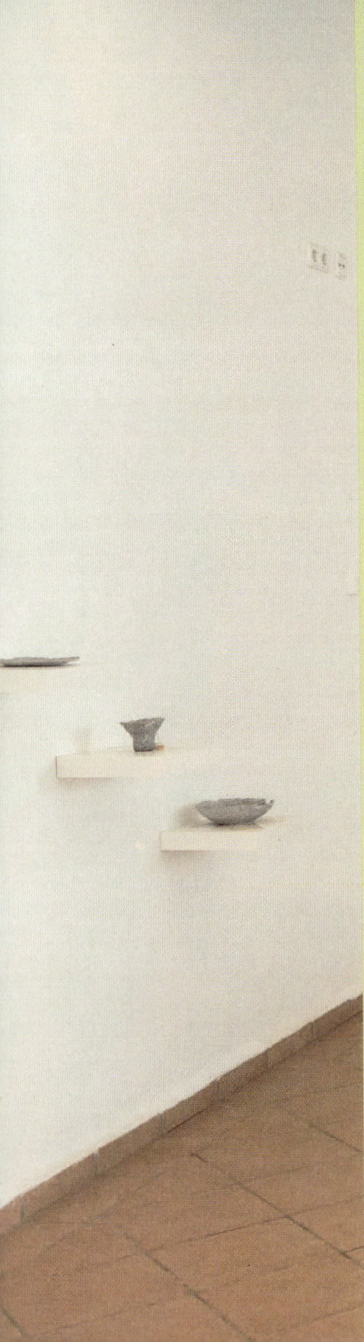

JUAN PABLO RAMOS (CIUDAD DE MÉXICO, 1993)

Narrador y ensayista. Es maestro en Letras Hispánicas, UNAM. Se ha hospedado en instituciones como el Centro de la Imagen, la Sala de Arte Público Siqueiros (SAPS) y la Universidad de los Andes en Bogotá, Colombia. Su trabajo reflexiona e investiga en torno a la producción artística mexicana actual. Es autor del diario *Emerson en Tijuana* (2019) y de la novela *La mítika mákina de karaoke* (2022).

Narrator and essayist. He holds a Master's degree in Hispanic Literature from UNAM. He has resided in institutions such as the Centro de la Imagen, the Sala de Arte Público Siqueiros and the Universidad de los Andes en Bogotá, Colombia. His work and research about contemporary Mexican artistic production. He is the author of the journal *Emerson en Tijuana* (2019) and of the novel *La mítika mákina de karaoke* (2022).

ALDO SÁNCHEZ (CIUDAD DE MÉXICO, 1979)

Maestro en Práctica Curatorial por el California College of the Arts de San Francisco y licenciado en Ciencias Humanas por la Universidad Iberoamericana de Puebla. Ha impartido clases en la Cineteca Nacional, SOMA, IBERO Puebla, Museo Nacional de Arte (MUNAL), Centro de la Imagen y coordina e imparte el diplomado en Historia del Arte Mexicano en la FAD/UNAM y en la Universidad Autónoma de Nuevo León. Curador de exposiciones en recintos como el Museo del Chopo, Museo del Estanquillo, Museo del Objeto del Objeto (MODO), Museo Universitario de Ciencias y Artes (MUCA), Y Gallery, Queen's Nails Annex y Galería de Arte Contemporáneo, Puebla.

He holds a Master's degree in Curatorial Practice by the California College of the Arts of San Francisco and a degree in Human Sciences by Universidad Iberoamericana de Puebla. He has taught at Cineteca Nacional, SOMA, IBERO Puebla, Museo Nacional de Arte (MUNAL), Centro de la Imagen, and coordinates the course of History of Mexican Art at FAD/UNAM and at Universidad Autónoma de Nuevo León. He has curated exhibitions in places like Museo del Chopo, Museo del Estanquillo, Museo del Objeto del Objeto (MODO), Museo Universitario de Ciencias y Artes (MUCA), Y Gallery, Queen's Nails Annex, and Galería de Arte Contemporáneo y Diseño Puebla.

SANDRA SÁNCHEZ (CIUDAD DE MÉXICO, 1988)

Escribe sobre arte contemporáneo. Su investigación actual se centra en los modos de escritura colaborativa dentro del arte contemporáneo y en propuestas de producción y recepción más allá de la relación "artista-obra-espectador". En 2015 fundó *Zona de Desgaste*, un espacio dedicado a la mediación, la escritura y la reflexión crítica de temas relacionados con arte contemporáneo y estética. Actualmente edita *Onda MX* y dirige *Aeromoto Biblioteca*. Es profesora de asignatura en el Colegio de Arte y Cultura de la Universidad del Claustro de Sor Juana.

She writes about contemporary art. Her current research focuses on the ways of collective writing within contemporary art and on proposals for production and reception beyond the "artist–work–spectator". In 2015 she founded *Zona de Desgaste*, a space dedicated to mediation, writing and critical thinking on subjects related to contemporary art and aesthetics. Currently she edits *Onda MX* and directs *Aeromoto Biblioteca*. She is a professor at the College of Art and Culture at the Universidad del Claustro de Sor Juana.

PABLO ARREDONDO VERA (CIUDAD DE MÉXICO, 1988)

Maestro en Ciencias Antropológicas con Medalla al Mérito Universitario por la UAM, campus Iztapalapa, y Licenciado en Historia por la Facultad de Filosofía y Letras de la UNAM. Su investigación académica se ha centrado en el consumo, la memoria y la turistificación en la región henequenera de Yucatán.

Ha sido curador invitado en el Museu d'Art Contemporani (MACBA) de Barcelona, así como curador asociado en el Festival Internacional *Hacer Noche: Promised Land*. Ha sido productor ejecutivo y guionista de los programas *Los 41 tropiezos de la heteronorma en México y La Maquiladora* de TV UNAM.

He holds a Master's degree in Anthropological Sciences with a University Merit Medal from the UAM, Iztapalapa campus, and a degree in History by the Facultad de Filosofía y Letras of UNAM. His academic research has focused in consumption, memory and the touristification in the henequen region of Yucatán.

He has been guest curator at the Museu d'Art Contemporani of Barcelona (MACBA), as well as associate curator at the International Festival *Hacer Noche: Promised Land*. He has been executive producer and screenwriter for shows such as *Los 41 tropiezos de la heteronorma en México and La Maquiladora* at TV UNAM.

MAYRA VINEYA (GUADALAJARA, 1995)

Educadora, investigadora y curadora independiente. Egresada de la licenciatura en Artes con especialidad en Curaduría de la Secretaría de Cultura del Gobierno del Estado de Jalisco. Desde el 2020 co-dirige el Laboratorio Curatorial Archipiélago, una iniciativa para la experimentación e investigación de la curaduría más allá de sus formatos convencionales.

Vineya experimenta con la educación no formal y pedagogías disidentes. Sus investigaciones y prácticas curatoriales funcionan como un ejercicio expandido que trasciende el cubo blanco al hacer un ejercicio crítico de los formatos y procesos de producción y distribución de los productos culturales, destacando las posibilidades del giro educativo, histórico y documental en las artes contemporáneas. Actualmente colabora en el programa curatorial de Espacio Cabeza.

Educator, researcher, and independent curator. She has a degree in Arts focused on Curatorship by the Ministry of Culture of the Government of the State of Jalisco. Since 2020 she co-directs the *Laboratorio Curatorial Archipiélago*, an initiative for curatorial experimentation and research beyond its conventional forms.

Vineya experiments with non-formal education and alternative pedagogy. Her research and curatorial practices work as an expanded exercise that transcends the white cube by critically analyzing the formats and processes of production and distribution of cultural products, emphasizing the possibilities of the educational, historical and documentary turn in the contemporary arts. Currently she collaborates in the curatorial program of *Espacio Cabeza*.

WENDY CABRERA RUBIO

Pertenece a una generación que creció en paralelo a la firma del TLCAN y la guerra contra el narcotráfico. Lo primero le permitió tener acceso a una cultura global y a una serie de gobiernos que estimulaban financieramente el arte con ecos mexicanistas, así como productos culturales importados; y lo segundo marcó la necesidad de criticar los símbolos y políticas de la cultura nacional que llevó a tales horrores.

La obra de Cabrera Rubio surge del interés de mostrar el tejido que urde imágenes e instrumentalidad y libera a las representaciones de una narrativa lineal. Trabaja la historia, pero no en sentido historicista, sino datando los ecos que quedan en el presente. Para ello deja al descubierto las cosas como algo accesible al tacto y lo sensible. Los objetos con los que trabaja poseen partes intercambiables que se activan por su aspecto teatral y de ventriloquía. Así, la aparente inocencia de figuras bordadas de pingüinos, tortugas y personajes históricos versionados como marionetas, se convierte en el compromiso de la artista por dilucidar y clarificar aspectos clave de la sociedad poscolonial en la que vivimos.

La artista explora la performatividad de los materiales históricos usando la investigación y la ficción como herramientas para crear un espacio teatral que le permita visibilizar las relaciones entre estética e ideología presentes en los mecanismos de producción y distribución de las imágenes. Actualmente explora el fieltro sintético, un textil muy accesible utilizado en manualidades. Por su uso común dentro de las economías domésticas y su carácter "lúdico", este material le permite alejarse de las visualizaciones tradicionales del archivo, mostrando, así, contradicciones y vínculos entre el pasado y el presente a partir de la actualización discursiva.

She belongs to a generation that grew up parallel to the signing of the NAFTA and the war against drug trafficking. NAFTA gave her access to a global culture and a series of governments that financially stimulated art with Mexicanist echoes, as well as imported cultural products; and the latter marked the need to critique the symbols and policies of the national culture that led to such horrors.

Cabrera Rubio's work arises from an interest in showing the fabric that weaves images and instrumentality, and frees representations from a linear narrative. She works with history, but not in a historicist sense, but by dating the echoes that remain in the present. To do so, she exposes things as something accessible to touch and sensibility. The objects she works with have interchangeable parts that are activated by their theatrical and ventriloquist aspect. Thus, the apparent innocence of the embroidered figures of penguins, turtles and historical characters versioned as puppets, becomes the artist's commitment to elucidate and clarify key aspects of the postcolonial society in which we live.

The artist explores the performativity of historical materials using research and fiction as tools to create a theatrical space that allows her to make visible the relationships between aesthetics and ideology present in the mechanisms of production and distribution of images. She is exploring synthetic felt, a very accessible textile used in handicrafts. Due to its common use in domestic economies and its "playful" character, this material allows her to move away from the traditional visualizations of the archive, which allows her to show contradictions and generate links between the past and the present through discursive updating.

AGRADECIMIENTOS

Esta publicación ha sido posible gracias al generoso apoyo de Fundación M, Colección Carolina García y Alfonso Castro, kurimanzutto, anonymous gallery, General Expenses, AKI AORA y Embajada. De igual manera, agradecemos el valioso apoyo de Michael Clifton, Regina de Con Cossio, Javier Fresneda, Paige Haran, Frederick Janka, Pedro Reyes, Haydée Rovirosa, Polina Stroganova, Tan Uranga y Fernando Vázquez-Chelius.

Esta publicación ha contado con el apoyo de la Asociación Panamericana de Apoyo a las Artes A.C. (Asociación Terremoto) para su producción.

DE LA ARTISTA

Si llevas ocho horas cosiendo, no es, para nada, meditativo. Esto es lo que suelo increpar cuando se describe el trabajo textil como una actividad relacionada con la intimidad y la contemplación. La labor textil me ha acompañado a lo largo de mi vida, fascinandome no sólo por su importancia en los procesos económicos —desde su papel como catalizador de la revolución industrial, hasta su relevancia en una de las industrias más influyentes y contaminantes en el mundo hoy en día—, sino también por su gran accesibilidad, amplia versatilidad y su potencial emancipatorio.

Mi madre se ha dedicado a la costura durante gran parte de su vida: lo textil es su oficio; uno que ha podido llevar a cabo en casa mientras realiza sus labores de cuidado doméstico —las cuales han sido, como sabemos, históricamente invisibilizadas y no remuneradas— de las que fui inmensamente beneficiada. Estas labores son también un trabajo colectivo: cada uno de los miembros de mi familia realizó un esfuerzo enorme y compartió conmigo para facilitar un sin fin de herramientas que no siempre tuve la inteligencia de valorar.

No existo sin el trabajo de quienes me rodean, de cada espacio independiente, de Ladrón, de Biquini, del Castillo y de Cráter. De todxs y cada unx de mis maestrxs. Este libro lo dedico a mis amigxs y a los que ya no son mis amigxs, porque en su momento pude aprender de cada unx de ellxs.

A Temblores, gracias por creer en mí.

DE TEMBLORES PUBLICACIONES

Temblores Publicaciones agradece profundamente a Wendy Cabrera Rubio por confiar en nuestra práctica editorial y por construir junto a nosotras una publicación que revisa sus procesos artísticos desde las redes tejidas en el compañerismo y la complicidad, creando un diálogo alrededor de la política de las imágenes que consumimos y las narrativas que constituyen los macrorrelatos a nuestro alrededor. Así, construimos juntas un espacio de agencia ante estos constructos, donde también tiene lugar un esbozo del estado actual de la crítica e historia del arte en México.

A lxs autores, les agradecemos su complicidad para situar la práctica de una de las artistas más relevantes dentro del sistema artístico actual en México; a las ilustradoras, por guiar a lx lectorx a lo largo de estas páginas con mucha sátira pero también ternura; a las traductoras y correctoras, por su labor para trazar puentes entre la práctica de Wendy y otras latitudes. Un agradecimiento especial a Surya Son, diseñadora editorial, por su paciencia pero también por el diálogo gráfico que, junto con el trabajo de Wendy, ha generado un objeto editorial único. Finalmente, Temblores agradece a cada una de las personas que han confiado en este proyecto y que han sumado innumerables esfuerzos para la realización del mismo.

ACKNOWLEDGMENTS

This publication has been made possible thanks to the generous support of Fundación M, Colección Carolina García y Alfonso Castro, kurimanzutto, anonymous gallery, General Expenses, AKI AORA, and Embajada. We are also grateful for the valuable support of Michael Clifton, Regina de Con Cossio, Javier Fresneda, Paige Haran, Frederick Jancka, Pedro Reyes, Haydée Rovirosa, Polina Stroganova, Tan Uranga, and Fernando Vázquez-Chelius.

This publication was produced with the support of the Asociación Panamericana de Apoyo a las Artes A.C. (Asociación Terremoto).

FROM THE ARTIST

If you've been sewing for eight hours, it's not meditative at all. This is what I usually rebuke when textile work is described as an activity related to intimacy and contemplation. Textile work has accompanied me throughout my life, fascinating me not only because of its importance in economic processes—from its role as a catalyst of the industrial revolution, to its relevance in one of the most influential and polluting industries in the world today—but also because of its great accessibility, wide versatility and emancipatory potential.

My mother has dedicated herself to sewing for most of her life: textiles is her profession; one that she has been able to carry out at home while performing her domestic care tasks—that have been, as we know, historically invisibilized and unpaid—from which I benefited immensely. These tasks are also a collective work: each of the members of my family made an enormous effort and shared with me to provide endless tools that I did not always have the intelligence to appreciate.

I do not exist without the work of those around me, of each independent space, of Ladrón, of Biquini, of El Castillo and of Cráter. From each and every one of my teachers. I dedicate this book to my friends and also to those who are no longer my friends, because I was able to learn from each one of them.

To Temblores, thank you for believing in me.

FROM TEMBLORES PUBLICACIONES

Temblores Publicaciones is deeply grateful to Wendy Cabrera Rubio for trusting our editorial practice and for building together with us a publication that reviews her artistic process through the networks woven in companionship and complicity, creating a dialogue around the politics of the images we consume and the discourses that constitute the macro-narratives around us. Thus, we built together a space of agency in the face of these constructs, where there is also an outline of the current state of art criticism and art history in Mexico.

To the authors, we thank them for their complicity in situating the practice of one of the most relevant artists within the current art system in Mexico; to the illustrators, for guiding the reader through these pages with much satire but also tenderness; to the translators and proofreaders, for their work in building bridges between Wendy's practice and other latitudes. Special thanks to Surya Son, editorial designer, for her patience but also for the graphic dialogue that, together with Wendy's work, has generated a unique editorial object. Finally, Temblores would like to thank each and every one of the people who have placed their trust in this project and who have made countless efforts to bring it to fruition.